Waldemar Pallasch
Pädagogisches Gesprächstraining

Pädagogisches Training

Waldemar Pallasch

Pädagogisches Gesprächstraining

Lern- und Trainingsprogramm
zur Vermittlung therapeutischer Gesprächs-
und Beratungskompetenz

Unter Mitarbeit von
Gabriele Harmsen, Detlef Kölln und Fred Mente

Juventa Verlag Weinheim und München

Die Autoren

Waldemar Pallasch, Jg. 1938, Dr.sc.paed., Dipl.-Päd. ist Professor für Pädagogik an der erziehungwissenschaftlichen Fakultät der Universität Kiel. Seine Arbeitsschwerpunkte sind Interaktion und Kommunikation, Verhaltenstraining, Pädagogische Therapie und Supervision sowie Unterrichtsforschung.

Gabriele Harmsen, Jg. 1957, ist Grund- und Hauptschullehrerin und Trainerin für pädagogisch-therapeutisches Gesprächsverhalten. Ihre Arbeitsschwerpunkte sind Training in Lehreraus- und -fortbildung sowie Erwachsenenbildung.

Detlef Kölln, Jg. 1961, Dipl.-Päd., ist Leiter der Arbeitsgemeinschaft Pädagogische Trainings Lübeck und Trainer für pädagogisch-therapeutisches Gesprächsverhalten. Seine Arbeitsschwerpunkte sind Pädagogische Aus- und Weiterbildung, Lehrertraining, berufspraktische Supervision und pädagogisch-therapeutische Beratung.

Fred Mente, Jg. 1961, Dipl.-Päd., ist Mitarbeiter der Vorwerker Heime Lübeck und Trainer für pädagogisch-therapeutisches Gesprächsverhalten. Seine Arbeitsschwerpunkte sind Aus- und Weiterbildung im Bereich der Erwachsenenbildung und sozialpädagogischer Arbeitsfelder, Diagnostik und Entwicklungsförderung geistig und körperlich Behinderter sowie systemische Therapie.

Die Deutsche Bibliothek - CIP-Einheitsaufnahme

Pallasch, Waldemar:
Pädagogisches Gesprächstraining : Lern- und
Trainingsprogramm zur Vermittlung therapeutischer Gesprächs-
und Beratungskompetenz / Waldemar Pallasch. - 4. Aufl. - Weinheim ;
München : Juventa Verlag, 1995
   (Pädagogisches Training)
   ISBN 3-7799-0363-6

4. Auflage 1995

© 1987, 1990 Juventa Verlag Weinheim und München
Umschlaggestaltung: Atelier Warminski, 63654 Büdingen
Umschlagfoto: Werner A. Kilian, Eltville
Printed in Germany

ISBN 3-7799-0363-6

Vorwort

Die erste Fassung dieses Bandes aus dem Jahre 1987 stieß auf eine erfreuliche Resonanz. Die insgesamt sehr positiven Rückmeldungen, die verstärkte Nachfrage und die wiederholte Bestätigung durch die eigene praktische Arbeit ermutigen mich, diesen Band in völlig neuer und erweiterter Form vorzulegen. Dabei möchte ich die sich inzwischen über Jahre bewährte gute Zusammenarbeit mit Lothar SCHWEIM vom JUVENTA VERLAG ausdrücklich hervorheben, der durch seine Hilfe, Unterstützung und Beratung diese Neuausgabe möglich machte.

Inhaltlich wurde die Neufassung um eine, wenngleich komprimierte theoretische Einbettung erweitert. Es geht vor allem darum, den therapeutischen Aspekt aus pädagogischer Sicht stärker in die Überlegungen einzubeziehen. Dabei wird u.a. der Frage nachgegangen, inwieweit Pädagogik und Therapie sich gegenseitig ergänzen können bzw. wo ihre fachspezifischen Grenzen liegen. Diese Überlegungen verstehen sich aus der Praxis; sie sind das Ergebnis unserer praktischen Erfahrungen und laden zur Diskussion ein.
Der praktische Teil wurde um einige Bausteine erweitert und neu geordnet sowie durch ein Lern- und Arbeitsinventar ergänzt. Auch diese Veränderungen sind das Ergebnis der praktischen Erfahrungen.
Insgesamt wurde die Neufassung aus formaler Sicht anders gestaltet und damit handhabbarer gemacht. Um den Lesefluß nicht zu stören, wurde im Text in den meisten Fällen nur die männliche Form verwendet. Grundsätzlich sind aber immer beide Geschlechter gemeint.

Einen ganz persönlichen Dank schulde ich meinen engsten Mitarbeitern, die in nebenberuflicher Tätigkeit viel Engagement und Zeit investiert und damit zum Gelingen dieser Neufassung beigetragen haben.
Mein Dank gilt außerdem den vielen Teilnehmerinnen und Teilnehmern unserer Kurse, die uns über Jahre hinweg ermutigt haben, unsere Arbeit fortzusetzen, und uns mit ihrer wohlwollenden Kritik begleitet haben.
Stellvertretend für die vielen Helfer sei Frau Gisela KÖLLN genannt, die sich mit viel Geduld des Manuskripts annahm; ihr und den anderen gilt mein besonderer Dank.

Waldemar Pallasch
Kiel, im Herbst 1990

Inhalt

1 Pädagogische Einordnung

Wie bereits im Vorwort angemerkt, hat uns die erfreuliche Resonanz auf die Erstveröffentlichung dieses Bandes ermutigt, eine Neufassung vorzulegen. Von den Gründen, die für eine Neufassung sprechen, seien hier nur einige kurz erläutert.

Neufassung
Die erste Fassung verstand sich als eine Zusammenfassung der konkreten Trainingsarbeit - als Anleitungsfaden für potentielle Nutzer. Dies soll auch im Prinzip beibehalten werden, wenngleich Form und Inhalt dem neuesten Stand angepaßt werden müssen. Daraus ergibt sich zum einen, daß passagenweise Überarbeitungen bzw. Neufassungen notwendig wurden, die die praktische Handhabung des Bandes erleichtern sollen; zum anderen soll die therapeutische Intention aus pädagogischer Sicht stärker als in der ersten Fassung betont und herausgestellt werden. Letzteres resultiert unter anderem aus den eigenen Erfahrungen mit den Teilnehmern unserer Kurse, die - neben dem Erlernen gesprächstherapeutischer Techniken und neben dem Aufarbeiten eigener persönlicher Anteile im Sinne eines selbstexplorativen Vorgehens - selbst verstärkt aktiv pädagogisch-therapeutisch arbeiten wollten. Hier besteht, besonders bei den Lehrern aller Schularten, ein großes Defizit und Bedürfnis. Die Verknüpfung des 'Lernens für die berufliche Praxis' als Anwendungspotential mit der gleichzeitigen 'Nutzung bzw. Anwendung für sich selbst' als persönlichen Gewinn erscheint nicht nur sinnvoll, vielmehr ist sie auch wünschenswert. Sinnvoll deshalb, weil Lernen immer dann besonders effektiv wird, wenn das Individuum sich selbst mit seinen Bedürfnissen und Wünschen in den Lernprozeß aktiv einbringen kann; wünschenswert deshalb, weil viele Pädagogen, besonders Lehrer, sich darum bemühen, schon im vor-therapeutischen Feld aktiv zu werden.

Theorie und Praxis
Das PÄDAGOGISCHE GESPRÄCHSTRAINING (PGT) ist keine künstlich gewollte Konzeption, die sich nur um ihrer selbst willen von anderen 'Gesprächstrainings' (z.B. Psychologische Gesprächsführung, Gesprächspsychotherapie) krampfhaft absetzen will, sondern

11

sie ist eine Konzeption, die aus der nunmehr zehnjährigen trainings-praktischen Arbeit genuin gewachsen ist.

Pädagogisches Gesprächstraining oder, wie im Untertitel angegeben, *Pädagogisch-therapeutisches Gesprächsverhalten* deshalb, weil die Adressaten in erster Linie Pädagogikstudenten und Pädagogen sind, die für ihre praktische Arbeit konkrete Hilfen benötigen. Wenn hier die konkrete Hilfe für die praktische Arbeit betont wird, heißt das nicht, sie verzichte auf eine theoretische Einbettung oder einen theoretischen Bezug. Jede praktische Arbeit ist auf theoretische Überlegungen bzw. Orientierungen angewiesen. Wenn wir uns jedoch im theoretischen Teil nur um das Wesentliche bemühen, mag uns das den Vorwurf der Verkürzung einbringen, aber wir gehen davon aus, daß sich potentielle Nutzer dieses Programms mit den Grundauffassungen bzw. -prinzipien der Humanistischen Psychologie bereits vertraut gemacht haben. Die Kunst des Praktikers ist es, zwischen dem Theoriebewußtsein und der Praxis eine Brücke zu schlagen, die von beiden Seiten begehbar ist. Insofern kommt es uns mehr darauf an, unser theoretisches Verständnis in die praktische Arbeit konkret einfließen zu lassen. Nicht was im theoretischen Teil geschrieben steht, ist allein wichtig, sondern auch und vor allem, was sich aus dem praktischen Teil an theoretischen Auffassungen erkennen und erschließen läßt.

Die Hilfe für das Praxisfeld bezieht sich auf zwei Aspekte, die ineinander übergehen:

Erster Aspekt: *Erweiterung der Handlungskompetenz*
Pädagogisches Handeln und Intervenieren vollziehen sich in der Regel über die Sprache. Diese ist das wichtigste und zugleich stärkste Instrument des Pädagogen. Über das Instrument der Sprache werden pädagogische Handlungen initiiert, wird gelobt und getadelt, werden Anweisungen und Hilfen gegeben und soziale Beziehungen geknüpft, verstärkt oder gebrochen. Die Sprache ist ein filigranes Instrument in der Hand des Pädagogen, deren Möglichkeiten kaum erschöpfend genutzt werden. Besonders in erziehungsschwierigen Situationen hängt es vom Sprachvermögen des Pädagogen ab, wie er die Situation meistert. Um dem Pädagogen für pädagogisch schwierige Situationen eine konkrete Hilfe an die Hand zu geben, die über das pädagogisch normale Handeln und Agieren hinausgreift, haben wir ein pädagogisch-therapeutisches Gesprächstraining konzipiert, das im traditionellen Curriculum einer Pädagogenausbildung fehlt. Dies betrifft besonders die Lehrerausbildung sowohl in der ersten als auch in der zweiten bzw. dritten Phase.

Zweiter Aspekt: *Erweiterung der Diagnosekompetenz*
Es ist alltägliche Praxis, daß ein Pädagoge in seinem Arbeitsfeld an die Grenzen seiner pädagogischen Möglichkeiten und Fähigkeiten stößt.

12

Im weiten Sinne ist jeder Pädagoge in seiner täglichen Praxis diagnostisch tätig. Immer dann, wenn er pädagogisch eingreift, wenn er korrigiert, wenn er hilft oder wenn er Maßnahmen vorschlägt, geschieht dies aufgrund vorausgegangener pädagogischer Aktionen oder Interventionen, die entweder verbessert oder in eine andere (Ziel-)Richtung dirigiert werden sollen. Daß diese 'Maßnahmen' in pädagogischen Situationen meistens spontan vorgenommen werden, gereicht nicht immer zum Vorteil des Betroffenen. In pädagogisch besonders schwierigen Situationen und besonders dann, wenn es um die Hilfe für einzelne Personen geht, bedarf der professionell arbeitende Pädagoge einer spezifischen Diagnosekompetenz, um entweder selbst pädagogisch therapeutisch gezielt Maßnahmen ergreifen oder um den Hilfesuchenden, entsprechend seiner Problematik, an einen Spezialisten weiterempfehlen zu können.

Die Sprache, hier das pädagogisch-therapeutische Gesprächsverhalten, erfüllt diese diagnostische Funktion demnach in zweierlei Hinsicht:

Zum einen verhilft sie dem Pädagogen dazu, das Problem besser zu verstehen, es einzugrenzen und möglicherweise dem Problemträger schon Hilfen zur Bearbeitung bzw. zur Bewältigung anzubieten (Erweiterung der Handlungskompetenz).

Zum anderen verhilft sie dem Pädagogen, zu erkennen, daß das Problem diffiziler ist und er den Problemträger gezielt an eine externe Fachkraft verweisen kann (Erweiterung der Diagnosekompetenz).

Zusammenfassend heißt das: Das pädagogisch-therapeutische Gesprächsverhalten versetzt den Pädagogen in die Lage, den Hilfesuchenden in seiner problematischen Situation besser zu verstehen, die Problematik selbst differenzierter wahrzunehmen und - wenn geboten und angemessen - selbst pädagogisch-therapeutisch tätig zu werden. Die Erweiterung der Diagnosekompetenz dient zum einen dazu, die eigene Handlungskompetenz zu erweitern, zum anderen dient sie dazu, eine problemspezifische Weiterbehandlung zu empfehlen.

Inhalts- und Vermittlungsebene
Das über Jahre gewachsene pädagogisch-therapeutische Gesprächstraining läßt sich auf zwei Ebenen skizzieren.

(1) Inhaltliche (oder: Curriculare) Ebene
Auf der Inhaltsebene ist die Frage zu beantworten, was die Teilnehmer eines solchen Trainings lernen sollen.

Mit den Inhalten stark verschränkt, stellt sich für dieses Training das Problem der Grenzziehung zwischen Pädagogik und Psychologie:
Was ist noch Pädagogik oder schon Psychologie?
Was ist noch Psychologie oder schon Pädagogik?
Nun wäre eine Grenzziehung - von der Sache her gesehen - zweitran-

gig, wenn sich nicht hinter bestimmten Inhalten berufsständische Interessen zeigen würden (vgl. DREITZEL/JAEGGI 1987). Pädagogen wie Psychologen reklamieren jeweils für sich bestimmte Inhalte und Arbeitsfelder und trennen somit vielfach gemeinsam zu bearbeitende Problemfelder in zwei künstlich getrennte Zuständigkeitsbereiche, die der Sache selbst eher schaden als dienen.

Die Konzeption des *Pädagogischen Gesprächstrainings (PGT)* - hier in Form eines Trainingsprogramms abgefaßt - hat sich von dieser willkürlichen Kompetenzzuschreibung bewußt befreit.

Leitlinie ist die Anbahnung personenzentrierter (klientenzentrierter) Haltungen und Einstellungen für den Erziehungs- und Bildungsbereich (vgl. CORSINI 1983, 506/507) sowie die Vermittlung pädagogisch-therapeutischen Basisverhaltens als Handlungskompetenz (vgl. BÜRGERMANN/REINERT 1984). Das pädagogisch-therapeutische Gesprächstraining ist keine Ausbildung in Gesprächspsychotherapie, wenngleich die Gesprächspsychotherapie mit ihren vielen Formen und Varianten (vgl. LASOGGA 1986) in gewisser Weise sowohl in theoretischer als auch in praktischer Hinsicht Pate, Vorbild, Modell und Wegweiser ist (vgl. ROGERS 1973; TAUSCH 1973; MINSEL 1974; WEINBERGER 1980; CRISAND 1982; BOMMERT 1982; JAEGGI u.a. 1983; BACHMAIR u.a. 1985).

Auch wenn die Gesprächspsychotherapie mit ihrem Menschenbild, mit ihren Zielsetzungen und ihren Interventionstechniken in diesem Trainingsprogramm favorisiert wird, so wäre eine zu starke Anlehnung an diese Therapieform der pädagogisch-therapeutischen Arbeit nicht angemessen und würde auch den konkreten Erfordernissen der Praxis nicht gerecht werden. Im Vordergrund unserer Arbeit steht nicht die starre Methode einer Therapie, sondern das Ziel, mit Hilfe therapeutisch orientierter Interventionstechniken im pädagogisch-therapeutischen Arbeitsfeld hilfreich wirken zu können. Die Gesprächspsychotherapie bietet den Pädagogen die besten instrumentellen Hilfen und Voraussetzungen, weil sie in ihrer Ausbildung in starkem Maße das 'sprachliche Handwerkszeug' betont.

Im übrigen unterliegen alle Therapieformen einem Modetrend. Die in den letzten Jahrzehnten kreierten neuen Therapieformen sind ein Beleg dafür, wie zeitabhängig bestimmte Therapieformen sein können. Allein das 'Handbuch der Psychotherapie' (CORSINI 1983) weist eine nicht mehr zu überblickende Anzahl von Therapieformen auf. Überdies, so hat Kaffmann (nach HARGENS 1989) herausgefunden, unterliegt jede Therapieform einem bestimmten Zyklus, der in vier scheinbar vorprogrammierten Phasen abläuft. In der ersten Phase ('Pionierphase') geht es darum, die neue Therapie zu etablieren, in der zweiten Phase findet eine Ausweitung durch Zustimmung und Bestätigung statt, in der dritten Phase (Phase der 'Omnipotenz') wird die Therapie quasi unangreifbar, und in der vierten Phase beginnt sich

Kritik anzumelden, die das Ende der Therapie einläutet und gleichzeitig den Beginn einer neuen Therapie ankündigt.

Der Gesprächspsychotherapie scheint das gleiche Schicksal bevorzustehen. Noch vor Jahren galt es als ein Sakrileg, die praktischen Ableitungen aus der Rogers'schen philosophisch-psychologischen Grundposition anzugreifen, obwohl viele praktizierende Therapeuten bereits nichtöffentlich ihre Zweifel daran anmeldeten. In letzter Zeit mehren sich kritische Stimmen, die gewisse Zweifel an der Praktikabilität des Persönlichkeitsmodells von Rogers vortragen (vgl. MARTIN 1989, 226 ff).

Die Erweiterung des therapeutischen Repertoires wird inzwischen auch im deutschsprachigen Raum innerhalb der 'formal organisierten' Gesprächspsychotherapie diskutiert. So scheinen sich drei Richtungen abzuzeichnen, die je unterschiedliche Schwerpunkte setzen:

(1) Die Vertreter der 'naturwissenschaftlichen' Richtung orientieren sich überwiegend an psychologischen Modellvorstellungen, sie bevorzugen das wissenschaftlich abgesicherte und empirisch belegte Therapiesetting;

(2) die Vertreter der 'phänomenologischen' Richtung sehen die Therapie umfassender, ihnen ist die Begegnung von 'Person zu Person' wichtig, und sie scheuen sich nicht, auch während der Therapie dem Klienten Vorschläge für die Lebensführung zu machen;

(3) die Vertreter der dritten Gruppe integrieren sehr stark Elemente anderer Therapien (vgl. LASOGGA 1986).

Mit diesen kritischen Hinweisen soll nicht das Ende der Gesprächspsychotherapie herbeigeredet, wohl aber der berechtigte Versuch unterstrichen werden, das relativ starre Konzept der klassischen Gesprächspsychotherapie zugunsten einer anderen - hier mehr pädagogisch ausgerichteten - Praxis auszuweiten.

(2) Vermittlungs- (oder: Methodische) Ebene

Die Adressaten dieses Trainings sind Pädagogen. Auf der methodischen Ebene ist also die Frage zu beantworten, wie man Pädagogen auf dem Hintergrund ihres curricularen Fundaments Gesprächshaltungen bzw. -techniken vermitteln kann, die sie einerseits dazu befähigen, im begrenzten pädagogischen Rahmen selbst pädagogisch-therapeutisch aktiv zu werden, die sie andererseits aber auch gleichzeitig dazu befähigen, durch die eigene Ausbildung zu Diagnostikern zu werden, um die eigene Kompetenzgrenze zu erkennen und gegebenenfalls entsprechende externe Fachkompetenz heranzuholen.

Die curricularen Studienbedingungen und -voraussetzungen zwingen zu Einschränkungen in den Zielsetzungen und Anforderungen; sie zwingen aber auch dazu, Überlegungen anzustellen, wie die für ein *pädagogisch-therapeutisches Gesprächstraining* als zwingend notwendig angesehenen Kenntnisse, Fähigkeiten und Fertigkeiten erworben werden können.

Die Vermittlungsform dieser Konzeption ist ein *Bausteine-System*, welches auf den ersten Blick in seiner gegliederten Form den Anschein einer willkürlichen additiven Aneinanderreihung vermittelt, in der Praxis aber ein flexibles System sich gegenseitig bedingender bzw. in sich verbundener Elemente darstellt. Für die in den Bausteinen enthaltenen Fertigkeiten bzw. in ihnen ausgewiesenen konkreten Verhaltensweisen gelten unter lernpsychologischen und methodischen Gesichtspunkten zwei Bedingungen.

Erste Bedingung:

Die zu erlernenden Fertigkeiten bzw. Verhaltensweisen müssen zum Zweck der Übung *isolierbar* sein, das heißt, sie müssen sich sowohl theoretisch als auch praktisch von anderen zu übenden Fertigkeiten bzw. Verhaltensweisen unterscheiden lassen. Das führt während der Trainingsarbeit mitunter zu künstlichen Trennungen, die sich jedoch im Laufe des Erlernens wieder aufheben.

Zweite Bedingung:

Die zu erlernden Fertigkeiten bzw. Verhaltensweisen müssen in das Prozeß(Gesprächs-)geschehen *reintegrierbar* sein, das heißt, sie sind in der konkreten Anwendung ein integrierter Bestandteil im Gesprächsverhalten bzw. Gesprächsrepertoire des pädagogisch-therapeutisch Arbeitenden.

Auf die inhaltlichen und methodischen Fragen wird im folgenden noch detaillierter eingegangen. Zusammenfassend genügt hier der Hinweis, daß das *Pädagogische Gesprächstraining (PGT)* im Rahmen der pädagogischen Trainings (vgl. MUTZECK/PALLASCH 1983; PALLASCH 1987; PALLASCH/REIMERS 1990) eine gewisse Sonderstellung einnimmt. Zum einen kommt es der Zielsetzung eines Basistrainings für Pädagogen sehr nahe (Gesprächskompetenz als pädagogische Grundvoraussetzung), zum anderen ermöglicht es eine gewisse Spezialisierung in Hinblick auf therapeutische Interventionen im Rahmen pädagogischer Arbeit: Therapeutisches Gesprächsverhalten als Instrument der Diagnose und begrenzter Hilfestellung.

2 Theoretische Orientierung

Wie eingangs bereits ausgeführt, ist es das zentrale Anliegen des *Pädagogischen Gesprächstrainings (PGT)*, die Handlungs- und Diagnosekompetenz von Pädagogen im Rahmen ihrer alltäglichen beruflichen Praxis zu erweitern. Die Praxis im pädagogischen Arbeitsfeld läßt sich unter anderem dadurch charakterisieren, daß Entscheidungen oft intuitiv und in Bruchteilen von Sekunden getroffen werden müssen und für den Praktiker kaum Zeit zu theoriegeleitetem, planvoll-intentionalem Handeln bleibt. Vielmehr resultiert sein Verhalten aus seiner *subjektiven Theorie (Alltagstheorie)*, d.h. seiner subjektiven Sichtweise des Erlebens und Handelns im pädagogischen Handlungsfeld (vgl. HOFER 1986; MANDL/HUBER 1983), die ihm im Hinblick auf ihren Inhalt und ihre Struktur nicht vollständig bewußt und nur begrenzt verbalisierbar verfügbar ist (vgl. GROEBEN/SCHEELE 1977; 1984). Von daher setzt die hier angestrebte Erweiterung der Handlungskompetenz des professionellen Pädagogen ein hohes Maß an Selbstexploration, d.h. eine Auseinandersetzung mit der eigenen Person und der für sie spezifischen subjektiven Theorie pädagogischen Handelns, voraus. Daraus folgt neben Konsequenzen für das methodische Vorgehen im Rahmen der praktischen Ausbildung im *Pädagogischen Gesprächstraining* an dieser Stelle die Notwendigkeit, auf die theoretischen Grundlagen der Gesprächsführung einzugehen. Auf diese Weise soll dem potentiellen Anwender die Möglichkeit geboten werden, zu überprüfen, ob er die diesem Gesprächstraining zugrundeliegenden Auffassungen und Prinzipien der Humanistischen Psychologie akzeptieren und in seine subjektive Theorie integrieren kann. Die erfolgreiche Umsetzung des pädagogischen Gesprächsverhaltens im Alltag setzt - wie noch zu zeigen sein wird - in hohem Maße die innere Akzeptanz seiner theoretischen Grundlagen und die des Menschenbildes der Humanistischen Psychologie voraus, wenn sie nicht zur - letztendlich nicht funktionierenden - seelenlosen Technik verkommen will.
Von daher soll im folgenden unter pragmatischen Gesichtspunkten auf die dem *Pädagogischen Gesprächstraining* zugrundeliegende Theorie der Gesprächspsychotherapie in dem Maße eingegangen werden, wie sie für ein Verständnis des Ansatzes im oben angeführten Sinne unabdingbar ist. Auf eine wissenschaftlich vollständige Darstellung des

philosophischen Hintergrundes und der zentralen Konzepte der Humanistischen Psychologie ebenso wie weiterer therapeutischer Ansätze humanistisch-psychologischer Orientierung, wie sie andere Autoren vornehmen (vgl. QUITMANN 1985, KARMANN 1987), muß im Rahmen dieser Schrift verzichtet werden. Im Anschluß an die Erörterung der theoretischen Grundlagen der Gesprächspsychotherapie soll die zwischen den traditionellen Handlungsfeldern von Pädagogik und Therapie angesiedelte Konzeption für ein *pädagogisch-therapeutisches Gesprächsverhalten* dargestellt werden. Der bislang unter dem Titel *Pädagogisches Gesprächstraining* vorgestellte Ansatz wird hierbei um zentrale Aspekte genuin therapeutischen Handelns erweitert und damit in ein *pädagogisch-therapeutisches Gesprächstraining* überführt.

2.1 Grundlagen der Gesprächspsychotherapie

Einordnung

Wenngleich im allgemeinen der Terminus *Humanistische Psychologie* verwendet und damit implizit von einer vermeintlich einheitlichen und in sich abgeschlossenen wissenschaftlichen Position ausgegangen wird, ist es eher richtig, von *humanistisch orientierten Ansätzen* im Bereich der Psychologie zu sprechen, da eine einheitlich vertretene, durchgängige Konzeption bislang fehlt (vgl. KARMANN 1987, 15). Diese Ansätze lassen sich auf eine Vielzahl unterschiedlichster Elemente zurückführen. Neben den gesellschaftlichen Rahmenbedingungen ihres Entstehens vor nunmehr gut dreißig Jahren (vgl. KARMANN 1987, 19 ff) ist dies der durch die Existenzphilosophie und deren wissenschaftliche Methode, der Phänomenologie, geprägte philosophische Hintergrund (vgl. QUITMANN 1985, 40 ff). Weiterhin entwickelten sich die einzelnen unter dem Oberbegriff *Humanistische Psychologie* subsummierten Ansätze als sogenannte *Dritte Kraft* aus der Kritik an der Psychoanalyse und dem Behaviorismus, den beiden damals innerhalb der Psychologie vorherrschenden Denkmodellen mit ihrem positivistischen Wissenschaftsverständnis und ihren analog zur naturwissenschaftlichen Denkweise entwickelten Menschenbildern. Beide Denkmodelle verstanden den Menschen entweder als ein im wesentlichen durch innere, d.h. triebhafte (Psychoanalyse) oder durch äußere, d.h. verhaltensformende (Behaviorismus) Faktoren determiniertes Wesen. Demgegenüber betonen humanistisch orientierte Ansätze Aspekte wie 'Autonomie und soziale Interdependenz', 'Intentionalität und Sinnorientierung', 'Selbstverwirklichung' sowie 'Ganzheit und Integrität' (vgl. VÖLKER 1980, 16 ff; QUITMANN 1985, 64 ff; KARMANN 1987, 57 ff).
Auch die von C. R. Rogers entwickelte *Gesprächspsychotherapie* - die

Grundlage für das hier vorgestellte Pädagogische Gesprächstraining - gehört zu den humanistisch orientierten theoretischen Ansätzen im Bereich der Psychologie und ist neben der von F. Perls begründeten *Gestalttherapie*, dem *Psychodrama* J. Morenos, der *Bioenergetik* nach A. Lowen, der *Logotherapie* nach V. Frankl und dem von R. Cohn entwickkelten Konzept der *Themenzentrierten Interaktion (TZI)* als deren bedeutendster Vertreter anzusehen (vgl. KARMANN 1987, 98/99). Dieser Vielfalt trägt der hier vorgestellte Ansatz insofern Rechnung, als er den Versuch unternimmt, auf der Grundlage des Konzepts der Gesprächspsychotherapie auch Methoden der anderen humanistisch orientierten Therapieformen zu integrieren, um auf diese Weise das pädagogisch-therapeutische Handlungsrepertoire zu erweitern.

Für die Konzeption der Gesprächspsychotherapie ist charakteristisch, daß sie die soziale Interaktion und verbale Kommunikation zwischen Therapeut und Klient in den Mittelpunkt ihres Interesses stellt. Dem Klienten soll ermöglicht werden, seine Verhaltens- und Erlebnisweisen zu verändern (vgl. TAUSCH 1973, 15) und sich so zu entwickeln, daß er mit dem gegenwärtigen Problem und den späteren Problemen auf besser integrierte Weise fertig wird (vgl. ROGERS 1972a, 36):
''Gesprächspsychotherapie ist eine systematische, selektive und qualifizierte Form verbaler und nonverbaler Kommunikation und sozialer Interaktion zwischen zwei und mehreren Personen - Psychotherapeut(en) und Klient(en) - mit dem Ziel einer Verminderung der vom Klienten erlebten psychischen Beeinträchtigungen durch eine als Form differenzierter Selbst- und Umweltwahrnehmung eintretende Neuorientierung des (der) Klienten im Erleben und Verhalten, ...'' (BOMMERT 1982, 10/11).

Die Gesprächspsychotherapie ist über einen langen Zeitraum hin zunächst von C. R. Rogers entwickelt und immer wieder modifiziert sowie später auch von anderen Autoren erweitert worden. In den vierziger Jahren wurde sie von C. R. Rogers als *nicht-direktive Beratung* konzipiert, deren zentrales Anliegen es war, dem Klienten eine Situation zu bieten, in der er sich sicher und geborgen fühlen sowie seine eigenen Entdeckungen machen und Entscheidungen treffen konnte. Die Interventionen des Therapeuten sollten nicht-direktiv und frei von jedem Dirigismus sein (vgl. ROGERS 1972a). *Nicht-direktives* Verhalten bedeutet hierbei jedoch nicht, daß der Therapeut keine therapeutischen Interventionen einsetzen kann, vielmehr wird dem Klienten - im Gegensatz zur psychoanalytischen Vorgehensweise - keine eindeutige linear-kausale Ursache-Wirkungsproblematik von seiten des Therapeuten unterstellt, die ihn in seiner Entfaltungs- und Befreiungsbemühung von vornherein definitiv einschränken würde.

In den fünfziger und sechziger Jahren wurde dieser Ansatz als nunmehr *klientenzentrierte Gesprächspsychotherapie* von Rogers erweitert. Im Mittelpunkt stand jetzt die Auseinandersetzung des Klienten mit seiner Gefühlswelt. Die Aufgabe des Therapeuten bestand darin, dem Klienten zu einer höheren Selbstwahrnehmung und Reflexion der eigenen Gefühlswelt zu verhelfen. Hierfür wurde die Realisierung der drei sogenannten Basisvariablen *Kongruenz, Akzeptanz* und *Empathie* durch den Therapeuten als notwendige und hinreichende Bedingung angesehen (vgl. ROGERS 1972b, 1983). Im deutschsprachigen Raum wurde in dieser Zeit der Versuch unternommen, in einem recht technischen Verständnis die Basisvariable Empathie zu operationalisieren und als *Verbalisierung emotionaler Erlebnisinhalte (VEE)* erlernbar und überprüfbar zu machen (vgl. TAUSCH 1973).

In den sechziger und siebziger Jahren wurde das Modell der Gesprächspsychotherapie vor allem durch E. T. Gendlin erweitert. Der Schwerpunkt der therapeutischen Interventionen sollte darauf liegen, den intensiven Kontakt zwischen Therapeut und Klient und hierbei insbesondere des Klienten zu sich selbst, d.h. seinem Erleben sowie seinen Gefühlen und Wahrnehmungen, zu fördern und nicht abreißen zu lassen. Zu diesem Zweck wurden erlebnisfördernde Interventionsformen wie z.B. *Experiencing* und *Focusing* in das Modell integriert (vgl. GENDLIN 1980, 1981).

Einhergehend mit den bereits in den siebziger Jahren aufkommenden Zweifeln, ob die Realisierung der drei Basisvariablen durch den Therapeuten tatsächlich als notwendig und hinreichend für einen erfolgreichen therapeutischen Prozeß anzusehen sei, wurde seitdem der Versuch unternommen, durch die Übernahme und Integration zahlreicher Ansätze und Interventionstechniken aus anderen Therapieformen die angenommenen Defizite der Gesprächspsychotherapie auszugleichen. So wurde bislang unter anderem versucht, *kognitive, kognitiv-emotionale* und *handlungstheoretische Ansätze* in das Modell zu integrieren (vgl. BOMMERT 1982, 47 ff).

Die Grundlagen des für die Gesprächspsychotherapie spezifischen Konzepts therapeutischen Handelns sind die von C. R. Rogers innerhalb seines *Menschenbildes* entwickelten Vorstellungen von psychischer Gesundheit und Krankheit.

Das Menschenbild

C.R. Rogers hat immer wieder den Versuch unternommen, das Konzept der Gesprächspsychotherapie, d.h. seine Theorie des therapeutischen Prozesses und das ihr zugrundeliegende Menschenbild, zu beschreiben. Dieses Konzept soll im folgenden in verkürzter Form anhand der zentralen Begriffe dargestellt werden.

Subjektive Realität

Jedes Individuum lebt in einer sich ständig verändernden und dennoch jeweils für sich einzigartigen *subjektiven Realität*, einer wahrnehmungsgemäßen *Landkarte*, die nie die *objektive Realität* ist. Eine objektive Realität, die wir gemeinhin als gegeben annehmen, gibt es aus der Sicht der Subjekte nicht. Vielmehr nimmt jedes Individuum seine Umwelt durch eine Art *subjektiver Brille* wahr, d.h. vor dem Hintergrund eines für das Individuum spezifischen *inneren Bezugsrahmens*, der sich aus seinen Interaktionen mit der natürlichen und sozialen Umwelt heraus entwickelt. Hierbei reagiert das Individuum auf die von ihm wahrgenommene (subjektive) Realität als ein *organisiertes Ganzes* (vgl. ROGERS 1972b, 418 ff). So ist es eine alltägliche Erfahrung, daß zwei Individuen, die denselben Vorgang erleben bzw. beobachten, in unterschiedlicher Weise dieselben Situationsreize wahrnehmen, psychisch verarbeiten und schildern:

Ein Elternpaar beobachtet beispielsweise, wie ihr sonst sehr zurückhaltender Sohn mit dem Ball eine Scheibe einwirft. Der Vater ist ein wenig stolz darauf, seinen Sohn als 'richtigen Mann' zu erleben, der auch einmal in 'Lausbubenmanier' Unfug anrichtet. Wohingegen die Mutter eher betroffen und wütend ist, da sie an mögliche Konflikte mit den Nachbarn denkt. Beide werden entsprechend ihrer jeweils subjektiven Erlebniswelt reagieren, indem die Mutter beispielsweise schimpft und der Vater versucht, auszugleichen und zu beschwichtigen (vgl. MINSEL 1974, 18).

Aktualisierungstendenz

Jedes Individuum besitzt die grundlegende und angeborene Tendenz, sich selbst zu aktualisieren, d.h. sich zu erhalten und sich konstruktiv in Richtung auf Selbstverwirklichung und Unabhängigkeit hin zu entwickeln. Der durch die *Aktualisierungstendenz* bedingte Wachstumsprozeß der Person entwickelt sich im Rahmen der Auseinandersetzung des Individuums mit sich und seiner Beziehung zur sozialen Umwelt, wobei letztere einen ebenso fördernden wie hemmenden Einfluß haben kann. Solange das Individuum als Organismus existiert, ist es jedoch zu keinem Zeitpunkt möglich, die *Aktualisierungstendenz* zu zerstören (vgl. ROGERS 1972b, 422 ff; 1983 41/42).

Selbstkonzept

Von seiner Geburt an entwickelt das Individuum sein *Selbstkonzept*. Dieses Bild - 'So bin ich' -, das es von sich hat, entwickelt das Individuum mittels seiner Interaktionen mit der im Laufe seines Lebens zunehmend komplexer werdenden sozialen Umgebung. So hat jedes Individuum einen bestimmten Eindruck von sich, der z.B. in Zuschreibungen wie 'fleißig sein', 'gut zuhören können', 'mutig sein' und 'phlegmatisch sein' beschrieben wird (vgl. MINSEL 1974, 19). Das Selbstkonzept ist nicht zu jedem Zeitpunkt bewußt, aber dem Bewußtsein prinzipiell zugänglich. Es befindet sich - der Aktualisierungstendenz entsprechend - zum einen in einem ständigen Veränderungsprozeß, innerhalb dessen es jedoch in jedem Augenblick als Einheit vorhanden ist. Zum anderen besitzt es die Tendenz, sich starr aufrechtzuerhalten. Das Selbstkonzept umfaßt alle bis zum jeweiligen Zeitpunkt einer fiktiven Momentaufnahme gemachten Körper- und Sinneserfahrungen, die sozialen Erfahrungen sowie die mit ihnen verbundenen Wertvorstellungen. Es strukturiert die Wahrnehmungen des Individuums und beeinflußt auf diese Weise ebenso dessen Verhalten. Es ist für das Individuum ein ständiger Bezugspunkt, an dem es sein Handeln ausrichtet.

Die Körper- und Sinneserfahrungen des Individuums können von seinem Selbstkonzept auf unterschiedliche Art und Weise verarbeitet werden:

(a) Erfahrungen werden direkt wahrgenommen, symbolisiert und in das Selbstkonzept integriert.

(b) Erfahrungen werden als irrelevant erkannt und vom Selbstkonzept bewußt ignoriert.

(c) Erfahrungen stimmen nicht mit dem Selbstkonzept überein und werden geleugnet oder verzerrt symbolisiert ins Selbstkonzept integriert (vgl. ROGERS 1972b, 429 ff; 1983, 42).

Während die Symbolisierung und Integration von Erfahrungen in das Selbstkonzept ebenso wie das Erkennen irrelevanter und von daher zu ignorierender Erfahrungen Bestandteile einer psychisch gesunden Form der Interaktion zwischen Individuum und sozialer Umwelt sind, ist die verzerrte Symbolisierung und Integration von Erfahrungen durch das Selbstkonzept zugleich Quelle und Bestandteil psychischer Krankheit. Ein Beispiel mag dies verdeutlichen (vgl. ROGERS 1972b, 453):

Ein Mann hat während seiner Kindheit von seinen Eltern immer wieder zu hören bekommen, daß er in technischen Dingen völlig unfähig sei. Die damit verbundene Erfahrung läßt sich mit den Worten 'Meine Eltern betrachten mich auf dem technischen Gebiet als unfähig' beschreiben. Er symbolisiert diese Erfahrung jedoch verzerrt, etwa in der Form 'Ich bin im Umgang mit technischen Dingen unfähig' und integriert diese Symbolisierung in sein Selbstkonzept. Die Ursache für diese Verzerrung liegt darin, daß er versucht, einen wichtigen Teil seines Selbstkonzeptes aufrechtzuerhalten und zwar die Gewißheit 'Ich werde von meinen Eltern geliebt'. Um von seinen Eltern geliebt zu werden und sich ihrer Zuwendung sicher zu sein, erfährt er sich auf diese Weise als die Person, für die ihn seine Eltern halten. Im Erwachsenenalter wird er dann die Erfahrung 'Ich hatte Erfolg bei einer schwierigen technischen Operation' ebenso verzerrt symbolisieren. Diese Sinneserfahrung stimmt nicht mit dem Selbstkonzept überein und kann von daher nicht direkt ins Bewußtsein aufgenommen werden. Jedoch ist es nicht möglich, die Erfahrung vor dem Bewußtsein ganz zu leugnen, da der Sinnes-Nachweis eindeutig ist. Sie wird dann in verzerrter Form wie z.B. 'Es war bloß ein glücklicher Zufall' symbolisiert. Erst wenn es dem Mann gelingt, sein Selbstkonzept innerhalb eines in der Regel schmerzlichen Veränderungsprozesses dahingehend zu modifizieren, daß er die Erfahrung 'Meine Eltern haben mich als Kind immer unter Leistungsdruck gesetzt und mir wenig Halt gegeben' in sein Selbstkonzept integrieren kann, wird dieses wieder flexibel genug, um neue Erfahrungen wie etwa 'Manche technischen Dinge beherrsche ich schon recht gut' zuzulassen.

Kongruenz
Solange alle Körper- und Sinneserfahrungen dem Bewußtsein des Individuums zugänglich sind und sich problemlos in sein Selbstkonzept integrieren lassen, befindet es sich in einem seelischen Gleichgewicht, dem Zustand der *Kongruenz*. Das Verhalten (z.B. die Kommunikation) des Individuums, sein inneres Erleben und sein Bewußtsein bilden im Zustand der Kongruenz ein in sich widerspruchs- und spannungsfreies Ganzes. Diesen angestrebten und letztendlich nicht erreichbaren Idealzustand bezeichnet ROGERS als *'fully functioning person'* (vgl. 1972b, 442 ff; 1983, 39/45).

Inkongruenz
Läßt das Individuum hingegen wichtige Körper- und Sinneserfahrungen nicht in seinem Bewußtsein zu und verleugnet bzw. verdrängt sie, so befindet es sich in seelischem Ungleichgewicht, dem Zustand der *Inkongruenz*. Es besteht eine Diskrepanz zwischen dem eigentlichen Erleben und seinem bewußten Selbstkonzept. Es erlebt psychische Spannungen, d.h. sein Verhalten (z.B. die Kommunikation), sein inneres Erleben und sein Bewußtsein widersprechen einander. Dieser Zusammenhang soll anhand eines Beispiels veranschaulicht werden:
Ein Mann hat durch seine Erziehung vermittelt bekommen, daß Männer hart, selbständig und unabhängig sein müssen. Als ihn seine Frau überraschend wegen eines anderen Mannes verläßt, fühlt er sich wie vor den Kopf gestoßen. In seinem Inneren empfindet er Trauer, Verzweiflung und Wut, und es ist ihm oft zum Weinen zumute (inneres Erleben). Dieses Gefühl verdrängt er jedoch, da es seinem Selbstkonzept - der von ihm verinnerlichten Rolle als Mann - widerspricht. Er empfindet seine Situation als ausweglos, da er sich einerseits niedergeschlagen und schwach fühlt, nach außen aber den 'starken Mann' spielen muß (Kommunikation), um von seinen Freunden akzeptiert zu werden. Das bewußte Erleben von Schwäche und Trauer ist blockiert (Bewußtsein). Es ist ihm nur bewußt, daß alles, was er unternimmt, um aus seiner mißlichen Lage herauszukommen, schief geht.
Je mehr Körper- und Sinneserfahrungen vom Individuum nicht zugelassen bzw. verzerrt symbolisiert werden, desto starrer und enger wird sein Selbstkonzept, desto größer wird die Wahrscheinlichkeit, daß neue Erfahrungen als bedrohlich wahrgenommen und damit von der

Integration ins Selbstkonzept ausgeschlossen werden. Dessen 'falsche Struktur' bleibt auf diese Weise erhalten (vgl. ROGERS 1972b, 440 ff; 1983, 43/44).

Auf das Beispiel bezogen heißt dies, daß der Mann immer weniger in der Lage ist, eine positive Beziehung zu Frauen aufzubauen. Möglicherweise hält er sein Selbstkonzept mit Hilfe verzerrter Symbolisierungen wie 'Alle Frauen sind untreu' und 'Eigentlich wollte ich schon immer Single sein' aufrecht, um einem mit Trauer und Ohnmacht verbundenen erneuten Verlassenwerden entgegenzuwirken.

Ansatzpunkt therapeutischen Handelns ist der vom Individuum erlebte Zustand der *Inkongruenz*. Im Rahmen der im folgenden zu beschreibenden Bedingungen des therapeutischen Prozesses soll es dem Individuum ermöglicht werden, vom Zustand der *Inkongruenz* zu dem der *Kongruenz* zu gelangen.

Noch einmal auf das Beispiel bezogen, bedeutet dies, daß der Mann in der angstfreien, einfühlsamen Atmosphäre des therapeutischen Gesprächs seine Traurigkeit und Verzweiflung zulassen und erleben kann und auf diese Weise lernt, seine 'schwache Seite' zu akzeptieren. Diese Erfahrung integriert er als festen Bestandteil in sein Selbstkonzept, das nunmehr neben dem Aspekt 'Ich bin stark und unabhängig' auch die Aspekte ' Ich darf schwach sein' und ' Ich brauche Geborgenheit' enthält.

Die therapeutischen Grundhaltungen

In der Therapie ist es - dem Ansatz der Gesprächspsychotherapie folgend - unter bestimmten, durch die Person des Therapeuten herzustellenden Bedingungen möglich, ein Klima zu schaffen, das es dem im Zustand der Inkongruenz befindlichen Individuum ermöglicht, die von ihm verzerrt symbolisierten bzw. verdrängten Erfahrungen wahrzunehmen und damit einhergehend sein Selbstkonzept zu verändern (vgl. ROGERS 1972b, 445 ff).

Grundvoraussetzung hierfür ist nach Auffassung C. R. Rogers', daß der Therapeut die drei Grundhaltungen (Basisvariablen) *Kongruenz*, *Akzeptanz* und *Empathie* realisiert. Diese lassen sich zwar als Verhaltensweisen beschreiben, sind aber keine erlernbaren Verhaltensweisen oder sozialen Techniken. Sie fordern die ganze Person des Therapeuten, sind nur begrenzt erlernbar und müssen innerhalb eines langwierigen Prozesses 'von innen heraus' erfahren und entwickelt werden.

Die Grundhaltungen stehen in einem interdependenten Verhältnis zueinander. Sie sind in ihrer Realisation durch den Therapeuten voneinander abhängig und aufeinander bezogen und sind ebenso Voraussetzung (Funktion als Therapeutenvariablen) wie Ziel des therapeutischen Prozesses (Realisation durch den Klienten).

Kongruenz (Echtheit)

Die Kongruenz ist die grundlegendste und zugleich die am schwierigsten zu realisierende Grundhaltung des Therapeuten. Er soll eine integrierte Persönlichkeit sein, die sich ihrer selbst und ihrer Gefühle zum großen Teil bewußt ist. "Je mehr der Therapeut in der Beziehung (zum Klienten) er selbst ist, jemand, der keine professionelle Front oder persönliche Fassade aufrichtet, um so größer ist die Wahrscheinlichkeit, daß der Klient in konstruktiver Weise sich verändern und wachsen wird. Dies bedeutet, daß der Therapeut offen die Gefühle und Einstellungen lebt, die in ihm im Augenblick fließen. Es gibt eine enge Übereinstimmung oder Kongruenz zwischen dem, was 'im Bauch' erlebt wurde, was im Bewußtsein präsent ist und was dem Klienten gegenüber ausgedrückt wird" (ROGERS 1982, 75; vgl. auch 1983, 30 ff). Dies bedeutet nicht, daß der Therapeut dem Klienten zu jedem Zeitpunkt seine Gedanken und Gefühle im Sinne eines 'Sagens, was man denkt' mitteilt. Vielmehr ist es von zentraler Bedeutung für den therapeutischen Prozeß, daß dem Therapeuten seine inneren und äußeren Wahrnehmungen bewußt sind, er dabei die eigenen Möglichkeiten, Bedürfnisse, Grenzen und Vorurteile akzeptiert und sie gegebenenfalls mitteilen kann. Er muß eine Einheit in seiner Persönlichkeit und seinem professionellen Verhalten bilden.

An dieser Stelle wird deutlich, wie wichtig der Anteil der Selbstexploration im Rahmen der therapeutischen Ausbildung und anschließend der Supervision - begleitend zur therapeutischen Praxis - ist.

Akzeptanz (bedingungsfreie Wertschätzung)

Unter der zweiten Grundhaltung - *Akzeptanz* - versteht Rogers die Fähigkeit des Therapeuten, dem Klienten grundlegend positiv entgegenzutreten und ihn in seinem 'So-Sein' ohne jegliche Vorbedingungen anzunehmen. "Dies bedeutet, daß therapeutische Bewegung oder Veränderung wahrscheinlicher ist, wenn der Therapeut eine positive, akzeptierende Einstellung erleben kann gegenüber dem, was der Klient zu diesem Zeitpunkt ist. Eingeschlossen ist die Bereitschaft des Therapeuten, dem Klienten zugewandt zu sein, welches unmittelbare Gefühl auch immer präsent ist - Verwirrung, Ressentiment, Furcht, Zorn, Mut, Liebe oder Stolz. Es ist eine nicht Besitz ergreifende Besorgtheit" (ROGERS 1982, 75/76; vgl. auch 1983, 27 ff). Dies bedeutet nicht, daß der Therapeut alle Gedanken, Gefühle und Handlungen des Klienten gutheißen muß. Vielmehr ist es wichtig, eine 'leichtgläubige Haltung' einzunehmen, d.h. den Klienten als Person zu achten und ihn so vorbehaltlos und vorurteilsfrei wie möglich in seiner individuellen Erlebniswelt wahrzunehmen und zu respektieren.

Empathie (einfühlendes Verstehen)

Diese dritte Grundhaltung ist diejenige, welche man allenfalls erlernen kann. *Empathie* bedeutet, daß der Therapeut sich bemüht, die Erlebnisse und Gefühle des Klienten präzise und sensibel zu erfassen, indem er 'die Brille des Klienten aufsetzt', 'in seine Haut schlüpft' und 'in dessen Welt zu Hause ist'. "Es bedeutet, daß der Therapeut genau die Gefühle und persönlichen Bedeutungen, die der Klient erlebt, spürt, und daß er dieses Verstehen dem Klienten mitteilt. Wenn dies in größtmöglicher Weise gelingt, ist der Therapeut so sehr innerhalb der privaten Welt des anderen, daß er nicht nur die Bedeutungen klären kann, derer sich der Klient bewußt ist, sondern sogar jene, die sich gerade eben unter dem Bewußtseinsniveau befinden" (ROGERS 1982, 76; vgl. auch 1983, 23 ff). Von besonderer Bedeutung ist es hierbei, daß der Therapeut neben den verbalen auch die nonverbalen Symbolisierungen von Gedanken und Gefühlen berücksichtigt und die wahrgenommenen emotionalen Erlebnisinhalte in ihrer Bedeutung für den Klienten mitteilt.

Einfühlendes Verstehen bedeutet aber auch, kritische Distanz zu wahren. Würde nämlich der Therapeut die Problematik ausschließlich 'durch die Brille des Klienten sehen', wäre er nicht in der Lage, andere Zusammenhänge zu erkennen. Dies ist aber eine unabdingbare Voraussetzung für den therapeutischen Prozeß.

Folgt man dem Ansatz Rogers', so ist es für die psychische Gesundung des Klienten innerhalb des therapeutischen Prozesses notwendig und hinreichend, wenn es dem Therapeuten gelingt, die oben genannten Grundhaltungen zu realisieren. Diese Auffassung ist inzwischen von wissenschaftlicher Seite ebenso wie von Seiten der therapeutischen Praxis als nicht hinreichend kritisiert und modifiziert worden.

2.2 Kritische Positionen zur Gesprächspsychotherapie

Wenngleich Rogers und andere Autoren der wissenschaftlichen Fundierung der Gesprächspsychotherapie - insbesondere der im therapeutischen Prozeß wirksamen Variablen (vgl. ROGERS 1972a, 50 ff; TAUSCH 1973, 69 ff; MINSEL 1974, 57 ff) - große Aufmerksamkeit schenken, wird von Kritikern betont, daß es sich um keine Theorie im streng wissenschaftlichen Sinne handelt (vgl. WEINBERGER 1980, 89; BOMMERT 1982, 44 ff; LASOGGA 1986, 49 ff; KARMANN 1987, 102).

So ist das für den Ansatz von Rogers zentrale Konzept der dem menschlichen Organismus angeborenen Aktualisierungstendenz nicht empirisch überprüfbar. Die Bedeutung der Interaktion mit der sozialen Umwelt für die Persönlichkeitsentwicklung wird hierbei in dem Sinne vernachlässigt, daß lediglich Faktoren berücksichtigt werden, die die Entwicklung negativ beeinflussen. Die Möglichkeit, daß neben destruktiven auch konstruktive Verhaltensweisen das Ergebnis sozialer Lernvorgänge sein können, bleibt weitgehend ausgeklammert.

Geht man davon aus, daß die zentrale Bedeutung einer Therapietheorie darin liegen sollte, Erklärungen zur Wirkweise und Wirkrichtung therapeutischer Interventionen zu bieten, so wird an dieser Stelle ein weiteres Defizit der Gesprächspsychotherapie deutlich. Sie bietet keine ausreichende theoretische Grundlage, um präzise Diagnosen und Vorhersagen zu erstellen, die zielgerichtete therapeutische Interventionen im Hinblick auf konkrete Veränderungen im Klienten ermöglichen (vgl. BOMMERT 1982, 47). Mit diesem Defizit direkt in Verbindung steht, daß kaum Aussagen zur eindeutigen Indikation gemacht werden, die zuverlässige Annahmen darüber zulassen, bei welchen psychischen Störungen die Gesprächspsychotherapie indiziert ist und bei welchen nicht (vgl. LASOGGA 1986, 50).

Ein weiterer Ansatzpunkt der Kritik bezieht sich auf das von Rogers vielfach beschriebene und für den Erfolg einer Therapie erforderliche Therapeutenverhalten. Verschiedene Untersuchungen weisen darauf hin, daß die Realisierung der drei Basisvariablen *Kongruenz*, *Akzeptanz* und *Empathie* durch den Therapeuten allein nicht hinreichend ist für eine positive Veränderung des Klienten im therapeutischen Prozeß. Das Therapeutenverhalten sollte zusätzlich unter anderem die drei Grundprinzipien *Verbalisierung*, *Konkretheit* und *Konfrontation* einbeziehen (vgl. LASOGGA 1986, 47). Auf letztere wird im Rahmen des Konzepts des *Pädagogischen Gesprächstrainings* noch einzugehen sein.

Ohne im einzelnen auf weitere Ansatzpunkte der Kritik an der Theorie der Gesprächspsychotherapie einzugehen, sei abschließend angemerkt, daß sich letztere unter wissenschaftlichen ebenso wie unter pragmatisch-therapeutischen Gesichtspunkten insgesamt als defizitär und nicht stringent erwiesen hat. Dennoch bietet sie - wie im folgenden noch zu zeigen sein wird - in ihren Grundaussagen eine tragfähige Basis für die pädagogisch-therapeutische Konzeption des *Pädagogischen Gesprächstrainings*.

Allerdings ist es erforderlich, Konzepte anderer Therapieformen zu berücksichtigen, um die oben aufgezeigten Defizite auszugleichen. Hierbei geht es jedoch nicht um eine unter wissenschaftlichen Gesichtspunkten lupenreine und in sich stringente neue Therapietheorie, sondern vielmehr darum, unter pragmatischen Gesichtspunkten für die pädagogisch-therapeutische Praxis ein handhabbares Handlungsinstrument zu entwickeln.

2.3 Grundlagen für eine pädagogisch-therapeutische Konzeption

Therapeutische Modelle sind in der Pädagogik zum Scheitern verurteilt (vgl. BRINER 1985, 23/24).

Die pädagogische Arbeit verstrickt sich durch die zunehmende Therapeutisierung allen pädagogischen Tuns in immer mehr Widersprüche und Ambivalenzen (vgl. SCHÖN 1989, 8).

Diese beiden Aussagen aus der wissenschaftlichen Diskussion der letzten Jahre machen deutlich, wie aktuell die Auseinandersetzung und das Ringen um eindeutige Positionen bei der Legitimation bzw. Abgrenzung des pädagogisch-therapeutischen Arbeitsfeldes sind. Dabei wird vielfach die Meinung vertreten, daß eine klare Trennung der Fachbereiche Pädagogik und Therapie vonnöten ist, um eine Verwässerung der fachspezifischen Zielsetzungen zu verhindern. Im Gegensatz dazu konfrontiert die alltägliche pädagogische Praxis den Lehrer, Erzieher, Sozialpädagogen etc. häufig mit Situationen und Problemen, die ihm, ohne nach Zuständigkeit oder Ausbildung zu fragen, therapeutische Handlungskompetenz abverlangen.

Aufgrund des vielfältig vorhandenen Bedürfnisses nach Hintergrundwissen und konkretem Handwerkszeug für den pädagogisch-therapeutischen Überschneidungsbereich erscheint es uns notwendig, eine interdisziplinär angelegte Konzeption für das *Pädagogische Gesprächstraining* zu entwerfen. Dieser Forderung kann hier aufgrund des praktischen Schwerpunkts unserer Arbeit nur ansatzweise entsprochen werden, verdeutlicht aber unsere Zielsetzung, die therapeutische Intention aus pädagogischer Sichtweise stärker zu betonen.

Wie bereits dargestellt, beziehen wir uns, wenn wir von 'Theorie' sprechen, auf eine an den Grundlagen der Humanistischen Psychologie und der Gesprächspsychotherapie orientierte therapeutische Vorgehensweise. Therapie ist demnach ein erfahrungsbezogenes, interaktives Handlungskonzept und kein externes Analyse- und Behandlungsverfahren des Therapeuten (vgl. KARMANN 1987, 281). Der Versuch einer pädagogisch-therapeutischen Orientierung für das *Pädagogische Gesprächstraining* berücksichtigt ebenfalls, daß in der Theorie bereits Konzepte für eine humanistisch orientierte Pädagogik (vgl. ROGERS 1974; HINTE 1980; BUROW 1988) vorhanden sind. Diese Versuche, eine Brücke zwischen den Bereichen Pädagogik und Therapie zu schlagen, haben aber gerade in den institutionell gebundenen pädagogischen Arbeitsfeldern bisher nicht zu einem Umdenken oder zu einer Entwicklung von mehr Handlungskompetenz geführt.

Pädagogik und Therapie - Widerspruch oder Ergänzung?
In den Grenzbereichen der Fachdisziplinen Pädagogik, Psychologie und Therapie können Unterschiede häufig nur auf einer definitorischen

oder theoretisch-konzeptionellen Ebene festgestellt werden. Daß diese Unterschiede dennoch so oft betont werden, läßt sich eher auf ein stark ausgeprägtes Konkurrenz- und Statusdenken zwischen den unterschiedlichen Berufsgruppen zurückführen, als daß es sich aus der realen pädagogischen Praxis und den von den Betroffenen geäußerten Bedürfnissen ableiten läßt (vgl. KARMANN 1987, 282). Besonders deutlich wird dies am Beispiel der Gesprächspsychotherapie von Carl R. Rogers, die in ihren Grundzügen als sehr gut übertragbar auf das pädagogische Handlungsfeld gilt (vgl. GRODDECK 1987, 79) und von psychologischen Vertretern dieser psychotherapeutischen Richtung auch in bezug auf ihre Attraktivität für die Pädagogik analysiert wird. Dann aber wird der eher künstlich wirkende Versuch angestellt, die pädagogischen und therapeutischen Arbeitsbereiche voneinander abzugrenzen und sie mit gegenseitiger Ausschließlichkeit bestimmten Bedingungen zuzuordnen (vgl. BIERMANN-RATJEN u.a. 1979, 142 ff).

Der praktisch tätige Pädagoge wird jedoch in Gesprächssituationen immer wieder mit Problemen konfrontiert, in denen sich die ergebenden Schwierigkeiten häufig nicht auf ein Defizit in seiner fachlich-theoretischen Kompetenz zurückführen lassen, sondern darauf, daß ihm die praktische Fertigkeit, die Gespräche konstruktiv zu führen, fehlt. In diesen Situationen ist es notwendig, sinnvoll helfend durch eine ausreichend professionelle Kompetenz zur Problemlösung für den Betreffenden bzw. Klienten beitragen oder Kenntnisse über weitere Hilfs- und Behandlungsmöglichkeiten bereitstellen zu können.

In Anlehnung an HÖCHSTETTER (vgl. 1982, 224) soll es unter der Annahme, daß pädagogisches Handeln sowohl therapeutische Vorgänge mit einschließt als auch umgekehrt, im folgenden auf dieser Grundlage vorrangig um die Möglichkeit einer Akzentuierung des pädagogisch-therapeutischen Arbeitsfeldes gehen. Dabei muß die Pädagogik bemüht sein, im Spannungsfeld zwischen der gesellschaftlich bedingten Lern- und Erziehungsbedürftigkeit und der Förderung von Eigenverantwortlichkeit und Selbstbestimmung des Einzelnen für ihre Aufgabe im vortherapeutischen Feld Position zu beziehen. Nur so ist es möglich, starre fachspezifische Strukturen und Handlungsweisen aufzulösen, ohne über das einzelne Individuum hinausgehende, pädagogische Zielsetzungen aus dem Auge zu verlieren.

Traditionelle Handlungsfelder von Pädagogik und Therapie
Die traditionell pädagogischen Handlungsfelder 'Bildung' und 'Erziehung' und die ursprünglich psychologisch-therapeutischen Handlungsfelder 'Beratung' und 'Therapie' sollen in der folgenden Übersicht definiert und mit ihren Zielen und Voraussetzungen gegenübergestellt werden:

Traditionell pädagogische Handlungsfelder

Bildung	Erziehung
Definition: Bildung ist ein Grundbegriff der Pädagogik. Er ist definitorisch schwer zu fassen, da sich in ihm das jeweilige Selbst- und Weltverständnis des Menschen und der Gesellschaft widerspiegeln. Wesentliche Inhalte sind die Auseinandersetzung mit bisher unbekannten Inhalten, Erfahrungen und Erlebnissen, das Aushalten von Widersprüchen und Ertragen von Spannungen. Bildung meint prinzipiell die zeitlich unbegrenzte, aller Planung und Machbarkeit entzogene Selbstbestimmung und Weiterentwicklung der individuellen Persönlichkeit (vgl. BÖHM 1982, 76-78).	**Definition:** Dieser Grundbegriff der Pädagogik schließt in seiner Mannigfaltigkeit einen zeitlich begrenzten Prozeß wie sein Ergebnis, eine Absicht, ein Handeln, einen Zustand des Educandus sowie die Bedingungen dieses Zustandes ein. Erziehung stellt sich in verschiedenen Dimensionen dar: als Wachstum und Entwicklung, als gesellschaftliche Eingliederung (Sozialisation), als personale Erweckung und Entfaltung der individuellen Kräfte und Möglichkeiten und als kulturelle Begegnung (vgl. BÖHM 1982, 157/158).
Ziele: Intentionale Unterrichtung und Weitergabe von Informationen und Wissen an den Lernenden. *Ziele in bezug auf das Individuum:* Erweiterung der Informations- und Wissenskompetenz, Förderung und Unterstützung individueller Kräfte und Begabungen. *Gesellschaftliche Ziele:* Herstellung einer gesellschaftsübergreifenden, kommunikativen, handwerklichen und informatorischen Verständigungsebene, Steigerung und Erhaltung der Leistungsfähigkeit der einzelnen Individuen.	**Ziele:** Längerfristige, kontinuierliche, intentionale Förderung bzw. Änderung des Erlebens und Verhaltens von Menschen anhand von Idealen, Werten und Normen; Ausbildung der individuellen Persönlichkeit und Identitätsentwicklung. *Ziele in bezug auf das Individuum:* Förderung von Reife, Mündigkeit, Selbstbestimmung, Sittlichkeit, Gewissensbildung und Zufriedenheit; Förderung der individuellen Fähigkeiten und Potentiale. *Gesellschaftliche Ziele:* Förderung und Erhaltung von Tüchtigkeit, Leistungsfähigkeit, sozialer Integration und Teilhabe am geistigen und kulturellen Leben, Einhaltung gesellschaftlicher Normen und Werte (vgl. TAUSCH/TAUSCH 1973, 7; TEXTOR 1987, 12).
Voraussetzungen des Lernenden: Bildungsbedürftigkeit des Lernenden durch defizitäres Wissen, Mangel an Fertigkeiten und Einstellungen. Lernbereitschaft des Individuums (strebt nach Selbstaktualisierung und Entfaltung).	**Voraussetzungen des Educandus:** Erziehungsbedürftigkeit des Educandus (Mangel an Einstellungen, Erfahrungswerten, Entwicklungsrückstand). Bildsamkeit des Educandus (Lern- und Veränderungsbereitschaft) (vgl. GÖPPNER 1984, 153; TEXTOR 1987, 12).

Traditionell therapeutische Handlungsfelder

Beratung	Therapie
Definition:	**Definition:**
Beratung ist eine kurz- bzw. mittelfristige, zeitlich begrenzte, meist institutionell gebundene Hilfeleistung. Eine Abgrenzung zur Therapie ist kaum möglich, da der Übergang in bezug auf die Sichtweise von helfender Beziehung, prozeßhaftem Ablauf, Techniken und Zielen fließend ist. Abgrenzende Merkmale sind die eher 'gesunde' Persönlichkeitsstruktur und die eher auf äußeren Faktoren fußende Problemstruktur der Klienten. Beratung ist methodisch vor allem erzieherisch, unterstützend und problemlösend orientiert und zielt meist auf eine Verhaltensänderung ab. Die bevorzugte Interaktionsform ist das Gespräch (vgl. ALTERHOFF 1983, 13/14; BÖHM 1982, 61).	Therapie ist eine mittelfristig, aber zeitlich begrenzte Behandlung pathologischen Erlebens und Verhaltens, das meist in der Persönlichkeitsstruktur des Klienten verankert ist. Der Verlauf der Therapie wird durch das zugrundeliegende theoretische Bezugssystem, die daraus abgeleitete Intentionalität und Direktivität der Methoden sowie die individuell verschiedene innerpsychische Problemstruktur des Klienten bestimmt. Ansatz- und Ausgangspunkt sind das äußerlich sichtbare, konkret feststellbare Verhalten und das damit verbundene innere Erleben der zu behandelnden Person (vgl. ALTERHOFF 1983, 21; BÖHM 1982, 518/519).
Ziele:	**Ziele:**
Intentionale Beeinflussung durch Ideale, Normen und fachbezogene Informationen entsprechend den Wünschen, Bedürfnissen und Erwartungen der Klienten. Hinweise zu Verhaltensänderungen und zur Veränderung der äußeren Lebensbedingungen mit dem Ziel der Bewältigung extern verursachter Schwierigkeiten. ** Ziele in bezug auf das Individuum:* Förderung von Problembewältigungskompetenz, Selbst- und Welterkenntnis und Verhaltensänderungen. ** Gesellschaftliche Ziele:* Förderung und Erhaltung der Arbeits-, Liebes- und Funktionsfähigkeit des Individuums, soziale Integration (vgl. GÖPPNER 1984, 153; TEXTOR 1987, 12).	Intentionale Behandlung und Einwirkung auf den Klienten aufgrund gesellschaftlicher Normen und Werte (z.B. Gesundheit, Normalität) sowie seiner individuellen Wünsche. Bearbeitung kurzfristiger Krisen bzw. chronischer innerpsychischer Konfliktlagen mit dem Ziel, das Symptomverhalten als ungeeigneten Problemlösungsversuch überflüssig zu machen. ** Ziele in bezug auf das Individuum:* Behebung von psychischen und Verhaltensstörungen, Förderung der individuellen Entfaltung und Weiterentwicklung; Auflösung fehlgeleiteter Denkmuster. ** Gesellschaftliche Ziele:* Förderung und Erhaltung der Arbeits-, Liebes- und Funktionsfähigkeit des Individuums, soziale Integration, Lösung von Konflikten (vgl. GÖPPNER 1984, 153/154; TEXTOR 1987, 13).
Voraussetzungen des Klienten:	**Voraussetzungen des Klienten:**
Beratungsbedürftigkeit des Klienten durch das Fehlen von Informationen, Erziehungs- und Lernfehler, intra- oder interpersonale Konflikte; Eigenmotivation, Freiwilligkeit, Problemlösungsbereitschaft des Klienten sowie die Fähigkeit, Informationen aufzunehmen (vgl. MANGOLD 1979, 10/11; TEXTOR 1987, 12).	Therapiebedürftigkeit des Klienten, die von ihm selbst, bedingt durch psychische oder psychosomatische Störungen (Leidensdruck), oder von Teilen der Umwelt aufgrund starker interpsychischer Störungen für notwendig gehalten wird; eingeschränkte Freiwilligkeit. Motivation und Bereitschaft zur Veränderung (vgl. HOFFMANN/LINDEN 1975, 20; KARMANN 1987, 279; TEXTOR 1987, 13).

Während die praktischen Tätigkeiten des Pädagogen mit den jeweiligen Zielgruppen vielfach verschiedenen Handlungsfeldern zugeordnet werden können, "werden in der Theorie häufig noch Erziehung, Beratung, Psychotherapie und psychiatrische Behandlung als vier höchst unterschiedliche Formen der interpersonalen Einwirkung voneinander getrennt und verschiedenen Wissenschaften zur Erforschung zugewiesen." (TEXTOR 1987, 1) In Erweiterung dieser Aussage ist dem tabellarischen Vergleich zu entnehmen, daß die Handlungsfelder sich in den Voraussetzungen und Zielen auch theoretisch überschneiden bzw. ergänzen. Es wird deutlich, daß selbst aus definitorischer Sicht die Übergänge fließend sind.

Einem Verständnis von Pädagogik, das vielfach auch heute noch den Anspruch verfolgt, die zu bildenden und zu erziehenden Individuen in ihren Einstellungen, Denkrichtungen, Meinungen und Verhaltensweisen zu beeinflussen, stehen Erklärungsmodelle nahe, die eine Sichtweise vom Menschen als von außen steuerbarem Wesen vertreten. Das professionelle Helfen wird in diesem Zusammenhang als lenkende Maßnahme verstanden, mit deren Hilfe das noch nicht entwickelte, unfähige oder beeinträchtigte Individuum neue und problematische Situationen besser bewältigen kann; es ist diesem Verständnis nach auf Fremdbestimmung angewiesen. Diese Modelle legitimieren so Macht, Einfluß und Autorität des Pädagogen gegenüber seinen 'Klienten', lassen aber kaum noch Raum für die Verwirklichung von Zielen wie der Entwicklung und Entfaltung der individuellen Persönlichkeit oder der Erziehung zur Selbständigkeit und Mündigkeit des Einzelnen.

Dieses aus unserer Sicht einseitige und noch stark vertretene Verständnis von Pädagogik schafft starre Einordnungs- und Denkmuster und kann den Erfordernissen der alltäglichen Praxis - das heißt den subjektiven Bedürfnissen der Individuen - nicht genügend gerecht werden. Um die Schwierigkeiten, die bei der Umsetzung pädagogischer Ziele in der Praxis entstehen, zu überwinden und den Bedürfnissen der Betroffenen mehr entsprechen zu können, muß die Forderung nach einer inhaltlichen Verschränkung der Bereiche 'Pädagogik' und 'Therapie' formuliert werden, ohne daß die formale und institutionelle Trennung dieser Fachdisziplinen sofort in Frage gestellt werden soll. Diese Forderung wird durch die These gestützt, daß therapeutische und pädagogische Prozesse in ihrem Kern wesensmäßig gleich sind, indem die handelnden Personen andere in ihrem Lernen und bei der Entwicklung ihrer Persönlichkeit fördern (vgl. KARMANN 1987, 11). Somit kommt es im pädagogisch-therapeutischen Überschneidungsbereich zu einer Verbindung der traditionell pädagogischen Handlungsfelder 'Bildung' und 'Erziehung' und der ursprünglich psychologisch-therapeutischen Handlungsfelder 'Beratung' und 'Therapie'.

Bilden, Erziehen, Beraten und Therapieren stehen in dieser - in der

Praxis schon vorhandenen - Vereinigung den pädagogisch Tätigen als sinnvermittelnde bzw. sinnstiftende Handlungen in ihrer Ganzheitlichkeit zur Verfügung (vgl. KARMANN 1987, 261).

Als übergeordnete Zielsetzung muß aus unserer Sicht die Überwindung der künstlichen, starren Trennung zwischen den theoretischen Konzepten der Pädagogik und der psychologischen Therapie angesehen werden. Daher muß die an der alltäglichen Praxis orientierte Ausbildung einer umfassenden pädagogisch-therapeutischen Handlungskompetenz betont werden.

Ansatzpunkte für eine 'pädagogische Therapie'

Die sich ergänzende, interdisziplinär angelegte Sichtweise auf der Grundlage eines pädagogisch-therapeutischen Arbeitsfeldes wirft die Frage nach konzeptionellen Überlegungen für eine 'pädagogische Therapie' auf. Dabei sollen aus einer Reihe möglicher Ansatzpunkte drei aus unserer Sicht wichtige herausgegriffen und dargestellt werden:

(1) Interventionen
(2) Eigenverantwortlichkeit und Selbstbestimmung
(3) Ganzheitliche Identitätsentwicklung

(1) Interventionen

Im Feld zwischen der pädagogischen Zielsetzung, das Individuum in der Ausbildung seiner Persönlichkeit sowie in der Erweiterung der individuellen Potentiale zu fördern, und der therapeutischen Intention, dem Individuum in akuten oder längerfristigen Krisensituationen konkrete Hilfe und Unterstützung anzubieten, läßt sich das pädagogisch-therapeutische Handeln ansiedeln (vgl. COHN 1980, 176). Dabei wird zum einen das an übergeordneten, erzieherischen Zielen orientierte, meist spontane Handeln des Pädagogen um konkrete Interventionsmaßnahmen und -methoden aus dem therapeutischen Bereich erweitert und eröffnet dem Handelnden neue Möglichkeiten, angemessener in bestimmten Situationen auf die Hilfesuchenden mit ihren individuellen Problemen eingehen zu können. Zum anderen wird das therapeutische Verständnis durch die Einordnung der konkreten Interventionen in einen übergeordneten Zusammenhang (z.B. Erziehung zur Kompetenz, Probleme eigenverantwortlich und selbstbestimmt zu lösen) erweitert. An übergeordneten pädagogischen Zielen orientierte Interventionen eröffnen dem Pädagogen gleichzeitig die Möglichkeit, konkret zu handeln und nach der Bedeutung und dem Sinn bestimmter Handlungen im vorhandenen Kontext zu fragen. Mit der Beantwortung dieser Fragen ist die Therapie allein in den meisten Fällen überfordert (vgl. KARMANN 1987, 286). Eine so verstandene pädagogisch-therapeutische Arbeit könnte zum Beispiel auch ein neues Verständnis von psychischen Problemen schaffen, die in diesem

Rahmen als verständliche Reaktionen des Individuums auf Erfahrungen und Erlebnisse in der Auseinandersetzung mit den vorgegebenen gesellschaftlich motivierten Zielen zu begreifen sind (vgl. SCHÖN 1989, 86).

(2) Eigenverantwortlichkeit und Selbstbestimmung
Aus den grundlegenden Prinzipien der humanistischen Therapieformen und -theorien lassen sich für das pädagogische Denken und Handeln neue Sichtweisen erschließen, die in bezug auf eine pädagogisch-therapeutische Handlungskompetenz Schlüsselcharakter besitzen:
Die humanistisch-therapeutischen Konzeptionen betonen im Gegensatz zu den in der Pädagogik besondere Beachtung findenden interpersonalen Interaktionsprozessen und der damit verbundenen gesellschaftlichen Verantwortung des Handelnden das Prinzip der *Eigenverantwortlichkeit des Individuums*. Somit werden bei allen Beteiligten, hier der pädagogisch Tätige und der Hilfesuchende, intrapersonale Handlungspotentiale freigesetzt und nicht sogleich durch institutionelle Rahmenbedingungen eingegrenzt.
Weiterhin erschließt die in den humanistischen Therapieformen hervorgehobene *Förderung und Entwicklung innerer individueller Bewertungsmaßstäbe* eine Alternative zu der durch das traditionell pädagogische Handeln weit verbreiteten Betonung gesellschaftlicher und institutioneller 'Fremdkontrolle' und der damit einhergehenden ständigen Konfrontation des Individuums mit Fremdbewertungen (vgl. BÜRGERMANN/REINERT 1984, 109/112).
An diese Überlegungen schließt sich ein drittes humanistisches Prinzip zur Erweiterung pädagogischer Perspektiven an, die an keine Voraussetzungen oder Bedingungen geknüpfte *Kongruenz* des pädagogisch-therapeutisch Tätigen. Durch die Echtheit des Handelnden wird einem allein unreflektiert an den Pflichten und Normen der betreffenden Institution orientierten Vorgehen und einem starren Beharren auf Fachkompetenz zugunsten eines echten Engagements in bezug auf die betreffenden 'Klienten' eine Absage erteilt (vgl. KARMANN 1987, 261).

(3) Ganzheitliche Identitätsentwicklung
In der Integration von pädagogischen und therapeutischen Überlegungen kann der Begriff der *Identität* bzw. *Identitätsfindung* umfassender und ganzheitlicher definiert und damit eine gemeinsame Perspektive und Zielrichtung für eine *pädagogische Therapie* geschaffen werden (vgl. BÜRGERMANN/REINERT 1984, 155). Durch die Nutzung aller menschlichen Entitäten, besonders in der Auseinandersetzung mit dem Erleben bzw. Erfahren der individuellen Emotionalität, Sinnlichkeit und Körperlichkeit, wird die Entfaltung einer ganzheitlichen Identität ermöglicht (vgl. ebd., 110/111). Die Grundannahmen des

'Symbolischen Interaktionismus' und der humanistisch orientierten Gesprächspsychotherapie werden miteinander verknüpft.

Zusammenfassend läßt sich sagen, daß konkrete Handlungskompetenz auf der Grundlage einer ganzheitlichen Sichtweise nur durch eine interdisziplinäre pädagogisch-therapeutische Konzeption zu erreichen ist, die die fachspezifischen Schwerpunkte vereint. Die pädagogische Sichtweise wird eher eine mehr kognitive und an den übergeordneten gesellschaftlichen und politischen Zielen orientierte sein, während die therapeutische Sichtweise sich vor allem durch eine affektive und individuell auf das Individuum abzielende Perspektive auszeichnen wird.

Auf der Basis einer umfassenderen, fachübergreifend angelegten Konzeption eröffnet sich in einem nächsten Schritt die Möglichkeit, neue Gedanken, Ansätze und Methoden in die konkrete pädagogisch-therapeutische Arbeit zu integrieren. Die gesteigerte Handlungskompetenz ermöglicht es, in speziellen Situationen Anforderungen noch angemessener und professioneller begegnen zu können.

Trotz aller Übereinstimmungen und gemeinsamer Ansatzpunkte werden sich die Disziplinen Pädagogik und (psychologische) Therapie niemals ersetzen oder gegenseitig überflüssig machen können (vgl. KARMANN 1987, 291) - was es auch nicht aufzuzeigen galt. Die Eigenständigkeit der Disziplinen bleibt gewahrt.

Vorhandene Modelle zum pädagogischen und therapeutischen Gesprächsverhalten

Im folgenden werden die bereits vorhandenen Ansätze, Konzeptionen oder Modelle zur pädagogischen, psychologischen bzw. therapeutischen Gesprächsführung dargestellt und analysiert. Alle ausgewählten Ansätze berufen sich in ihren theoretischen Grundlagen auf die Gesprächspsychotherapie oder verwandte Therapieformen der Humanistischen Psychologie. Die Kriterien für die Analyse sind in bezug auf die Voraussetzungen, Möglichkeiten und Zusammenhänge für die Konzeption eines pädagogisch-therapeutischen Gesprächsverhaltens festgelegt worden. Mit dieser Bestandsaufnahme soll ein Überblick über die vorhandenen praktischen Trainingsmodelle und -konzeptionen gegeben werden, um Tendenzen in der inhaltlichen Entwicklung dieser Modelle herauszustellen. Weiterhin werden die *konkreten Anregungen für ein pädagogisch-therapeutisches Gesprächsverhalten* besonders hervorgehoben, um das vorhandene Potential der Ansätze in der alltäglichen praktischen Arbeit umsetzen und nutzen zu können.

Titel:	**Gesprächspsychotherapie**
Autor / Jahr:	Reinhard TAUSCH / 1960 (1973)
Adressaten:	Psychotherapeuten, Sozialarbeiter, Dozenten, Lehrer, Erzieher, Ärzte, Pfarrer, private Interessenten
Anwendungsfelder:	Therapie
Einordnung:	Psychologisches Therapiemodell auf der Grundlage der Gesprächspsychotherapie nach Rogers
Ziele / besonders geförderte Kompetenz:	(1) Vermittlung von Grundkenntnissen der Gesprächspsychotherapie (2) Operationalisierung der therapeutischen Grundhaltungen (3) Bewußtmachung der Prozeßvorgänge beim Klienten während der Therapie (4) Förderung der Diagnosekompetenz durch die Sensibilisierung für das 'innere' Verhalten während des Gesprächs
Konkrete Anregungen für pädagogisch-therapeutisches Gesprächsverhalten:	- Verbalisieren emotionaler Erlebnisinhalte (79-111) - Operationalisierung der therapeutischen Grundhaltungen (122 ff)

Titel:	**Familienkonferenz / Lehrer-Schüler-Konferenz**
Autor / Jahr:	Thomas GORDON / 1970 / 1974
Adressaten:	Eltern, Lehrer
Anwendungsfelder:	Bildung, Erziehung, Beratung
Einordnung:	Effektivitätstraining für Eltern bzw. Lehrer auf der Grundlage der Humanistischen Psychologie (Rogers) und modellhafter Beschreibungen der Familien- bzw. Lehrer-Schüler-Beziehungen
Ziele / besonders geförderte Kompetenz:	(1) Erkennen, Einordnen und Verändern des Gesprächsverhaltens in den Anwendungsfeldern (2) Niederlagenlose Konfliktbewältigung in Familie und Schule (3) Förderung der Handlungskompetenz durch die theoretische Auseinandersetzung mit alternativen Gesprächsverhaltensweisen
Konkrete Anregungen für pädagogisch-therapeutisches Gesprächsverhalten:	- Aktives Zuhören (1970, 55 ff / 1974, 77 ff) - 'Straßensperren' der Kommunikation (1974, 51-55) - 'Türöffner' für Gespräche (positive Verstärkung) (1970, 54 f / 1974, 61 ff)

Titel:	**Das nicht-direktive Beratungsgespräch**
Autor / Jahr:	Roger MUCCHIELLI / 1972
Adressaten:	Lehrer, Berater, in pädagogischen oder sozialen Berufen Tätige
Anwendungsfelder:	Beratung
Einordnung:	Arbeitsmodell zur psychologischen Schulung auf der Grundlage des nicht-direktiven Beratungsgesprächs nach Rogers
Ziele / besonders geförderte Kompetenz:	(1) Wahrnehmung und Erfassung der Rahmenbedingungen und des Verlaufs von Beratungsgesprächen
	(2) Üben von konkretem Gesprächsverhalten in Beratungssituationen
	(3) Förderung der Diagnosekompetenz durch die Betonung des Sich-Hineindenkens in bestimmte Gesprächssituationen
	(4) Förderung der Handlungskompetenz durch das Aufzeigen der Möglichkeiten eines veränderten Gesprächsverhaltens
Konkrete Anregungen für pädagogisch-therapeutisches Gesprächsverhalten:	- 'Verbalisierung' als Grundprinzip der Beratungssituation (I, 40-55 / II 40 ff)

Titel:	**Praxis der Gesprächspsychotherapie**
Autor / Jahr:	Wolf-Rüdiger MINSEL / 1974
Adressaten:	Psychotherapeuten, Psychologen, Mediziner, Laien aus Sozialberufen, Dozenten
Anwendungsfelder:	Beratung, Therapie
Einordnung:	Psychologisch-therapeutisches Lernprogramm auf der Grundlage der Gesprächspsychotherapie nach Rogers
Ziele / besonders geförderte Kompetenz:	(1) Vermittlung der theoretischen Zusammenhänge
	(2) Training von Gesprächsverhalten, um klientenadäquat in wissenschaftlich überprüfter Weise psychologische Beratungsgespräche durchzuführen
	(3) Förderung der Handlungskompetenz durch das Training in kleinen, konkreten Lernschritten zur Verwirklichung der therapeutischen Grundhaltungen
Konkrete Anregungen für pädagogisch-therapeutisches Gesprächsverhalten:	- Übungen zur Reflexion des eigenen Gesprächsverhaltens (als Lernprogramm) (105 ff)

Titel:	**Anleitung zum sozialen Lernen für Paare, Gruppen und Erzieher**
Autoren / Jahr:	Lutz SCHWÄBISCH, Martin SIEMS / 1974
Adressaten:	Alle in pädagogischen Berufen Tätige, private Interessenten
Anwendungsfelder:	Bildung, Erziehung, Beratung
Einordnung:	Kommunikations- und Verhaltenstraining auf der Grundlage der Humanistischen Psychologie (Rogers, Perls), der Kommunikationstheorie (Watzlawick) und der Verhaltenstherapie
Ziele / besonders geförderte Kompetenz:	(1) Wahrnehmung und Veränderung des eigenen Gesprächsverhaltens (2) Freie Äußerung von Gedanken und Gefühlen (3) Förderung der persönlichen Kompetenz durch die theoretische Reflexion der eigenen Erfahrungen
Konkrete Anregungen für pädagogisch-therapeutisches Gesprächsverhalten:	- Verständnisvolles Zuhören (111 f)

Titel:	**Wege zum helfenden Gespräch**
Autor / Jahr:	Wilfried WEBER / 1974
Adressaten:	Sozialpädagogen, Seelsorger, Berater, Erzieher, Psychologen, Mediziner usw.
Anwendungsfelder:	Bildung, Erziehung, Beratung, Therapie
Einordnung:	Lernprogramm für Gesprächsverhalten in helfenden Gesprächen auf der Grundlage der Gesprächspsychotherapie (Rogers, Tausch), der Kommunikations- und Tiefenpsychologie
Ziele / besonders geförderte Kompetenz:	(1) Vermittlung und Training von therapeutischen Verhaltensweisen in helfenden Gesprächen (2) Förderung der Handlungskompetenz durch die Vermittlung konkreter Verhaltensweisen in einzelnen, themengebundenen Einheiten
Konkrete Anregungen für pädagogisch-therapeutisches Gesprächsverhalten:	- Konkretisierung der Selbstwahrnehmung (38 ff) - Konkretisierung von Echtheit und Selbstkongruenz (93 ff) - Diagnostische Praxis im helfenden Gespräch (147 ff)

Titel: Autor / Jahr:	**Helfen durch Gespräch** Gerard EGAN / 1975
Adressaten:	Alle in helfenden oder pädagogischen Berufen Tätige, private Interessenten
Anwendungsfelder:	Beratung, Therapie
Einordnung:	Entwicklungsmodell des Helfens in Stufen auf der Grundlage der Humanistischen Psychologie (Rogers)
Ziele / besonders geförderte Kompetenz:	(1) Verbesserung des Gesprächsverhaltens in helfenden Gesprächen (2) Förderung der Handlungskompetenz durch ein aufeinander aufbauendes, stufenartiges Lernprogramm
Konkrete Anregungen für pädagogisch-therapeutisches Gesprächsverhalten:	- Minimale Ermutigungen zum Sprechen als Zuwendungsverhalten und zur Unterstützung des aktiven Zuhörens (85) - Einteilung des adäquaten Gesprächsverhaltens in festgelegte Stufen mit Zielvorgabe (42 ff) - Integration direktiver Methoden in das nichtdirektive Gesprächsverhalten (Konkretheit, Konfrontation), ohne den therapeutischen Grundhaltungen zu widersprechen (114 ff)

Titel: Autoren / Jahr	**Kommunizieren lernen (und umlernen) /** **Miteinander reden: Störungen und Klärungen** Bernd FITTKAU, Hans-Martin MÜLLER-WOLF, Friedemann SCHULZ VON THUN / 1977 / 1981
Adressaten:	Alle in professionellen Kommunikationsbereichen Tätige, private Interessenten
Anwendungsfelder:	Bildung, Erziehung, Beratung, Therapie
Einordnung:	Kommunikations-, Interaktions- und Verhaltenstraining auf der Grundlage der Kommunikationstheorie von Watzlawick unter Berücksichtigung kommunikationstheoretischer und -therapeutischer Erweiterungen
Ziele / besonders geförderte Kompetenz:	(1) Sichtbarmachung und Analyse von Vorgängen und Störungen in der zwischenmenschlichen Kommunikation (2) Aufzeigen der Möglichkeiten einer besseren Kommunikation (3) Förderung der Diagnosekompetenz durch das Erkennen der wesentlichen Anteile und Aspekte von Äußerungen der Gesprächspartner
Konkrete Anregungen für pädagogisch-therapeutisches Gesprächsverhalten:	- Aspekte der zwischenmenschlichen Kommunikation (1981, 44 ff)

Titel:	**Zuhören und Verstehen**
Autoren / Jahr:	Christian WEISBACH, Monika EBER-GÖTZ, Simone EHRESMANN / 1979
Adressaten:	Alle, die beruflich mit dem Medium Gespräch arbeiten, private Interessenten
Anwendungsfelder:	Bildung, Erziehung, Beratung
Einordnung:	Gesprächsverhaltensmodell auf der Grundlage der Humanistischen Psychologie (Rogers, Perls) und der Themenzentrierten Interaktion (Cohn)
Ziele / besonders geförderte Kompetenz:	(1) Wahrnehmung des eigenen Gesprächsverhaltens (2) Anleitung zum Ausprobieren neuer Verhaltensweisen in Gesprächen (3) Wahrnehmung und Analyse von Gesprächskonflikten (4) Förderung der Handlungskompetenz durch konkrete Anleitung zum Üben von Gesprächsverhaltensweisen
Konkrete Anregungen für pädagogisch-therapeutisches Gesprächsverhalten:	- Zuhören (17 ff) - Genaue Beschreibung von Gesprächsstörern (37 ff) - Bedeutung von Gesprächspausen (142 ff) - Wahrnehmung von Gefühlen (78 ff)

Titel:	**Klientenzentrierte Gesprächsführung**
Autor / Jahr:	Sabine WEINBERGER / 1980
Adressaten:	Vorrangig Sozialarbeiter / Sozialpädagogen, offen für andere Berufe des sozialen Feldes
Anwendungsfelder:	Beratung, Therapie
Einordnung:	Lern- und Trainingsprogramm zur Vermittlung von klientenzentrierter Gesprächsführungskompetenz auf der Grundlage der Gesprächspsychotherapie nach Rogers in für das sozialpädagogische Feld modifizierter Form
Ziele / besonders geförderte Kompetenz:	(1) Vermittlung des Basisverhaltens der klientenzentrierten Gesprächsführung (2) Training differenzierter Interventionen für sozialpädagogische Gesprächssituationen (3) Förderung der Handlungskompetenz durch die Erweiterung des nicht-direktiven Gesprächsverhaltens um direktive Interventionen auf der Basis einer flexiblen Handhabung
Konkrete Anregungen pädagogisch-therapeutisches Gesprächsverhalten:	- Training differentieller Interventionen (z.B. Konfrontation, Gegenüberstellung) bis an die Grenze zu Verhaltensanweisungen und direkter Einflußnahme (95 ff, 121 ff) - Sensibilisierung für Konfrontationen (125 f)

Titel:	**Gesprächsführung in psychologischer Therapie und Beratung**
Autoren / Jahr:	Nicolaus HOFFMANN, Klaus E. GERBIS / 1981
Adressaten:	Psychologen, Sozialarbeiter, Lehrer, Erzieher, Ärzte und in sozialen Berufen Tätige
Anwendungsfelder:	Beratung, Therapie
Einordnung:	Arbeitsmodell zur psychologischen Schulung auf der Grundlage der humanistischen Psychologie (Rogers) und der Verhaltenstherapie
Ziele / besonders geförderte Kompetenz:	(1) Wahrnehmung und Verbesserung des Rahmens von therapeutischen Gesprächen und des jeweiligen Gesprächsverhaltens (2) Förderung der Handlungskompetenz durch schriftliche Übungen mit Selbstreflexion und Verhaltensanweisungen zu bestimmten Zeitpunkten im Gespräch (Beginn, Ende usw.)
Konkrete Anregungen für pädagogisch-therapeutisches Gesprächsverhalten:	- Konkretheit als Gesprächsprinzip (II, 14 f) - Widersprüche thematisieren als Prinzip (II,42 ff) - Konkretisierung der therapeutischen Grundhaltungen im Gespräch (I, 47 ff / II, 56 ff)

Titel:	**Psychologie der Gesprächsführung**
Autor / Jahr	Ekkehard CRISAND / 1982
Adressaten:	Alle, die beruflich oder privat mit Gesprächen zu tun haben und in ihnen agieren
Anwendungsfelder:	Bildung, Erziehung, Beratung, Therapie
Einordnung:	Arbeitskonzept zur psychologischen Schulung in Gesprächssituationen auf der Grundlage der Gesprächspsychotherapie (Rogers, Tausch, Minsel) und dem Ansatz von Gordon
Ziele / besonders geförderte Kompetenz:	(1) Vermittlung von kompetentem Verhalten in Gesprächssituationen (2) Wahrnehmung und Analyse von Strukturen, Variablen und Wirkfaktoren in Gesprächen (3) Förderung der Diagnosekompetenz durch das Erkennen und Analysieren von Wirkfaktoren im Gespräch und durch das Erfassen möglicher Ziele und Verlaufsvorstellungen des Gesprächspartners
Konkrete Anregungen für pädagogisch-therapeutisches Gesprächsverhalten:	- Wirkfaktoren im Gespräch (27 ff) - Analyse des eigenen Gesprächsverhaltens (84 ff)

Titel:	**Beraten will gelernt sein**
Autoren / Jahr:	Sabine BACHMAIR, Jan FABER, Claudius HEN-NIG, Rüdiger KOLB, Wolfgang WILLIG / 1983
Adressaten:	Lehrer, Berater, in sozialen Berufen Tätige, Dozenten
Anwendungsfelder:	Bildung, Erziehung, Beratung
Einordnung:	Modell der Gesprächsführung in Beratungssituationen auf der Grundlage der Gesprächspsychotherapie nach Rogers, erweitert durch die Berücksichtigung der sozialen Eingebundenheit des Individuums
Ziele / besonders geförderte Kompetenz:	(1) Bewußtmachung und Stärkung der natürlichen Beratungsfähigkeit
	(2) Vermittlung von Basiswissen zur Gesprächsführung
	(3) Training des Beraterverhaltens anhand von Übungen
	(4) Förderung der Handlungskompetenz durch gezielte Auseinandersetzung mit der eigenen Person sowie durch das praktische Üben
Konkrete Anregungen für pädagogisch-therapeutisches Gesprächsverhalten:	- Vermitteln von Informationen (37 ff)
	- Kommunikationsprozesse in der Beratung (76 ff)
	- Diagnostische Anteile in der Beratung (36 ff)

Titel:	**Andere verstehen**
Autoren / Jahr	Eva JAEGGI, P. KASTNER, K.-H. KOHL, W. SCHULZ, S. TILGNER, B. TOTZECK, I. VOLGER / 1983
Adressaten:	Alle in psychosozialen Berufen Tätige
Anwendungsfelder:	Beratung, Therapie
Einordnung:	Trainingskurs zur Vermittlung einer übergreifenden psychosozialen Kompetenz auf der Grundlage der Gesprächspsychotherapie nach Rogers und der Verhaltenstherapie
Ziele / besonders geförderte Kompetenz:	(1) Vermittlung von Wahrnehmungs- und Analysekompetenz
	(2) Training von konkretem Gesprächsverhalten
	(3) Förderung der persönlichen Kompetenz in der Verbindung von Erleben, Verhalten und der Wahrnehmung von Beziehungen (therapieschulenübergreifende Kompetenz)
Konkrete Anregungen für pädagogisch-therapeutisches Gesprächsverhalten:	- Entwicklung einer Wahrnehmungskompetenz (Verbindung von Erleben, Verhalten und Beziehung) (14 ff, 30 ff)
	- Selbsterfahrungs- und Wahrnehmungsübungen (25 ff)

Titel:	**Gespräche mit gewalttätigen Schülern**
Autor / Jahr:	Reinhold MILLER / 1985
Adressaten:	Lehrer
Anwendungsfelder:	Bildung, Erziehung
Einordnung:	Darstellung von gesprächsmethodischen Hilfen für eine bestimmte Zielgruppe auf der Grundlage der Gesprächspsychotherapie (Rogers, Tausch), der Kommunikationtheorie (Schulz von Thun) und dem Ansatz von Gordon
Ziele / besonders geförderte Kompetenz:	(1) Verbesserung des Gesprächsverhaltens von Lehrern im Umgang mit gewalttätigen Schülern (2) Wahrnehmung und Veränderung des eigenen Gesprächsverhaltens (3) Förderung der Handlungskompetenz durch Auseinandersetzung anhand schriftlicher Übungen und Beispiele
Konkrete Anregungen für pädagogisch-therapeutisches Gesprächsverhalten:	- Schriftliche Übungen zum Hineinversetzen in die Sichtweise des Gesprächspartners (146) - Schriftliche Übungen zum Ansprechen von gefühlsmäßigen Anteilen in Äußerungen (147 ff)

Titel:	**Klientenzentrierte Beratung** (Ausbildungskonzept FH Sozialwesen Kiel)
Autor / Jahr:	Haik-Hendrik PETROSSIAN / 1986
Adressaten:	Sozialpädagogikstudenten
Anwendungsfelder:	Erziehung, Beratung
Einordnung:	Wahrnehmungstraining zur Vermittlung eines Gesprächsbeziehungsmodells auf der Grundlage der Gesprächspsychotherapie nach Rogers und des Focusing-Konzepts nach Gendlin
Ziele / besonders geförderte Kompetenz:	(1) Wahrnehmung der Gesprächsbeziehung und der Äußerungen im Gespräch (2) Einüben von Gesprächsbasiskompetenzen (3) Umgang mit dem eigenen Erleben (4) Förderung der Diagnosekompetenz durch die Wahrnehmung der Beziehung zum Gesprächspartner und seiner Person als Grundlage des Verbalisierens
Konkrete Anregungen für pädagogisch-therapeutisches Gesprächsverhalten:	- Konkretisierung des klientenzentrierten Beziehungsangebotes (51 ff) - Klientenzentriertes Pacing in Stufenform (56 ff) - 'Focusing' (zur Konkretisierung von Gefühlen) (56)

Resümee

Das in allen dargestellen Trainingsmodellen und -konzeptionen angestrebte Ziel ist die Erweiterung und Optimierung des pädagogischen bzw. therapeutischen Gesprächsverhaltens. Dabei werden jeweils verschiedene Schwerpunkte für die Trainingsarbeit in den Vordergrund gestellt, die aber immer auf Defizite in der Diagnose- und Handlungskompetenz in den jeweiligen Gesprächssituationen zurückgeführt werden. In den erfaßten Ansätzen wird mehrheitlich das Lernen durch individuelle praktische Erfahrungen auf der Basis einer kritischen Selbstexploration betont. Dieser nicht allein an theoretischer Auseinandersetzung orientierte Lernprozeß verlangt nach Anleitung durch qualifizierte Trainer, da diese praktische und erfahrungsbezogene Ausbildung durch keine noch so detaillierte Beschreibung von Übungsmöglichkeiten ersetzt werden kann. Als Ergebnis muß festgehalten werden, daß eine langfristige und anhaltende Veränderung des angestrebten Gesprächsverhaltens nur erreicht werden kann, wenn das jeweilige Trainingsprogramm das Lernen auf verschiedenen Ebenen ermöglicht: Neben der Auseinandersetzung mit den theoretischen Grundlagen und dem Erfahren der therapeutischen Grundhaltungen muß ebenso das Üben des konkreten Gesprächsverhaltens auf der Basis der Selbstexploration des Lernenden im Mittelpunkt stehen.

Das *Pädagogische Gesprächstraining* berücksichtigt die aufgezeigten Anregungen für ein pädagogisch-therapeutisches Gesprächsverhalten. Die durch die Analyse gewonnenen Erkenntnisse fanden bei der Erarbeitung der konzeptionellen Struktur und dem Aufbau des Trainingsprogramms Verwendung.

2.4 Möglichkeiten und Grenzen des Pädagogischen Gesprächstrainings (PGT)

Aus den oben genannten Überlegungen und der zusammenfassenden Darstellung der vorhandenen Modelle zur pädagogischen bzw. therapeutischen Gesprächsführung lassen sich Prämissen für den trainingspraktisch orientierten Ansatz des *Pädagogischen Gesprächstraining*s auf der Basis einer pädagogisch-therapeutischen Konzeption formulieren. Die Reflexion der Möglichkeiten und Grenzen eines solchen Ansatzes ist gerade aufgrund der Bedeutung für die praktische Arbeit vonnöten, um einerseits einer Selbstüberschätzung der in diesem Überschneidungsbereich tätigen Pädagogen vorzubeugen, aber auch andererseits den Mut zu fördern, die erworbenen Kenntnisse und Fähigkeiten den alltäglich-praktischen Bedürfnissen entsprechend einzusetzen.

Die im Rahmen dieses Gesprächstrainings zu erwerbenden Kompetenzen knüpfen an die Forderung der im pädagogischen Handlungsfeld

Tätigen nach einer übergreifenden Gesprächs- und Beratungskompetenz für die Gestaltung von schwierigen Situationen an, in denen die betreffenden 'Klienten' den Wunsch nach konkreter Hilfe und Unterstützung während der Bearbeitung ihrer individuellen Schwierigkeiten und Probleme direkt bzw. indirekt (auch nonverbal) ausdrücken. Durch gezielte Interventionen auf der Basis eines humanistischen Menschenbildes läßt sich das Erreichen pädagogischer Zielsetzungen vor allem mit dem *Handwerkszeug Sprache* unterstützen.

Persönliche Kompetenz
Dabei muß die in der 'Pädagogischen Einordnung' beschriebene Zielsetzung, die Handlungs- und Diagnosekompetenz zu erweitern, durch die Förderung von persönlicher Kompetenz für die pädagogisch Tätigen begleitet werden. Auf der Basis, das Lernen für die berufliche Praxis mit dem Lernen für die eigene Person zu verschränken, ergeben sich Perspektiven für die Entwicklung eines pädagogischen Selbstverständnisses, das neben den vorhandenen fachlichen und methodischen Kompetenzen die Auswirkungen des belastenden und teilweise überfordernden pädagogischen Alltags sowie die Möglichkeiten und Grenzen des Handelnden im Interesse der jeweiligen Zielgruppe ganzheitlich berücksichtigt. Das *Pädagogische Gesprächstraining* muß die zu vermittelnde humanistische Auffassung vom Menschen und die damit verbundenen Grundannahmen auch innerhalb der konzeptionellen Struktur verwirklichen. Es gilt, Widersprüche zwischen den Grundlagen und der Vorgehensweise im Training zu vermeiden. Dem Pädagogen muß die Möglichkeit geboten werden, die humanistischen Grundideen zu erfahren, um persönliche Kompetenz zu entwickeln.
Diese im pädagogisch-therapeutischen Handlungsfeld über den Rahmen von Gesprächssituationen hinaus bedeutsame persönliche Kompetenz stellt die Grundlage jeglichen Handelns dar. Die Entwicklung der individuellen Persönlichkeit des Pädagogen bestimmt seine subjektiven Voraussetzungen, innerhalb seines Aufgabenfeldes zu agieren. Ebenso werden die Entwicklung individueller Theorien für den beruflichen Alltag, das Umsetzen erlernter Methoden und Techniken in die Praxis und nicht zuletzt auch die Echtheit des Beziehungsangebotes an die betreffenden 'Klienten' durch die individuellen Persönlichkeitsstrukturen beeinflußt. Ohne eine ständige reflektierende Auseinandersetzung mit der eigenen Person können erlerntes Wissen und trainierte Methoden nicht 'mit Leben gefüllt' werden und gelangen so zur *seelenlosen Technik* (vgl. BRACK 1975, 3). Die Entwicklung und ständige Aktualisierung pädagogischen Handelns ist unabdingbar mit der Auseinandersetzung um die persönlichen Lebensumstände und einer ständigen Selbsterfahrung und -exploration verbunden (vgl. GEIßLER/HEGE 1978, 248). Nur so ist ein Aufbrechen starrer Verhaltensmuster zugunsten einer Berücksichtigung der indivi-

duellen Bedürfnisse der jeweiligen Hilfesuchenden möglich.

Beziehungsangebot

Eine Rücksichtnahme auf die persönlichen Möglichkeiten und Grenzen durch den Pädagogen zeigt gleichzeitig eine der vorhandenen Grenzen des *Pädagogischen Gesprächstrainings (PGT)* auf: Auch wenn im folgenden das Gesprächsverhalten in einzelne 'Bausteine' unterteilt wird, ist dieses pädagogisch-therapeutische Verhalten nur bedingt operationalisierbar und kann das persönliche Beziehungsangebot zwischen Pädagogen und Hilfesuchendem nicht ersetzen. Wenn der pädagogisch Tätige sich durch das Gegenüber, die Situation oder die angesprochene Problematik in seiner Kompetenz überfordert fühlt, läßt sich dieses nicht mit 'professionellen' Verhaltensweisen überspielen. Die Grenzen des *Pädagogischen Gesprächstrainings* sind erreicht, wenn der Pädagoge sein Handeln nicht mehr verantworten kann und in seiner Persönlichkeit und seinen Entscheidungen nicht mehr transparent für das jeweilige Gegenüber ist (vgl. KARMANN 1987, 339), oder wenn der Pädagoge Einstellungen und Ziele vermitteln möchte, die er selbst noch nicht oder nur zu einem kleinen Teil verwirklicht hat (vgl. BÜRGERMANN/REINERT 1984, 117).

Definition: Pädagogisches Gesprächstraining

Abschließend soll eine Definition das Gesagte zusammenfassen:
Das *Pädagogische Gesprächstraining (PGT)* ist ein in Trainingsform konzipierter Ansatz, der dem Pädagogen konkrete diagnostische, wahrnehmungs- und handlungsorientierte Hilfen für pädagogisch-therapeutische Gesprächssituationen anbietet. Dabei steht der Hilfe- bzw. Ratsuchende, der sich während der Bearbeitung und Lösung seiner Schwierigkeiten und Probleme an den Pädagogen wendet, im Mittelpunkt der Betrachtung. Das Gesprächsverhalten fußt auf drei Grundlagen:
1. Auf der kongruenten Persönlichkeit des Pädagogen, die sich durch Transparenz, Offenheit und Machtverzicht auszeichnet;
2. auf den interdisziplinär angelegten Grundhaltungen und Einstellungen, die der Pädagoge selbst erfahren und für sich angenommen haben muß;
3. auf konkreten Interventionstechniken für die praktische Arbeit mit den Hilfesuchenden bzw. Klienten.

3 Hinweise zur Durchführung des Trainingsprogramms

Im Anschluß an eine kurze Zusammenfassung der bereits in den vorangegangenen Kapiteln erläuterten Ziele dieses pädagogisch-therapeutischen Gesprächstrainings soll im folgenden der methodische Aufbau dargestellt werden. Eine Darstellung unseres methodischen Vorgehens im Rahmen der Durchführung einer Trainingseinheit kann nicht umhin, zu vereinfachen und lediglich ein grobes Raster unserer trainingspraktischen Arbeit zu liefern. Für den potentiellen Anwender sei an dieser Stelle darauf hingewiesen, daß eine eigenständige Durchführung des Trainingsprogramms allein auf der Basis der folgenden Darstellung nur in eingeschränktem Rahmen möglich ist. Vielmehr setzt eine solche Tätigkeit in umfassender Weise eigene Erfahrungen mit den zu vermittelnden Inhalten sowie eine weitreichende methodische Kompetenz in den Bereichen Gruppendynamik und Vermittlung von Lerninhalten voraus. Das Trainingsprogramm verlangt besonders ausgebildete Trainer, die entweder Pädagogen mit psychologischer oder aber Psychologen mit pädagogischer Zusatzausbildung sein sollten.

3.1 Zielsetzungen

Adressaten
Dieses pädagogisch-therapeutische Gesprächstraining ist für Pädagogen aller Berufsfelder konzipiert, die über den Rahmen der reinen Lehre hinaus pädagogisch arbeiten und ihre Handlungs- und Diagnosekompetenz für pädagogisch schwierige Situationen erweitern wollen. Des weiteren eignet es sich für Psychologen parallel zur oder im Anschluß an ihre universitäre Ausbildung als Vorstufe für eine anschließende und weiterführende Therapieausbildung. Es sei jedoch an dieser Stelle auf die empirisch belegte Tatsache hingewiesen, daß fachlich ausgebildete Laien, die oft als Laientherapeuten bezeichnet werden und deren Qualifikation in etwa der im Rahmen des pädagogisch-therapeutischen Gesprächstrainings zu erwerbenden Kompetenz liegt, genauso erfolgreich, manchmal sogar erfolgreicher therapieren als ausgebildete Fachtherapeuten (vgl. ZIELKE 1980).
Die inhaltliche ebenso wie die methodische Konzeption des Trainings-

programms zielt darauf ab, potentielle Teilnehmer auf zwei Ebenen anzusprechen. Zum einen sind dies Adressaten, die das im Rahmen des Trainings Gelernte direkt in ihrer pädagogischen Praxis anwenden wollen. Zum anderen bietet das Trainingsprogramm - gewissermaßen auf der Meta-Ebene - die Möglichkeit, als bereits tätiger oder auch zukünftiger Ausbilder im Bereich Gesprächstraining die eigenen Kompetenzen zu erweitern.

Eine erfolgreiche Durchführung des Trainingsprogramms setzt auf seiten der Teilnehmer keine über die Inhalte eines pädagogischen und/oder psychologischen Grundstudiums hinausgehenden speziellen Vorkenntnisse voraus. Jedoch ist es unseren Erfahrungen nach für eine vertiefende Trainingsarbeit erforderlich, Teilnehmer, die zum gleichen Zeitpunkt eine Therapie durchmachen oder solche, die sich in einer anderen therapeutischen Ausbildung befinden, von der Teilnahme auszuschließen. In beiden Fällen kommt es in der Regel zu starken Interferenzen, so daß große Schwierigkeiten bestehen, sich im erforderlichen Maße unbefangen auf die Trainingsarbeit einzulassen.

Ziele

Dieses pädagogisch-therapeutische Gesprächstraining ist keine Ausbildung in Gesprächspsychotherapie, es geht aber in seinen Zielsetzungen und Inhalten weit über das hinaus, was allgemein als *Gesprächsführung* bezeichnet wird. Das Ziel ist die Vermittlung pädagogisch-psychologischer Gesprächs- und Beratungskompetenz, die es dem Teilnehmer ermöglichen soll, im Rahmen pädagogisch schwieriger Situationen verantwortlich handeln zu können. Leitlinie hierbei ist die Anbahnung personenzentrierter (klientenzentrierter) Haltungen und Einstellungen für den Erziehungs- und Bildungsbereich sowie die Vermittlung pädagogisch-therapeutischen Basisverhaltens als Handlungskompetenz:

(1) Ziel ist es, die Diagnosekompetenz der Teilnehmer zu erweitern, d.h., diese in die Lage zu versetzen, den jeweiligen Problemträger in seiner Situation besser zu verstehen und differenzierter wahrzunehmen. Auf diese Weise wird ihnen die Möglichkeit eröffnet, entweder selbst auf pädagogisch-therapeutischer Ebene gezielt Maßnahmen ergreifen zu können oder aber die eigenen Kompetenzgrenzen erkennen und entsprechend der jeweiligen Problematik an externe Fachkompetenz weiterempfehlen zu können.

(2) Ziel ist es, die Handlungskompetenz der Teilnehmer zu erweitern, d.h. ihnen für pädagogisch schwierige Situation das geeignete sprachliche Handwerkszeug an die Hand zu geben, um pädagogisch-therapeutisch intervenieren zu können.

Handlungs- und Diagnosekompetenz stehen hierbei in einem interdependenten Verhältnis zueinander. Die Teilnehmer müssen im Bereich ihrer diagnostischen Fähigkeiten weit mehr Kenntnisse erwerben, als sie auf der Handlungsebene realisieren sollen. Ihr theoretischer und emotionaler Lernzuwachs wird dabei in der Regel die eigene praktische Kompetenzfähigkeit übersteigen. Ein Beispiel mag dies verdeutlichen: Der Allgemeinmediziner ist kein Chirurg. Dennoch besitzt er Grundkenntnisse und Grundfertigkeiten in der Chirurgie. Kleine chirurgische Eingriffe wird er selbst vornehmen, schwierige aber wird er an den Fachmann überweisen. Voraussetzung hierfür ist jedoch, daß der Allgemeinmediziner weiß, was der Fachmann in diesem speziellen Fall erreichen kann. Die Überweisung selbst ist also schon eine Art Behandlung (Therapie), der eine Diagnose vorausgegangen sein muß. Je mehr Kenntnisse der Allgemeinmediziner von angrenzenden Fachgebieten besitzt, desto zutreffender werden seine Diagnose und seine Behandlung (zum Beispiel eine Überweisung) sein.

3.2 Methodische Konzeption

Veranstaltungsformen
Bislang werden drei Formen der Trainingsdurchführung praktiziert: wöchentliche Veranstaltungen, Kompaktveranstaltungen sowie pädagogisch-therapeutische Supervision. Die beiden erstgenannten Veranstaltungsformen dienen hierbei der eigentlichen Ausbildung im pädagogisch-therapeutischen Gesprächsverhalten, wohingegen letztere primär der Begleitung für die anschließende berufliche Praxis dient.

Wöchentliche Veranstaltungen
Die wöchentlichen Veranstaltungen bestehen aus drei vollen Zeitstunden, die benötigt werden, um alle Trainingsschritte durchlaufen zu können. Sie erfordern im Rahmen der universitären Ausbildung erfahrungsgemäß für das gesamte Programm einen Zeitraum von drei Semestern und umfassen eine Serie von insgesamt ca. 30 Einzelveranstaltungen. Zusätzlich zu dieser wöchentlich stattfindenden Veranstaltungsform wird pro Semester jeweils eine Ganztagsveranstaltung eingeplant, um u.a. gruppendynamische Prozesse aufzuarbeiten oder aber auch in besonders intensiver und in der Regel zeitlich aufwendiger Weise am Thema zu arbeiten.

Kompaktveranstaltung
Die Kompaktveranstaltung sollte zwei bis drei Tage dauern, aus Gründen des Konzentrationsverlustes aber drei Tage nicht überschreiten. Nach einer Pause von nicht länger als einem halben Jahr findet jeweils eine aufbauende Kompaktveranstaltung statt. Neben der Vermittlung neuer Inhalte steht dabei die Aufarbeitung der innerhalb des vorangegangenen Zeitraumes für die Teilnehmer in bezug auf das Thema rele-

vanten Erfahrungen im Vordergrund. Um das gesamte Trainingsprogramm zu durchlaufen, werden insgesamt vier Kompaktveranstaltungen benötigt.

Pädagogisch-therapeutische Supervision
Die pädagogisch-therapeutische Supervision ist eine im Anschluß an eine der beiden bereits genannten Veranstaltungsformen monatlich stattfindende Veranstaltung. Sie dient den Teilnehmern als Begleitung zu ihren praktischen Erfahrungen im Alltag und bietet die Möglichkeit zum Gedanken- und Erfahrungsaustausch, zur Übung und Weiterbildung.
Unter Supervision verstehen wir generell eine permanente praktische Berufsbegleitung, in deren Rahmen eine vorurteilsfreie Reflexion möglich ist. In unserem speziellen Kontext beinhaltet sie drei Sicht- bzw. Vorgehensweisen:
(1) Die selbstreflektierende Analyse des eigenen Handelns in der Praxis;
(2) die Auseinandersetzung mit sich selbst, also mit der eigenen Person;
(3) die Möglichkeit der Introspektion, d.h. die Möglichkeit der Selbstöffnung, um eigene, dem Bewußtsein zunächst verborgene Anteile zu erkennen.

Aufbau einer Trainingseinheit
Die Skizzierung des methodischen Vorgehens bezieht sich im folgenden auf die dreistündige wöchentliche Veranstaltung und entspricht im wesentlichen dem Vorgehen innerhalb der Kompaktveranstaltung. Mit den bereits eingangs erwähnten Einschränkungen läßt sich der Aufbau einer Trainingseinheit schematisch wie folgt darstellen:

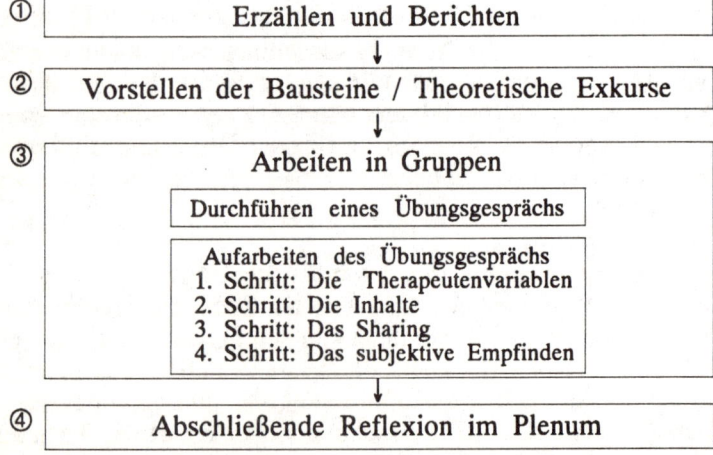

① Erzählen und Berichten

② Vorstellen der Bausteine / Theoretische Exkurse

③ Arbeiten in Gruppen

Durchführen eines Übungsgesprächs

Aufarbeiten des Übungsgesprächs
1. Schritt: Die Therapeutenvariablen
2. Schritt: Die Inhalte
3. Schritt: Das Sharing
4. Schritt: Das subjektive Empfinden

④ Abschließende Reflexion im Plenum

(1) Erzählen und Berichten

Jede Sitzung beginnt in der Großgruppe. Die Teilnehmer werden aufgefordert, sich gegenseitig mitzuteilen, welche Erfahrungen sie mit dem bis dahin Gelernten in bezug auf sich selbst oder mit anderen gemacht haben. Für ein effektiveres Arbeiten am Thema und an der eigenen Person zwischen den einzelnen Sitzungen haben sich hierbei drei Arbeitsweisen bewährt, deren Ergebnisse im Rahmen der Anfangsrunde jeweils rückgemeldet werden:

Es hat sich als sinnvoll herausgestellt, den Teilnehmern nach einzelnen Trainingsschritten Anregungen für *Hausaufgabenübungen* zu geben, in deren Rahmen sie das bis dahin Gelernte 'draußen' in ihrer sozialen Umwelt anwenden, da sich viele Alltagssituationen als Übungsfeld anbieten.

Als prozeß- und lernbegleitendes Instrument hat es sich bewährt, daß die Teilnehmer ein *Tagebuch* anfertigen, in dem alles Gelernte, Erlebte, Erfahrene, Durchlittene oder Neue festgehalten werden soll. Zu einem späteren Zeitpunkt entpuppt sich das auf diese Weise entstandene Material nicht nur als äußerst interessant und lesenswert, sondern es bietet die Möglichkeit, den prozeßorientierten Lernzuwachs ergebnisorientiert zu resümieren.

Als weiteres Arbeitsverfahren hat sich das *Mitschneiden von Gesprächen* mittels Tonband mit dem Ziel bewährt, die entstandenen Aufzeichnungen zu nutzen, um im zeitlichen Abstand und in Distanz zur Übungssituation das eigene Gesprächsverhalten zu reflektieren. Da alle Teilnehmer in der ersten Sitzung aufgefordert werden, alles von anderen Teilnehmern Erfahrene vertrauensvoll zu behandeln, gibt es in der Regel gegen das Mitschneiden keine Einwände.

(2) Vorstellen der Bausteine / Theoretische Exkurse

Entsprechend dem jeweiligen Lernstand der Gruppe werden theoretische Grundlagen des pädagogisch-therapeutischen Gesprächsverhaltens vermittelt bzw. erarbeitet. Dies geschieht z.B. mit Hilfe der im Lern- und Arbeitsinventar (Kap. 5) aufgeführten *Theoretischen Exkurse* oder der Erörterung weiterführender Literatur. Parallel dazu oder im Anschluß daran werden weitere Elemente des in einzelne Bausteine (siehe 3.3) unterteilten Gesprächsverhaltens vorgestellt und zum Teil mittels Demonstrationen durch die Trainer verdeutlicht. Eine sich anschließende Diskussion klärt Fragen.

(3) Arbeiten in Gruppen

Im Anschluß an eine zum Teil methodisch unter gruppendynamischen Aspekten durchgeführte Einteilung in Kleingruppen folgt der eigentliche Schwerpunkt der trainingspraktischen Arbeit, das konkrete Üben des bis dahin gelernten Gesprächsverhaltens. Jede Kleingruppe wird hierbei von einem Trainer betreut, wobei es ratsam ist, die jeweilige

Zusammensetzung zu variieren. Obwohl dies zu Beginn oft auf Widerstände der Teilnehmer stößt, da sie den einmal erworbenen Vertrautheitsgrad aus der ersten Gruppe vermissen, hat sich ein Wechsel aus lernpsychologischen Gründen als Vorteil erwiesen. Die Arbeit in der Kleingruppe gliedert sich in zwei Phasen, die pro Sitzung mehrfach durchlaufen werden können und von denen die zweite in vier Schritte unterteilt ist.

1. Phase: Durchführen eines Übungsgesprächs

Je nach inhaltlicher Zielsetzung und individueller Situation der Teilnehmer werden unter Anleitung des Trainers ein oder mehrere Übungsgespräche geführt. Ein Teilnehmer übernimmt die Rolle des *Klienten* und ein zweiter die des *Therapeuten*, während die anderen die Funktion von Beobachtern wahrnehmen. Die beiden Begriffe *Therapeut* und *Klient* werden hierbei als Arbeitsbegriffe unter der Voraussetzung benutzt, daß die eingangs erwähnte Zielsetzung, ein die traditionellen Arbeitsfelder von Psychologie (hier: Therapie) und Pädagogik vereinendes Gesprächsverhalten zu entwickeln, gewahrt bleibt. Aber auch andere Begriffspaare wären denkbar, wie etwa: Helfer - Hilfesuchender; Berater - Ratsuchender; Berater - Problemträger.

Hierbei unterliegen die Übungen und damit verbunden die jeweiligen Inhalte in der Trainingsarbeit naturgemäß anderen Gesetzen als in der realen Gesprächssituation. Da die Übenden selbst, d.h. mit ihrer Person, ihrem Verhalten und ihren Problemen, zum Thema werden, müssen (Übungs-)Situationen geschaffen werden, in denen das anhand der Bausteine bis dahin vermittelte Gesprächsverhalten geübt werden kann. Dieses Vorgehen wirkt auf die Teilnehmer zunächst künstlich bis zu dem Zeitpunkt, an dem sie erkennen, daß die Situationen nicht künstlich sind, sondern allenfalls konstruiert werden. Die Unterscheidung zwischen künstlich und konstruiert ist nicht nur eine sprachliche, sondern eine inhaltliche: Wir konstruieren, wenn sich spontan aus dem Kreis der Teilnehmer nichts anbietet, Situationen, in denen real und echt gearbeitet werden kann. Im übrigen ist auch jede angeblich künstliche Situation in Wirklichkeit eine echte, denn jeder Teilnehmer verhält sich ja auch in dieser Situation entgegen seinem subjektiven Empfinden in Wirklichkeit aber doch echt, denn auch sein künstliches Verhalten ist ein echtes. Gerade die Übungsgespräche ermöglichen den für eine sinnvolle Ausbildung erforderlichen hohen Anteil an *Selbstexploration* im Rahmen der trainingspraktischen Arbeit. Der Lernende ist hier in seiner Person Subjekt und Objekt zugleich. Subjekt ist er in dem Sinne, als er selbst mit seinem Erleben, mit seinen Problemen, Schwierigkeiten und Konflikten in der Rolle des Klienten zum Thema wird, und Objekt in dem Sinne, als an ihm als Lernendem in der Rolle des Therapeuten jene Gesprächsvariablen für die beobachtenden Trainingsteilnehmer deutlich werden, die es zu lernen bzw. zu üben gilt.

Die Selbstexploration ermöglicht dem Übenden, Erfahrungen mit sich selbst zu machen, indem er eigene Anteile, die förderlich oder hinderlich für den therapeutischen Prozeß sein können, erkennt. In der Selbstexploration kann er in besonderer Weise das 'Gefühl des Klientseins' sowohl in kognitiver als auch emotionaler Weise näher erleben und nachvollziehen.

Da die Übungsgespräche zu diesem Zweck keinen über die bereits erörterten Vorbehalte vieler Teilnehmer hinausgehenden künstlichen Charakter aufweisen sollen, müssen *echte Themen* vorliegen. In der Regel wird von daher zunächst gefragt, ob einer der Teilnehmer ein Problem, eine Schwierigkeit, einen Konflikt oder etwas anderes auf dem Herzen hat, was er in der Rolle des Klienten als Gesprächspartner einbringen kann. Diese Möglichkeit, als Übender seine eigenen vorbewußten und/oder unbewußten Anteile zu erkennen, wird nach Überwindung der Anfangsschwierigkeiten erfahrungsgemäß zunehmend genutzt. Sollte kein 'Problemfall' aus der Gruppe vorliegen, werden Einstiegsthemen vom Trainer vorgeschlagen (siehe 'Einstiegsthemen für Übungsgespräche' / Methodeninventar, Kap. 5).

Sollte während des Übungsgesprächs beim Klienten etwas aufgebrochen werden, was nicht zu erwarten war und mit dem sich der übende Therapeut überfordert fühlt, dann besteht die Möglichkeit, daß der betroffene Klient mit einem Trainer seiner Wahl das Gespräch sofort oder auch zu einem späteren Zeitpunkt fortführt.

Während des Übungsgespräches halten die nicht direkt beteiligten Teilnehmer ihre Beobachtungen (Eindrücke, Wahrnehmungen, Vermutungen, Anmerkungen) mit Hilfe eines Gesprächsprotokollbogens schriftlich fest, wobei es sich empfiehlt, möglichst viele Therapeutenäußerungen wörtlich mitzuschreiben, um die im Anschluß an das Gespräch stattfindende Nachbesprechung zu erleichtern und effektiver zu gestalten (siehe 'Gesprächsprotokollbogen' / Methodeninventar, Kap. 5).

2. Phase: Aufarbeiten des Übungsgesprächs
1. Schritt: Die Therapeutenvariablen
Die Beobachter und der Trainer geben dem Therapeuten eine Rückmeldung, bezogen auf die Therapeutenvariablen und bezogen auf die zu erlernenden und anhand der Bausteine vermittelten Fertigkeiten. Alternative Möglichkeiten werden durchgesprochen und können zur Verdeutlichung simuliert werden. Hierbei hat es sich bewährt - ebenso wie im Rahmen der folgenden beiden Schritte - die übenden Klienten und Therapeuten nie mit ihrem persönlichen Namen anzusprechen, sondern immer nur von *der Therapeutin / dem Therapeuten* bzw. von *der Klientin / dem Klienten* zu sprechen. Hinter dieser scheinbar formalen Regelung verbirgt sich der Effekt, daß die Beobachter ihre Wahrnehmungen personenunabhängiger formulieren lernen und diese auch

unbefangener äußern. Weiterhin ist es erfahrungsgemäß unabdingbar, daß Therapeut und Klient sich zu den Rückmeldungen der Beobachter nicht äußern und während der ersten drei Schritte der Nachbesprechung schweigen. Dieses Vorgehen ist zwar mitunter für beide schmerzlich, da sie vieles zu hören bekommen und nichts dazu sagen dürfen, hat sich aber bewährt. Würden sowohl der Therapeut als auch der Klient schon während der ersten drei Schritte ihre Gefühle und Gedanken mitteilen, so würden sie auf diese Weise die Wahrnehmungen der Beobachter beeinflussen bzw. diese in ihren Rückmeldungen verunsichern. Hinzu kommt die Überlegung, daß die Wahrnehmung des Klienten oder des Therapeuten zwar subjektiv 'richtig' sein mag, für die Nachbesprechung und den therapeutischen Prozeß aber nicht unbedingt förderlich sein muß.

2. Schritt : Die Inhalte

Aufgegriffen, aber nicht besprochen werden die vom Klienten geäußerten Probleme, Konflikte oder Schwierigkeiten. Es soll hierbei jedoch nicht über das Problem diskutiert werden, und es dürfen auch keine Lösungen angeboten bzw. das Problem darf nicht interpretiert werden. Vielmehr wird den Fragen nachgegangen: 'Wenn Sie an dieser Stelle im Gespräch als Therapeut tätig gewesen wären, wie hätten Sie das Gespräch weitergeführt? Was wäre Ihnen wichtig oder vorrangig gewesen? Was ist Ihnen aufgefallen? Welchen Arbeitshypothesen wären Sie nachgegangen?' Es geht in diesem Schritt also darum, herauszufinden, wie andere das vom Klienten Geäußerte für ihr eigenes Gesprächsverhalten bewerten, wie sie möglicherweise vorgegangen wären oder wie sie sich in dieser Situation verhalten hätten. Ziel dieser Aufarbeitung ist es, alternative Möglichkeiten für das Gesprächsverhalten zu erkennen und zu erarbeiten.

3. Schritt: Das Sharing

In der Regel werden in den Übungsgesprächen Probleme angesprochen, die einigen Beobachtern sehr vertraut sind, die sie selbst (noch) haben oder die sie selbst durchlebt haben. Im Sharing kann jeder Teilnehmer seine eigene Betroffenheit, seine Gefühle (z.B. Ängste oder Befürchtungen) und seine eigenen Anteile äußern, sofern er dazu bereit ist. Die Äußerungen werden nicht kommentiert und nicht besprochen, sie bleiben 'im Raum stehen'. Das Sharing bietet dem Beobachter auf diese Weise die Möglichkeit, sich mit der Frage auseinanderzusetzen, wie er sich in der Rolle des Therapeuten verhalten hätte, wenn die vom Klienten angesprochene Problematik bei ihm Betroffenheit auslöst: 'Welche Anteile sind in mir angesprochen? Welche dieser Anteile habe ich bereits für mich bearbeitet, gelöst oder bewältigt? Welche Anteile brechen in mir auf und sind noch nicht bearbeitet? Welche Anteile möchte ich selbst ansprechen?' Von daher stellt dieser

Übungsschritt eine weitere Gelegenheit zur Selbexploration dar.

4. Schritt: Das subjektive Empfinden

Während Therapeut und Klient im Rahmen der ersten drei Schritte 'zum Schweigen verurteilt' sind, erhalten sie nunmehr ausreichend Gelegenheit, sich über ihr Empfinden während des Übungsgespräches zu äußern. Beide schildern, wie es ihnen mit dem anderen ergangenen ist, wie sich sich gefühlt haben, was ihnen unangenehm bzw. angenehm war, und geben sich auf diese Weise gegenseitig Rückmeldung über ihr Verhalten.

Sollte zu diesem Zeitpunkt der Trainingseinheit noch ausreichend Zeit zur Verfügung stehen, so wird im Anschluß an die Nachbesprechung ein weiteres Übungsgespräch durchgeführt. Nach Ablauf der vorher für die Kleingruppenarbeit vereinbarten Zeit trifft sich die gesamte Gruppe zum Abschluß der Sitzung.

(4) Abschließende Reflexion im Plenum

Das Plenum dient dem Informationsaustausch der bis dahin in den Kleingruppen getrennt voneinander arbeitenden Teilnehmern. Probleme, Schwierigkeiten oder Fragen, die das gesamte Lernprogramm betreffen, werden ausgetauscht, besprochen oder vertiefend behandelt. In groben Zügen wird sich gegenseitig über die Kleingruppenarbeit informiert, wobei die von den 'übenden Klienten' angesprochenen Probleme unberührt bleiben.

Methodische Varianten

Neben dem beschriebenen Grundgerüst einer Trainingseinheit werden entsprechend der jeweiligen Situation der Lerngruppe unterschiedliche methodische Varianten eingebracht. Diese gelten sowohl für die Großgruppen- als auch für die Kleingruppenarbeit.

Co-Therapeut

Für die Übungsgespräche hat es sich unter lerntheoretischen Gesichtspunkten zu einem fortgeschrittenen Zeitpunkt des Trainingsprogramms als sinnvoll erwiesen, neben dem Therapeuten einen Co-Therapeuten am Gespräch mit dem Klienten zu beteiligen. Das Übungsgespräch wird jedoch nach wie vor jeweils zwischen dem Klienten und *seinem* Therapeuten geführt, wobei der Co-Therapeut zu einem Zeitpunkt, an dem der eigentliche Therapeut nicht mehr so recht weiter weiß, in das Gespräch eingreifen und dieses fortführen kann. Zu einem späteren Zeitpunkt ist dann wieder ein erneuter Rollenwechsel möglich. Entscheidend hierbei ist, daß sich beide Therapeuten als 'homogenes Ganzes' gegenüber dem Klienten verhalten und ihr gegenseitig ergänzendes Eingreifen miteinander absprechen. Der lernpsychologische Vorteil für den Co-Therapeuten liegt bei diesem Verfahren darin, daß er - versetzt hinter dem Therapeuten dem Klienten gegenübersitzend - dem Gespräch zunächst aus der Beobachterperspektive folgen und sich dabei Notizen machen kann, um darauf aufbauend effektiv intervenieren zu können.

Diese methodische Variante läßt sich jedoch erst zu einem fortgeschrittenen Zeitpunkt der trainingspraktischen Arbeit einsetzen, da sie sonst Gefahr läuft, die übenden Teilnehmer eher zu irritieren als ihnen eine konkrete Hilfestellung zu geben.

Gruppendynamische Übungen

Zur Aufarbeitung der sich zwischen den Teilnehmern auf der Beziehungsebene entwickelnden Prozesse sind gruppendynamische Übungen ebenso wie individuelle Feedback- oder auch Gruppen-Feedback-Übungen eine sinnvolle Ergänzung zum Trainingsprogramm. Diese finden hauptsächlich während der Ganztagsveranstaltungen statt, da sie in der Regel relativ viel Zeit beanspruchen. Dies schon deshalb, weil bei den Teilnehmern das Bedürfnis entsteht, über die damit verbundenen Erlebnisse zu sprechen. Im Rahmen der Kompaktveranstaltung eignet sich für die Aufarbeitung gruppendynamischer Prozesse am besten ein Abend, da die Teilnehmer zum einen sowieso gemeinsam untergebracht sind und zum anderen oft das Bedürfnis haben, gemeinsam etwas zu tun.

Pencil-Paper-Arbeit

Einige der in den Bausteinen ausgeführten Übungen eignen sich auch zum schriftlichen Training. Anhand von vorbereitetem schriftlichen Material erhalten die Teilnehmer die Gelegenheit, sich gedanklich mit verschiedenen Teilaspekten therapeutischer Situationen auseinanderzusetzen, um auf diese Weise eigene Strategien und Interventionen zu entwickeln. Die Ergebnisse werden jeweils im Plenum diskutiert (siehe dazu das Methodeninventar, Kap. 5).

Videoaufzeichnung

In allen drei Veranstaltungsformen ist es möglich, Gespräche zu videographieren. Die Aufnahmen können dann anschließend Sequenz für Sequenz besprochen und bearbeitet werden. Insbesondere bietet sich auf diese Weise eine ausgezeichnete Gelegenheit, auf bestimmte Teilaspekte des Gesprächs, wie z.B. das non-verbale Verhalten von Klient und Therapeut, gezielt und effektiv einzugehen. Daß die Beobachter sehr unterschiedlich und selektiv wahrnehmen, wird bei dieser Methode besonders deutlich. Ein weiterer wesentlicher Vorteil dieser Methode ist die Möglichkeit, Gespräche zu einem beliebigen Zeitpunkt zu besprechen. So kann ein besonders geeignetes Gespräch, beispielsweise von einem Trainer oder einem professionellen Therapeuten geführt, in mehreren Veranstaltungen als Übungsmaterial dienen.

Der Einsatz der Videokamera wird von den Teilnehmern selbst oft gewünscht. In der Regel verlieren sie schnell die Scheu, vor der Kamera zu arbeiten, wenn sie die Vorteile dieses Verfahrens erkannt haben.

Induktionsschleife

Die Induktionsschleife ist ein Verfahren, bei dem der Therapeut ein kleines Hörgerät ins Ohr gesetzt bekommt ('einen Mann im Ohr hat'), über das er Anweisungen erhalten kann. Er bleibt mit seinem Klienten allein im Raum, wohingegen die Beobachter mittels eines Ein-Weg-Fensters von der Gesprächssituation getrennt sind. Sie sitzen - für beide unsichtbar - im Nebenraum und verfolgen über eine Lautsprecheranlage das Gespräch. Mit Hilfe der Induktionsschleife ist es dem Trainer möglich, dem Therapeuten über das Hörgerät Anweisungen zu geben. Dieses Verfahren sollte jedoch erst in einem fortgeschrittenen Stadium der Trainingsarbeit angewandt werden, da es sonst Gefahr läuft, mehr Unsicherheit zu stiften als Sicherheit zu vermitteln.

Neben den hier aufgeführten methodischen Varianten sind eine Reihe weiterer alternativer Vorgehensweisen denkbar, auf die an dieser Stelle jedoch nicht mehr eingegangen werden soll. An dieser Stelle soll der Hinweis genügen, daß es der methodischen Phantasie ebenso wie der Kompetenz der jeweiligen Trainer überlassen bleibt, am Lernstand der Trainingsgruppe orientierte Lern- und Arbeitsformen zu entwikkeln und anzuwenden. In diesem Sinne ist das im folgenden dargestellte Trainingsprogramm offen.

3.3 Bausteine-System

Das *Pädagogische Gesprächstraining* ist, wie bereits eingangs erwähnt, eine Konzeption, die sich aus einer langjährigen trainingspraktischen Arbeit entwickelt hat. Beeinflußt durch die Lernstrukturen und -voraussetzungen, die im Rahmen schulischer Sozialisation gewonnen werden, wurde die Vermittlungsform methodisch von einer eher abstrakten und ganzheitlichen Darstellung auf ein überschaubares Lern- und Trainingsprogramm auf der Grundlage eines *Bausteine-Systems* umgestellt. Von den Teilnehmern immer wieder um eine bessere Übersicht bzw. Strukturierung der Inhalte gebeten, wurde das zu erlernende Gesprächsverhalten in kleine, beschreib- und trainierbare Einheiten unterteilt. Dabei ergab sich die Aufteilung dieser *Bausteine* in Ziele, Erläuterungen und Übungen aus der praktischen Arbeit und der ständigen Auseinandersetzung mit interessierten Teilnehmern.

Die Bausteine sind im folgenden Kapitel in einer Reihenfolge nach dem Prinzip 'vom Leichten zum Schweren' aufgeführt und beschrieben.

Dieses Prinzip ist nicht durchgängig einzuhalten, weil Überschneidungen eine Abfolge hinfällig werden lassen. Dennoch dient die gewählte Reihenfolge der Strukturierung und Übersichtlichkeit des gesamten Gesprächstrainings. Trotz des additiven Charakters der Bausteine bleibt das System in sich flexibel.

Einige Inhalte sind in mehrere Bausteine aufgeteilt, um das schrittweise Vorgehen bei der kognitiven Aufnahme, Verarbeitung oder Übung zu erleichtern.

Die zu erlernenden Fertigkeiten entsprechen bestimmten Interventionen, die in das Gesprächsverhalten bzw. in das pädagogische Gesamtkonzept des Lernenden integriert werden müssen. Die folgende, eher sozial-technologische Definition dient als instrumentelle Arbeitsgrundlage mit dem Vorteil, immer das konkret benennen zu müssen, was und warum es trainiert werden soll. Die betreffenden Inhalte werden so präzisiert.

Für die konkrete Trainingsarbeit ist eine *pädagogisch-therapeutische Intervention* als erlernbare Fertigkeit

- funktional definiert eine Intervention, die in pädagogisch-therapeutischen Situationen situativ angemessen und zielgerichtet eingebracht wird, um das Gespräch zu optimieren;
- operational definiert eine Intervention, die durch verschiedene Handlungen A, B usw. (z.B. durch A: Widerspiegeln nonverbaler Signale und B: Konfrontation) bestimmt wird;
- verhaltenspsychologisch definiert eine Intervention, die eine methodische (pädagogische oder pädagogisch-therapeutische) Strategie im Gesamtverhalten des Pädagogen ausmacht.

Struktur der Bausteine

Die Benennung (Überschrift) der Bausteine hat sich in der hier wiedergegebenen Diktion aus der konkreten Arbeit in den Trainingsseminaren ergeben und sich in der Verständigung unter Teilnehmern und Trainern durch ihren stichwortartigen Charakter in bezug auf eine schnellere Kommunikation bewährt.

Alle Bausteine weisen die gleiche Struktur im Aufbau auf: An die *Ziele* schließen sich die *Erläuterungen* zum Baustein an, die dann mit einem *Beispiel* aus der trainingspraktischen Arbeit verdeutlicht werden. Zum Abschluß sind mögliche *Übungen* aufgeführt, mit denen das Erreichen der Zielsetzungen unterstützt werden kann. Einige Bausteine enthalten vor den Erläuterungen noch eine *Anmerkung zur Methode*, die methodische bzw. inhaltliche Besonderheiten des betreffenden Bausteins benennt.

Die *Ziele* sprechen den Therapeuten an. Der Teilnehmer, der die Rolle des Therapeuten übernimmt, soll die in den Zielen formulierten Verhaltensweisen und Fertigkeiten üben.

In den *Erläuterungen* wird der Baustein mit seinen Zielen, beschränkt auf das Wesentliche, in verständlicher Sprache anschaulich erklärt. Die Erläuterungen dienen zusätzlich als Hilfe, Unterstützung, Gedankengerüst und Anregung zur weiteren vertiefenden Einarbeitung in die betreffenden Inhalte.

Mit den *Beispielen* wird der Versuch unternommen, die Ziele und Erläuterungen an der Praxis zu verdeutlichen. Die verwendeten Beispiele stammen aus der trainingspraktischen Arbeit an der Pädagogischen Hochschule, aus der Lehrerfort-, Erwachsenenbildung etc.

Die genannten *Übungen* dienen dazu, einzelne Fertigkeiten - losgelöst von den Übungsgesprächen - als eigenständige Aufgaben zu trainieren. Es müssen daher in einzelnen Fällen konstruierte Situationen geschaffen werden. Der Trainer bzw. der Übende entscheidet, ob es sinnvoll und zumutbar ist, bestimmte Fertigkeiten gesondert zu üben. Die eigene Trainingsarbeit hat gezeigt, daß es im Sinne einer effektiven Auseinandersetzung mit dem eigenen Gesprächsverhalten vielfach nicht nur sinnvoll, sondern auch notwendig ist, diese mit den genannten Lernsequenzen auch außerhalb der Übungsgespräche zu unterstützen. Die Übungen haben zudem den Vorteil, daß in der Regel mehrere Teilnehmer gleichzeitig aktiv werden können.

Handhabung der Bausteine

Die im folgenden aufgeführten Bausteine stellen das Curriculum des Lern- und Trainingsprogramms dar. Sie sind, wie bereits oben erläutert, in einer bestimmten Reihenfolge genannt, müssen aber nicht in dieser eingeführt und geübt werden. Die gewählte Reihenfolge stellt einen möglichen Leitfaden für die trainingspraktische Arbeit dar, ist aber keineswegs bindend.

Je nach Gesprächssituation und -verlauf werden die Bausteine in den therapeutischen Prozeß eingebracht, wobei das Üben innerhalb einer Trainingssitzung jeweils nur geplant, aber niemals erzwungen werden kann. Die im Trainingsprogramm erläuterten 'Lösungsbausteine' nehmen dabei innerhalb der Auflistung der Bausteine eine Sonderstellung ein: Sie sind aus inhaltlichen Gründen zwar am Ende der Reihenfolge aufgeführt, können in den therapeutischen (Übungs-)Gesprächen aber auch schon zu einem sehr frühen Zeitpunkt bedeutsam werden. Im Sinne einer Gesprächsführung, die immer auch konkrete Lösungen erarbeiten will, kann vom Therapeuten zu jeder Zeit auf diese Bausteine zurückgegriffen werden.

Einige Bausteine verlangen vom Therapeuten spezifische Kenntnisse und Erfahrungen.

Für die Handhabung in der Praxis gilt: Je mehr Bausteine die Teilnehmer gelernt haben, desto flexibler und integrativer wenden sie sie an. Dabei verlieren die einzelnen Bausteine im Laufe der Zeit zunehmend ihre gesonderte Eigenständigkeit; sie werden mehr und mehr zu integrierten Bestandteilen im Gesprächsverhalten des Lernenden. Mit diesem Prozeß der Aneignung verlieren die Bausteine auch den Charakter von isoliert zu lernenden Fertigkeiten, und die zu Beginn für manche Trainingsteilnehmer anmutende Künstlichkeit verfliegt nach relativ kurzer Zeit.

Die individuelle Auseinandersetzung mit dem pädagogisch-therapeutischen Gesprächsverhalten findet auf der Grundlage der bereits erläuterten therapeutischen Grundhaltungen - Kongruenz, Akzeptanz und Empathie - statt, die als unabdingbare Voraussetzungen und als durchgängiges und vorrangiges Prinzip jeden therapeutischen Gesprächs angesehen werden. Sie können nicht als definierte Fertigkeiten künstlich erlernt, sondern nur durch das praktische Tun als *Einstellung* erworben werden.

4 Lern- und Trainings-programm: Bausteine

Die Handhabung der Bausteine wurde bereits im vorangegangenen Kapitel erläutert.
Hier genügt lediglich der nochmalige Hinweis, daß die von uns vorgenommene Reihenfolge nicht bindend ist, weil jede Ausbildungsgruppe unterschiedliche Voraussetzungen mitbringt.
Aus Gründen der Handhabbarkeit für potentielle Anwender werden einige Ziele, inhaltliche Erläuterungen, Aspekte oder Hinweise in mehreren Bausteinen gleichzeitig angeführt.

Baustein: Zuhören	1

Ziele:
(1) Dem Klienten ohne Unterbrechung zuhören;
(2) eigene spontane Reaktionen kontrollieren (zurückhalten);
(3) Überprüfen der eigenen Aufnahmefähigkeit und Speicherkapazität;
(4) Erfassen der beabsichtigten Intention des Klienten.

Erläuterungen
Wir alle sind von uns überzeugt, zuhören zu können. Wir können es aber nicht! Wir können es zumindest dann nicht, wenn das Zuhören selbst zum aktiven Sprechverhalten gehört, wenn also das Zuhören selbst so wichtig ist wie das Sprechen des Gegenübers.
In alltäglichen Gesprächssituationen werden unmerklich und fortwährend die Rollen zwischen Sprecher und Zuhörer getauscht. Der eine Partner beginnt etwas zu erzählen, der andere hört zu. An irgendeiner Stelle wird vom zuhörenden Partner ein Reizwort als eigenes Stichwort zum Selbsterzählen aufgefangen, und ungeduldig wartet er nun darauf, seinerseits erzählen zu können. Und so geht dieses Ping-Pong-Gespräch weiter; Fakten und Erlebnisse werden ausgetauscht, Interpretationen werden geliefert und Ratschläge werden erteilt. Beide hören sich gegenseitig kaum noch zu, jeder weiß sofort etwas anderes, meistens von sich selbst, zu berichten. Dieses Gesprächsverhalten dient

im alltäglichen Leben der Psychohygiene; es ist gut so und besitzt seinen eigenen kommunikativen Stellenwert. Das Fatale an dieser sich einschleifenden Gesprächshaltung ist nur, daß wir das aktive, personen- und themenzentrierte Zuhören verlernen, ohne daß wir es bemerken. Der Baustein *Zuhören* will diese simple Fertigkeit wieder aktiv schulen.

Für den Therapeuten gilt es zunächst, ohne Unterbrechung dem Klienten geduldig zuzuhören. Er soll dabei an sich selbst überprüfen, wie aufnahmefähig er ist, d.h. wie viele Informationen er überhaupt speichern kann bzw. ihm entgehen. Der Therapeut schult sein Gedächtnis durch konzentriertes Aufnehmen. Er soll darüber hinaus an sich selbst überprüfen, welche Inhalte (Informationen) er relativ schnell speichert bzw. welche Inhalte ihm verlorengehen. Diese Überprüfung mag ein Hinweis auf seinen Selektionsmechanismus sein: bestimmte Informationen werden bevorzugt, andere kaum wahrgenommen! Diesen (unbewußten oder vorbewußten) Selektionsmechanismus kann der Therapeut für sich selbst überprüfen, denn das, was er vom Klienten als das Wesentliche, das Wichtige oder das Entscheidende heraushört, muß nicht die (Haupt-)Intention des Klienten sein. Die Aufgabe des Therapeuten muß es sein, die Absicht der momentanen Mitteilung des Klienten zu erfassen. Diese kann beispielsweise sein: 'Ich möchte mal alles loswerden, hör' nur mal zu!'; 'Ich erzähle das alles, weil ich Ihren Rat brauche!' oder 'Ich erzähle alles, um von Ihnen eine Bestätigung für meine Ideen zu bekommen!'

Der Therapeut muß lernen, sich in seinen spontanen Reaktionen zu kontrollieren. Nicht der Therapeut steht im Mittelpunkt, nicht seine Sichtweise, seine Antworten und Ansichten, sondern die des Klienten. *Zuhören* bedeutet nun andererseits nicht, stumm und regungslos dazusitzen. Die aktive Zuwendung des Therapeuten dem Klienten gegenüber kann sich durch kleine Gesten (Kopfnicken oder körperliche Zuwendung durch entsprechende Sitzhaltung) oder durch ermunternde Worte, aber auch durch kurze eingeschobene Informationsfragen zeigen. *Zuhören* bedeutet also nicht Stummsein, sondern: 'Ich höre Ihnen aufmerksam, zugewandt und konzentriert zu. Sie können in aller Ruhe alles das erzählen, was Sie möchten!'

Beispiel

Therapeut: "Sie wollten erzählen?"

Klient: "Also ich weiß gar nicht, wo ich zuerst anfangen soll. Das ist so viel. Vielleicht ist auch alles Unsinn? Ich müßte das Wichtigste gleich sagen!" Pause. Therapeut wartet.

Klient: "Aber so genau weiß ich es nicht, was nun wichtiger ist". Unterbricht sich und wartet. Therapeut wartet ebenfalls.

Klient: "Ich glaube, ich fange von vorne an. Das wird aber viel werden!" Schaut den Therapeuten an; dieser nickt.

Therapeut: "Wir haben Zeit!" Pause.
Klient: "Also gut, von vorne!"

Übungen
(1) Einseitiges Zuhören
Zwei Teilnehmer setzen sich zusammen und übernehmen die Rollen
des Klienten bzw. des Therapeuten.
Der Klient hat die Aufgabe, etwas von sich zu erzählen (soviel und
solange er mag oder will), die Aufgabe des Therapeuten besteht nur
darin, dem Klienten gegenüber aufmerksam und zugewandt zuzuhören. Ihm wird nur erlaubt, Verständnisfragen zu stellen.
Nach Beendigung der Übung werden die Aufgaben getauscht.
Diese Übung mag sehr unausgewogen und 'langweilig' erscheinen,
aber um die in den Erläuterungen angesprochenen Aspekte wahrnehmen zu können, ist es erforderlich, daß der Therapeut in der Tat lange
und stumm zuhört.

(2) Wiederholen I
Rollenverteilung wie in Übung (1).
Nach jeder Klientenäußerung (Beitrag, Statement) wiederholt der
Therapeut den Inhalt des vorher Gesagten, und erst daran anschließend
fügt er seine eigenen Gedanken an.
Beispiel:
Klientin: "Wie Sie sehen, bin ich schwanger, und ich habe ganz schön
Angst, was da so auf mich zukommt. Ob ich das auch alles schaffe mit
Kind und Arbeit."
Therapeutin: "Sie bekommen ein Kind, und Sie sind sich nicht ganz
sicher, ob Sie das alles schaffen. Also ich wäre froh, wenn ich ein Kind
kriegen würde; ich glaube, ich könnte Arbeit und Haushalt miteinan-
der verbinden."

(3) Eigenes Gesprächsverhalten einschätzen
Siehe Übungsbogen 'Einschätzskalen' (Methodeninventar, Kap. 5).

Ziele:
(1) Siehe auch Baustein *Zuhören*;
(2) in Sprechpausen des Klienten nicht eingreifen, sondern warten und Stille ertragen können;
(3) auch in Pausen dem Klienten Aufmerksamkeit entgegenbringen.

Erläuterungen
So simpel es scheint, Pausen ertragen zu können, so schwierig ist diese Fertigkeit zu realisieren. Sie ist so schwierig wie die Fertigkeit *Zuhören*. Da wir gemeinhin gewohnt sind, ständig und ohne Unterbrechung zu sprechen, wirken ungewollte Pausen während eines Gespräches belastend und peinlich. Krampfhaft bemüht man sich, die Pausen auf irgendeine Art zu überwinden. Wir haben verlernt, mit Pausen sinnvoll umgehen zu können, wir interpretieren Pausen als Schwäche oder Hilflosigkeit. Lehrende, die schon aus didaktischen Gründen gelernt haben sollten, Pausen bewußt einlegen zu können, stehen nicht eingeplanten Pausen ratlos gegenüber.
Das *Pausen ertragen* ist eine über den didaktischen Rahmen hinausgreifende, grundlegende kommunikative Basisfertigkeit, die sich jeder therapeutisch Tätige wieder aneignen muß.
Der Therapeut sollte in Sprechpausen des Klienten nicht sofort hineinreden oder eingreifen, sondern sollte dem Klienten die Gelegenheit zum Nachdenken geben. Die Stille mag für beide zunächst belastend wirken; sie könnte auch vom Klienten als Schwäche oder Hilflosigkeit des Therapeuten mißverstanden werden, aber mit der Zeit wird der Klient diese Pausen schon richtig deuten und auch schätzen lernen. Pausen verschaffen nicht nur Stille und Ruhe, die entspannend wirken können, Pausen ermöglichen Nachdenken, Resümieren, Sammeln, Konzentrieren und 'Luft holen'. Aber Pausen signalisieren auch Spannung, Angst oder 'Ruhe vor dem Sturm'. Es ist die Aufgabe des Therapeuten, zu 'erspüren', welche Bedeutung die Pause für den Klienten haben kann. Die Aufmerksamkeit und die Zuwendung dem Klienten gegenüber werden gerade in Pausen besonders wichtig, weil der Therapeut den Klienten mit all seinen Signalen (körperlichen, motorischen) wahrnehmen muß; er muß ihm seine Aufmerksamkeit besonders deutlich machen.
Ein Klient, dem eine Pause unerträglich wird, äußert dies auch. Diese 'Unerträglichkeit' kann der Therapeut dem Klienten gegenüber thematisieren, allerdings nur unter der Voraussetzung, die Pause des Klienten bedeutet mehr als nur 'sprachliche Erholung' und kann für das therapeutische Gespräch (für den therapeutischen Prozeß) nützlich sein. Pausen sind Hinweise auf geäußerte Inhalte ('Es schmerzt,

darüber zu sprechen!'), sind Hinweise auf die momentane Befindlichkeit ('Ihnen gegenüber fällt es mir sehr schwer, darüber weiterzusprechen!') oder sind Hinweise auf die momentane Situation ('In diesem Raum fühle ich mich nicht wohl. Es fällt mir schwer, hier zu sprechen!'). In bestimmten, für den therapeutischen Prozeß entscheidenden Phasen kann es sehr sinnvoll sein, wenn der Therapeut bewußt lange, mitunter sehr lange schweigt. Die lange Pause 'zwingt' den Klienten zu arbeiten, sie signalisiert ihm beispielsweise, daß er von selbst aktiv werden muß; sie macht ihm klar, daß er nicht immer auf andere Helfer warten oder hoffen kann; sie bedeutet ihm, daß nur er für sich etwas tun kann.

Pausen ertragen bedeutet nun andererseits nicht, stumm und regungslos abzuwarten. Auch hier gilt, daß der Therapeut dem Klienten gegenüber eine aktive Zuwendung praktiziert.

Beispiel

Klient: "Ich weiß mir da keinen Rat!" Pause. Sehr lange Pause. Der Therapeut schweigt.

Klient: "Ich habe alles schon mit Freunden durchgespielt. Es ist so verdammt schwer!" Sinkt in sich zusammen und schweigt. Der Therapeut beugt sich zu ihm hinüber.

Klient: "Also..." Beginnt zu schluchzen. "... eine Trennung ... ich darf daran ... ich darf daran gar nicht denken." Das Schluchzen geht in Weinen über. Der Therapeut schweigt, signalisiert aber konzentrierte Aufmerksamkeit.

Klient: "Aber ich muß mich wohl mit dem Gedanken ... ja, ich muß wohl ..." Pause. Hebt plötzlich den Kopf. "Ja, ich muß diesen Gedanken wohl nochmal durchgehen ..."

Übung

Siehe Übung 'Einseitiges Zuhören' (Baustein *Zuhören*).

Ziele:
(1) Das vom Klienten Gesagte aufnehmen und speichern;
(2) sich ganz auf den Inhalt des Gesagten konzentrieren - eigene Stellungsnahmen, Meinungen und Wertungen zurückhalten.
(3) dem Klienten das 'zurücksagen' (wiedergeben), was verstanden wurde;
(4) dem Klienten gegenüber den Inhalt des Gesagten zusammenfassen, den Inhalt kurz und präzise fassen.

Erläuterungen

Besonders in Eingangssituationen der therapeutischen Gespräche wird vom Klienten sehr viel erzählt. Die Erzählung, die Schilderung, die Beschreibung oder der Bericht des Klienten ist dabei nicht immer sehr logisch aufgebaut; viele Ereignisse oder Erlebnisse werden miteinander verwoben. Oft will der Klient nur alles einmal loswerden, es ist für ihn eine Art Befreiung. In solchen Gesprächssituationen muß sich der Therapeut sehr stark auf den Inhalt konzentrieren, um die vielen Informationen zu speichern. In geeigneten Momenten soll der Therapeut nun dem Klienten das Gesagte kurz und präzise wiedergeben, um festzustellen, ob er alles richtig verstanden hat. Die Wiedergabe des Inhalts erfolgt ohne Wertung durch den Therapeuten, sie konzentriert sich nur auf das Gesagte. Es ist dabei hilfreich, die Worte des Klienten selbst zu benutzen. Der Klient erhält nun das Gefühl, er wird mit seinem Gesagten vom Therapeuten angenommen, er kann das vom Therapeuten Wiederholte überprüfen (ob er es so gesagt oder gemeint hat), er kann Modifikationen oder Ergänzungen vornehmen bzw. bestimmte Passagen präzisieren.

Nach längeren Ausführungen des Klienten kann der Therapeut dem Klienten gegenüber eine Zusammenfassung des Gesagten anbieten. Diese Zusammenfassung dient der Überprüfung. Der Therapeut vergewissert sich, ob er alles - aus der Sicht des Klienten - Wesentliche mitbekommen und auch verstanden hat; der Klient kann seinerseits seinen eigenen Gedankengang noch einmal nachvollziehen, und möglicherweise fallen ihm dabei noch andere Zusammenhänge und wichtige Fakten ein. Beim Nachfragen soll sich der Therapeut auf 'neutrale' Verständnisfragen beschränken und dabei eigene Stellungnahmen und Wertungen zurückhalten.

Siehe auch Baustein *Widerspiegeln*.

Beispiel

Klientin: "Ich wohne in einer Wohngemeinschaft, und da fühle ich mich auch ganz wohl. Nun ist aber ein Problem entstanden. Durch die Trennung von meinem Freund wird die Situation kritisch. Ich finde, also ich meine, ich kann mit ihm da nicht weiter zusammen wohnen. Das geht nicht gut. Ich hatte vor Jahren schon mal ein ähnliches Erlebnis. Es war zwar keine WG, aber so ähnlich. Man kann sagen, es war so ähnlich, ja. Damals war das genauso. Na ja, ganz genauso nicht. Es war ja auch ein anderer Mann. Ich erinnere mich ungern daran. Nun ist das gleiche Problem wieder da. Ich weiß nicht, wohin ich soll. Und ich fühle mich da auch sehr wohl, in dieser Gruppe. Von ihm kann ich auch nicht verlangen, daß er auszieht. Das ist eine vertrackte Situation. Und die Leute in der WG sind natürlich, na ja, die wissen auch nicht, was sie machen sollen, wie sie sich verhalten sollen. Aber so geht das nicht. Und zwischen uns beiden ist das vorbei, daran läßt sich nichts ändern. Wir bekämpfen uns nicht, so ist das nun auch wieder nicht, aber es geht halt nicht." Pause.

Therapeut: "Sie leben jetzt in einer WG und möchten auch gerne da wohnen bleiben. Das Problem ist nun, daß sowohl Ihr Freund als auch Sie selbst in der WG weiterwohnen möchten?"

Klientin: Nickt. "Das ist das Problem, aber ich habe vergessen zu sagen, daß die Miete ..."

Übungen
(1) Wiederholen II
Bei dieser Übung wird nur das vom Klienten Geäußerte in wenig veränderten Worten wiederholt. Der Klient stimmt dann entweder zu und erzählt weiter oder berichtigt oder präzisiert das Wiederholte (siehe auch Übung 'Wiederholen I' / Baustein *Zuhören*).

Beispiel:
Klient: "Ich möchte gerne etwas vom letzten Wochenende bei uns zu Hause erzählen. Da war nämlich der Teufel los, als ich mit meinem Freund ankam."
Therapeut: "Sie sind letztes Wochenende mit Ihrem Freund bei sich zu Hause gewesen, und da war der Teufel los."
Klient: "Das kann ich wohl sagen. Die wußten nämlich nicht, daß mein Freund Ausländer ist. Naja, da waren sie erst geschockt, und dann fingen sie an zu schimpfen und zu toben."
Therapeut: "Die waren überrascht und geschockt, weil Ihr Freund Ausländer ist."
Die übenden Teilnehmer können diese Geschichte fortsetzen.

(2) Wiederholen und Hinzufügen
Bei dieser Übung geht es darum, dem Wiederholten durch den Thera-

peuten noch etwas mit der Absicht hinzuzufügen, den Klienten durch diesen Zusatz zu öffnen.

Beispiel:

Klientin: "Wie Sie sehen, bin ich schwanger, und ich habe ganz schön Angst, was da so auf mich zukommt. Ob ich das alles schaffe mit Kind und Arbeit."

Therapeut: "Sie bekommen ein Kind und sind sich nicht ganz sicher, ob Sie die Belastung Kind und Arbeit schaffen. Sie können sich noch gar nicht freuen."

Klientin: "Ja, ich kann mich noch gar nicht freuen; ich weiß gar nicht, was mit mir so passiert."

Therapeut: "Sie wissen noch gar nicht, was mit Ihnen passiert. Beruflich ist noch alles offen bei Ihnen."

Die übrigen Teilnehmer können auch diese Geschichte fortsetzen.

(3) Eigenes Gesprächsverhalten einschätzen
Siehe Übungsbogen 'Einschätzskalen' (Methodeninventar, Kap. 5).

| Baustein: **Direkte Fragen vermeiden** | 4 |

Ziele:
(1) Dem Klienten (möglichst) keine direkten Fragen stellen;
(2) Fragen als Informationsfragen stellen;
(3) Fragen als Setzungen, als Aussagen oder als Vermutungen umformulieren.

Erläuterungen

Obwohl wir ständig Fragen stellen, ist das richtige und angemessene 'Fragen stellen' eine Kunst. Und sicher signalisieren Fragen das Interesse gegenüber dem anderen, denn wer gefragt wird, wird ernstgenommen. Solange solche Fragen keinen inquisitorischen Charakter annehmen, ist dagegen auch nichts einzuwenden. Ebenso läßt sich auch nichts gegen die 'didaktische Frage' während eines Unterrichtsgespräches einwenden.

Hier geht es aber um andere Fragen. Für das therapeutische Gespräch gilt die Leitlinie: Der Klient möchte nicht ausgefragt werden! Wie im Baustein *Gesprächsstörer vermeiden* bereits angedeutet, geht es um das Vermeiden von Fragen, die der Klient in der Regel gar nicht beantworten kann – um derentwillen er zu diesem Gespräch gekommen ist, etwa:

'Wie erklären Sie sich die schlechte Beziehung?'
'Was glauben Sie, woran das liegt?'
'Warum hatten Sie denn damals Angst?'

'Warum haben Sie das gemacht?'
'Woran liegt es, daß es nicht klappt?'
Diese oder ähnliche Fragen bringen den Klienten in eine fatale Situation. Zum einen sind sie widersinnig, wenn er sie nämlich zu beantworten wüßte, würde er auch nicht professionelle Hilfe in Anspruch nehmen. Mit Hilfe des Therapeuten möchte er sich gerade über diese Fragen Klarheit verschaffen. Zum anderen suggeriert diese Art von Fragen immer, es gäbe nur einen Grund, nur ein Motiv oder nur eine Ursache, und wenn man diese Gründe, Motive oder Ursachen fände, wäre das Problem gelöst. Wir wissen, daß das so nicht stimmt. Viele Klienten sind zwar dieser Meinung, weil sie sich durch das Finden des Grundes eine schnelle Lösung erhoffen, aber im Laufe der Zeit werden sie die Vernetzung und Verzahnung der vielfältigsten Faktoren erkennen. Im therapeutischen Gespräch muß es dazu kommen, daß der Klient von sich aus - mit Hilfe und Unterstützung des Therapeuten - erzählt.
Nun heißt das nicht, der Therapeut dürfe überhaupt keine Fragen stellen. Fragen, die zum Verstehen einer Situation ('Sie waren damals noch allein?') oder zur Einordnung des Gesagten in einen Zusammenhang ('Das war noch vor Ihrer Scheidung?') dienen, können selbstverständlich gestellt werden. Fragen, die der sachlichen Klärung dienen, können sogar sehr nützlich sein.
Demgegenüber vermitteln W-Fragen (Warum, Weshalb, Wieso) oft den Eindruck, alles (oder doch das meiste) sei über Kausalketten zu erklären und zwar nach dem Muster: Wenn A auftritt, dann folgt unweigerlich B. Man unterstellt hierbei vielfach die lineare Annahme, daß ein bestimmtes Ereignis im Leben eines Menschen konsequenterweise zu einem bestimmten problembehafteten Verhalten führen muß. Käme man diesem Ereignis auf die Spur und könnte man eine Erklärung dafür anbieten, dann würde sich auch das erworbene Verhalten ändern.
Mit dieser Art der Fragestellung bzw. Fragehaltung eng verknüpft ist das Indikationsproblem. Mit einer Indikation meint man eine Maßnahme, die geeignet erscheint, einen Sachverhalt (z.B. eine Krankheit, ein Problem, einen Konflikt) angemessen zu verändern. Bevor jedoch eine Indikationsstellung erfolgt, muß erst eine Diagnose vorliegen. Diese wiederum ist stark abhängig von der Art der fragenden Haltung bzw. Einstellung des Therapeuten. Der Hinweis auf die Indikationsproblematik soll darauf aufmerksam machen, daß die Art der Fragestellung und -haltung des Therapeuten entscheidenden Einfluß auf die therapeutischen Interventionen hat. Eine zu enge Fragestellung kann in die Irre führen. Der Klient kann unter Umständen in eine Richtung gedrängt werden, die der Problematik nicht gerecht wird.
Es wird hier nicht grundsätzlich gegen mögliche Kausalzusammenhänge Stellung bezogen, sondern nur gegen ihre Simplifizierung und gegen den überzogenen Glauben an ein Kausalerklärungsmuster. Für

unseren Zusammenhang sind diese Überlegungen deshalb wichtig, weil direkte Fragen sehr häufig den Blick für mögliche Verzweigungen verstellen können, oft nicht weiterhelfen, sondern eher das Gegenteil bewirken!

Als Therapeut kommt man ohne Fragen nicht aus. Das Problem stellt sich nun, wie trotzdem Fragen gestellt werden können, ohne daß der Klient sich ausgefragt fühlt. Viele Fragen lassen sich als Setzung, Vermutung oder als Aussage umformulieren. Nun mag man sich aus 'grammatikalischer' Sicht streiten, ob das nicht verkappte Fragen sind. Entscheidend ist jedoch nicht die Form, sondern die Intention des Senders, die dem Empfänger mittels Sprachmelodie und anderen sprachlichen Begleitreizen vermittelt wird. Ein Schüler wird den Satz des Lehrers: "Kannst Du mal die Tafel wischen?" immer eher als Aufforderung denn als Frage verstehen. Übertragen auf die therapeutische Situation bedeutet dies, daß der Klient die Aussage: "Sie können sich an viele Einzelheiten von damals erinnern (?)" viel mehr als Aufforderung, mehr und genauer zu erzählen, versteht, als die enge, direkte Frage: "Wie steht es bei Ihnen mit der Erinnerung an Einzelheiten von damals?"

Darüber hinaus vermittelt der Therapeut dem Klienten durch das Formulieren in Setzungen vielmehr das Gefühl, verstanden zu werden, denn Verstehen heißt, sich in den Klienten hineinzuversetzen und auf die Fragen, die der Therapeut im Kopf hat, selbst zu antworten, statt den Klienten auszufragen (vgl. BODENHEIMER 1986, 36).

Direkte Fragen zwingen hingegen immer zum (Nach-)Denken, sie sprechen demnach in erster Linie den Verstand, den Intellekt (die Kognition) an. Direkte Fragen erzwingen darüber hinaus oft nur ein 'Ja' oder ein 'Nein', sie suggerieren ein 'richtig' oder ein 'falsch'. Der Klient wird infolge darum bemüht sein, eine 'richtige', eine 'gute' oder eine 'zufriedenstellende' Antwort zu geben, manchmal nur deshalb, um beim Therapeuten 'gut anzukommen' und dessen Sympathie zu gewinnen. Diese Antworten helfen jedoch nur in den seltensten Fällen weiter, denn die meisten Probleme sind im emotionalen Bereich angesiedelt. Das Nachdenken über bestimmte Fragen führt von den Emotionen weg und verleitet zur Diskussion oder zu einem 'Sprechen über die Problematik'.

Der Baustein *Direkte Fragen vermeiden* will nicht die Fragen des Therapeuten vernachlässigen oder gar verbieten, er will aber die Fragehaltung und in spezifischen Situationen die Fragestellungen bewußter machen (siehe auch Baustein *Kognitive Aufarbeitung*).

Beispiele
(1) Klient: "Ich hatte furchtbare Angst, als ich dann endlich das Haus erreichte."
Therapeut: "Warum hatten Sie Angst?" (direkte Frage)

| Therapeut: | "Es waren die besonderen Umstände, die Ihnen Angst machten." (Setzung) |

(2) Klientin: "Ich könnte meinen Freund in solchen Situationen an die Wand klatschen."

Therapeut: "Wie ist Ihr Gefühl zu Ihrem Freund?" (direkte Frage)

Therapeut: "Ihr Gefühl zu Ihrem Freund ist auch nicht eindeutig." (Setzung)

Übungen

(1) Fragen formulieren

In dieser Übung geht es darum, direkte Fragen in Setzungen, Vermutungen oder in Aussagen umzuformulieren. Eine reale, therapeutische Situation ist für die Übung nicht erforderlich; das Üben kann an fiktiven Fragen vollzogen werden.

Den Teilnehmern wird eine Frage vorgegeben:

'Warum haben Sie die Beziehung aufgegeben?'

Sie sollen anschließend mögliche Formulierungen überlegen, z.B.:

'Sie hatten einen handfesten Grund, die Beziehung aufzulösen!'

'Sie fühlten sich in der Beziehung überfordert!'

'Sie konnten es in der Beziehung nicht mehr aushalten!'

'Sie fühlten sich in der Beziehung Ihrem Partner gegenüber unterlegen!'

(2) Direkte Fragen vermeiden

Siehe Übungsbogen 'Direkte Fragen vermeiden' (Methodeninventar, Kap. 5).

| Baustein: **Diskussion vermeiden** | 5 |

Ziele:
(1) Mit dem Klienten über seine Probleme, Konflikte und Schwierigkeiten nicht diskutieren;
(2) keine eigenen Bewertungen oder Standpunkte einbringen;
(3) die Diskussionsangebote des Klienten als solche selbst thematisieren.

Erläuterungen

Jeder, der ein Problem oder eine Schwierigkeit hat, möchte mit einer vertrauten Person darüber sprechen; er möchte - wenn möglich - Ratschläge für sein Problem oder eine nachträgliche Bestätigung für eine schon vollzogene Entscheidung oder Handlung bekommen. Er hat den Wunsch, sich mit der vertrauten Person darüber auszusprechen bzw.

über das Problem zu diskutieren. Gegen dieses Bedürfnis ist in alltäglichen Situationen prinzipiell nichts einzuwenden.

Im therapeutischen Zusammenhang erhalten diese alltäglichen 'Prozeduren' jedoch einen anderen Stellenwert. Wenn wir davon ausgehen, daß die zu besprechende Problematik gravierender ist als die alltägliche, dann helfen Diskussionen wenig. Eine Diskussion setzt voraus, daß beide Partner über die gleichen Qualifikationen verfügen, die ausgetauscht werden. Dies ist in der therapeutischen Situation nicht der Fall. Die (psychischen) Ausgangssituationen beider sind sehr unterschiedlich. Damit wird nicht gesagt, daß der Klient unqualifiziert oder inkompetent ist, aber er begibt sich in die therapeutische Situation, weil er für eine spezifische Problematik einen Experten benötigt. In Diskussionen werden Meinungen und Standpunkte ausgetauscht, es werden die jeweiligen Sichtweisen und Bewertungen deutlich, und der eine versucht, den anderen zu überzeugen. In Diskussionen wird häufig gekämpft, und zwar nach dem Prinzip: Die besseren Argumente sollen siegen! Gefühle haben keinen Platz, es soll sachlich und nüchtern zugehen. Schließlich schleichen sich häufig Ratschläge für den Partner ein, um diesen zu überzeugen.

Genau dies ist nicht die Aufgabe des Therapeuten. Er soll seine Meinung, seine Bewertung oder seine Einschätzung nicht offenlegen. Die Angebote, die er dem Klienten unterbreitet, dienen als Hilfe für eine neue Sichtweise des Problems; die Angebote des Therapeuten sollen keine Diskussionsbeiträge sein.

Der Therapeut muß lernen, sich nicht auf Diskussionen einzulassen. Er muß darüber hinaus verstehen, daß Diskussionen 'auf der kognitiven Ebene' ablaufen und daß diese Ebene sehr häufig nicht das Problematische des Klienten trifft. Versucht ein Klient mit dem Therapeuten über sein Problem zu diskutieren, dann sollte der Therapeut das Diskussionsangebot thematisieren, d.h. ihn fragen, ob er sich über eine Diskussion eine Lösung verspricht bzw. welchen Stellenwert die Diskussion bei bisherigen Lösungsversuchen hatte. Da die Klienten in den meisten Fällen keine Vorstellung vom therapeutischen Prozeß haben, können sie auch nicht wissen, daß Diskussionen kaum hilfreich sind. Der Therapeut muß hier sehr einfühlsam vorgehen, um den Klienten nicht abzublocken. Es kommt hinzu, daß aus dessen Sicht Diskussionen bisher immer ein probates Mittel gewesen sind, um anstehende Probleme 'wegzuschieben', und daß diese Methode kurzfristig hilfreich war. Der Klient muß also mit Unterstützung des Therapeuten begreifen, daß eine Diskussion nur in Ausnahmefällen emotionale Probleme löst.

Beispiel

Anhand des folgenden Gesprächs wird deutlich, daß Diskussionen zwischen Therapeut und Klient im Sinne einer Problemlösung nicht weiterführen und die Gefahr besteht, daß das Gespräch sich nach kurzer Zeit im Kreise dreht.

Klient:	"Ich könnte einfach das Haus verkaufen!"
Therapeut:	"Ich weiß nicht recht, ob die Zeit dafür jetzt günstig ist."
Klient:	"Glauben Sie, ich würde jetzt einen Verlust machen?"
Therapeut:	"Also, ich habe Bekannte, die haben es bitter bereut."
Klient:	"Aber das ist für mich die einzige Lösung."
Therapeut:	"Also, mit dem Verkauf des Hauses würde ich mir das noch überlegen. Da muß man gut kalkulieren."
Klient:	"Sie meinen also, es sei jetzt ungünstig."
Therapeut:	"Wenn man sich jetzt die Zinsen ausrechnet ..."

Übung
Diskutieren lernen

Diese Übung dient dazu, etwas zu erlernen, was in therapeutischen Situationen nicht angewendet werden soll. Das mag im ersten Augenblick als Widerspruch zu dem empfunden werden, was dieses Programm eigentlich will. Die Überlegung, bestimmte Diskussionstechniken zu üben, gründet jedoch darauf, daß etwas Gelerntes von Nichtgelerntem besser unterschieden werden kann, wenn die Teilnehmer wissen, wie diskutiert werden soll und was eine Diskussion ausmacht. Sie werden dann auch besser verstehen, wann eine Diskussion sinnvoll und wann sie weniger sinnvoll ist.

Vor jeder Diskussion sollte Einigung darüber erzielt werden, welche Funktion bzw. welches Ziel sie hat bzw. anstrebt.

Man unterscheidet vier Arten von Diskussionstechniken:

(1) *Organisationszentrierte Diskussion*

Das Ziel der organisationszentrierten Diskussion ist beispielsweise das Lösen einer Reihe von arbeitsorganisatorischen Einzelproblemen.
Beispiel: Termin- und Arbeitsplanung.
Kennzeichen: Ausnutzen des gesamten Arsenals formaler Diskussionsregeln von Rednerliste bis zur Redezeitbegrenzung.

(2) *Entscheidungszentrierte Diskussion*

In der entscheidungszentrierten Diskussion geht es um das Erarbeiten einer von der Mehrheit gebilligten Entscheidung.
Beispiel: Einigung einer Arbeitsgruppe über die zweckmäßigste Methode, eine bestimmte Hypothese in ein Experiment umzusetzen.
Kennzeichen: Wenig formale, aber stark inhaltliche Strukturierung; es müssen (Teil-)Zusammenfassungen erfolgen und entscheidungszentrierte Beiträge von nicht entscheidungszentrierten getrennt werden.

(3) *Gegenstandszentrierte Diskussion*

In der gegenstandszentrierten Diskussion wird beispielsweise ein Konzept, die Verdeutlichung eines Sachverhaltes oder die Reflexion zum Zweck der Ideensammlung erarbeitet.

Beispiel: Herausarbeiten von Zusammenhängen und Gegensätzen zwischen Therapie und Beratung.

Kennzeichen: Möglichst keine formalen Regeln zur Diskussionskanalisierung, so wenig inhaltliche Strukturierungen wie eben möglich.

(4) *Podiumsdiskussion*

Das Ziel der Podiumsdiskussion ist es, ein Problem (eine Fragestellung) vor einer größeren Anzahl von Teilnehmern darzulegen, verschiedene Gesichtspunkte und Meinungen aufzuzeigen, ohne durch einschläfernde Monologe zu langweilen.

Beispiel: Kann pädagogische Gesprächsführung im Raum der Schule durchgeführt werden?

Kennzeichen: Siehe Ziel der Podiumsdiskussion! Nach einer vorher bekanntgegebenen Zeit kann das Publikum durch Fragen oder Beiträge mit einbezogen werden.

Baustein: Distanz zum Inhalt	6

Ziele:
(1) Den eigenen emotionalen Bezug zum Inhalt zurückhalten;
(2) die eigene Betroffenheit (die eigenen Erlebnisse, Wertungen, Meinungen) wahrnehmen und kontrollieren;
(3) mit dem Klienten über den Inhalt seiner Probleme sprechen und dabei bei dem von ihm Gesagten bleiben.

Erläuterungen

Dieser Baustein mag auf den ersten Blick Entsetzen auslösen. Ist es nicht gerade angebracht, einem Gesprächspartner gegenüber die eigene Anteilnahme und das eigene Mitgefühl zu zeigen; ihm zu übermitteln, daß man sich sehr gut in seine Situation hineinversetzen kann und vieles aus eigenem Erleben kennt? Hilft es ihm nicht gerade, wenn man seine eigenen Gefühle mitteilt? Einem *Gesprächspartner* (Freund, Kollegen) gegenüber mag das alles hilfreich sein.

In einer therapeutischen Gesprächssituation sind solche Verhaltenseinstellungen oder Verhaltensweisen nicht hilfreich. Dies bedeutet nicht, daß der Therapeut dem Klienten gegenüber deshalb Desinteresse an dessen Problematik signalisieren soll. Im Gegenteil! Die Kontrolle der eigenen Betroffenheit - unterstellen wir einmal den Fall, der Therapeut fühle sich durch die Problematik des Klienten selbst berührt, weil er das gleiche Problem aus der eigenen Lebensgeschichte kennt - bewahrt ihn davor, dem Klienten sofort mit Ratschlägen oder Hilfestellungen zur Seite zu stehen. Selbst die Schilderung der eigenen Betroffenheit des Therapeuten würde dem Klienten auf lange Sicht nicht helfen. Möglicherweise fühlt sich der Klient dem Therapeuten im

Moment näher, möglicherweise glaubt er auch, gerade dieser Therapeut könne ihm besonders helfen, weil er ja die Problematik kenne. Es ist grundsätzlich nicht auszuschließen, daß das förderlich sein kann; in der Regel sind solche 'Verbrüderungen' für den therapeutischen Prozeß jedoch eher hinderlich. Der Klient muß sein Problem auf seine Weise lösen; er kann nur auf die Ressourcen zurückgreifen, über die er selbst verfügt.

Der Therapeut muß also, wie im Baustein *Gesprächsstörer vermeiden* bereits angedeutet, lernen, seine eigene Betroffenheit, seine eigenen Wertungen oder Meinungen zurückzuhalten. Sie können den Klienten nur verwirren, sie bringen ihn auf Nebengleise, sie machen ihn möglicherweise neidisch oder abhängig bzw. noch abhängiger.

Distanz zum Inhalt bedeutet daher keineswegs Teilnahmslosigkeit - das Gegenteil ist der Fall. Durch das Zurückstellen eigener Gefühle, Meinungen oder Wertungen wird der Therapeut dem Klienten gegenüber freier, unbefangener und somit offener.

Siehe auch Baustein *Eigenen emotionalen Bezug artikulieren.*

Beispiel

Der Therapeut befindet sich privat in einer ähnlichen Situation wie der Klient und wird durch das Gespräch daran erinnert. Der Klient lebt von seiner Frau getrennt und möchte wieder mit ihr zusammenleben, weil die Gefühle für sie noch sehr stark sind. Er sucht jetzt nach Lösungsmöglichkeiten für diese ihn belastende Situation. Der Therapeut, der für seine eigene Situation schon Möglichkeiten einer Lösung gefunden und auch erfahren hat, daß diese Möglichkeiten ihn und seine Frau wieder zusammenbringen, möchte dem Klienten am liebsten davon erzählen, schafft es dann aber doch, Distanz zum Inhalt zu halten:

Klient: "Ich weiß mir wirklich nicht mehr zu helfen, ich sehe keine Möglichkeit, wie ich Erika wiedergewinnen soll."

Therapeut: "Sie sehen im Moment absolut keine Lösungsmöglichkeit. Sie haben keine Idee, wie Sie Ihre Frau zurückholen können."

Klient: "Ich habe ja auch schon so viel versucht, aber es hat alles nichts genützt."

Therapeut: "Sie haben schon viel ausprobiert, aber sie wollte bis jetzt nicht wieder zu Ihnen zurückkehren."

Klient: "Ich dachte, daß Sie vielleicht in so einer Situation Rat wissen, denn ich halte das bald nicht mehr aus."

Therapeut: "Die Situation ist für Sie nicht mehr zum Aushalten, und Sie möchten jetzt ganz schnell Hilfe haben."

Übung

Sie-Satz-Übung

Bei dieser Übung soll der Therapeut versuchen, alle seine Sätze mit dem

Wort 'Sie' beginnen zu lassen. Damit soll vermieden werden, daß er sich als Person mit seinen Gedanken und Erfahrungen in das Gespräch einbringt. Das Wort 'ich' sollte nur in folgenden Formulierungen vorkommen:

'Ich verstehe Sie so, daß Sie ...'
'Ich habe nicht ganz verstanden, Sie sagten ...'
'Ich habe vorhin herausgehört, daß Sie ...'
'Wenn ich Sie richtig verstanden habe, wollen Sie ...'

Baustein: Gesprächsstörer vermeiden	7

Ziele:
(1) Gesprächsstörer im eigenen Verhalten wahrnehmen;
(2) die Bedeutung der Gesprächsstörer für den Gesprächsverlauf erkennen und einschätzen;
(3) eigenes, für den Gesprächsverlauf als hinderlich oder störend eingeschätztes Gesprächsverhalten vermeiden;
(4) eigenes Gesprächsverhalten kontrollieren und gegebenenfalls verändern.

Erläuterungen

In Situationen, in denen ein Klient konkrete Hilfe und Unterstützung während der Bearbeitung seiner Probleme erwartet, fällt es uns in der Regel nicht leicht, angemessen und hilfreich zu reagieren. Zusätzlich kommt bei der Auseinandersetzung mit dem eigenen Therapeutenverhalten erschwerend hinzu, daß es für dieses Verhalten in den oben genannten Situationen kein 'richtig' oder 'falsch', sondern höchstens ein 'angemessen' oder 'unangemessen' gibt.

Allerdings lassen sich für die therapeutische Gesprächssituation aus den alltäglichen Erfahrungen in der Arbeit mit verschiedenen Klienten und deren individuellen Problemen Verhaltensweisen aufzeigen, die für den Gesprächsverlauf in den meisten Fällen ungünstig sind. Diese *Gesprächsstörer* haben die Tendenz, weiterführende Gespräche zwischen Therapeut und Klient zu behindern oder gar zu blockieren und den therapeutischen Prozeß teilweise oder völlig zu unterbinden. Dieses 'störende' Verhalten des Therapeuten führt in der Regel beim jeweiligen Klienten zu dem Gefühl, daß nicht auf ihn eingegangen wird, so daß er sich nicht angenommen und verstanden fühlt. Außerdem wird im Gespräch häufig eine Richtung eingeschlagen, die nicht mehr durch die Bedürfnisse und Interessen des Klienten bestimmt ist (vgl. WEISBACH u.a. 1979, 37 ff; GORDON 1981, 51 ff).

Aufgrund der beschriebenen Tendenzen hat der Therapeut während der Gespräche die Aufgabe, sein eigenes Gesprächsverhalten bewußt wahrzunehmen und auf die Reaktionen des Klienten zu achten. Dabei ist es wichtig, eigene Gesprächsstörer zu erkennen bzw. einzuschätzen, welche Bedeutung sie für den Gesprächsverlauf in der betreffenden Situation und für die subjektive Befindlichkeit des jeweiligen Klienten haben, und diese gegebenenfalls zu vermeiden.

Ob der Klient sich in der konkreten Situation durch bestimmte Äußerungen des Therapeuten aber wirklich gestört fühlt - und diese dadurch zum Gesprächsstörer werden - kann nur er selbst entscheiden. Dennoch soll im folgenden der Versuch unternommen werden, Verhaltensweisen aufzuzeigen und zu beschreiben, die in therapeutischen Gesprächen eher hinderlich und ungünstig sind. In der trainingspraktischen Arbeit hat sich diese Auflistung als geeigneter Leitfaden für die Auseinandersetzung mit den eigenen Defiziten und das Üben eines angemesseneren Gesprächsverhaltens erwiesen. Die typischen Gesprächsstörer sind:

(1) Direkte Fragen stellen / Ausfragen

Der institutionelle Rahmen für die Arbeit im pädagogisch-therapeutischen Arbeitsfeld ist häufig mit einer diagnostischen oder beurteilenden Tätigkeit verbunden (z.B. als Sozialpädagoge, Lehrer). Dabei beschränken sich die Betreffenden in vielen Fällen allein auf das Erfragen von Informationen anhand bestimmter Kriterien. Beratung wird als ein Erfragen der vorhandenen persönlichen Situation und der Rahmenbedingungen des Klienten mit abschließendem 'professionellen' Ratschlag verstanden.

Grundsätzlich besteht bei einem ausfragenden Gesprächsverhalten die Gefahr, daß der Therapeut ausschließlich seiner Neugier und seinem Interesse folgt und damit das Gespräch in eine für ihn wichtige Richtung lenkt. Direkte Fragen beinhalten in der Regel Vorannahmen über mögliche Antworten des Klienten. Dieser wird in seinen Möglichkeiten, sich seinem Problem entsprechend zu äußern, eingeschränkt, fühlt sich unter Umständen mißverstanden und in seinen Bedürfnissen übergangen.

Siehe auch Baustein *Direkte Fragen vermeiden*.

(2) Bewerten / Stellungnahmen abgeben

Häufig verspürt der Therapeut den Zwang, zu dem vom Klienten Gesagten eine Meinung, Stellungnahme oder Wertung abzugeben. Dies ist meistens eine nicht an den Bedürfnissen des Klienten orientierte Reaktion, da sie von seinem eigentlichen Problem ablenkt und die Gedanken des Therapeuten in den Vordergrund rückt. Der Klient gerät unter Rechtfertigungszwang und sieht sich einem ihn kritisierenden und überlegenen Therapeuten gegenüber. Das Gespräch gerät in die Gefahr, in eine ungewollte Diskussion abzuleiten.

Siehe auch Baustein *Inhalt neutral wiedergeben*.

(3) Ursachen aufzeigen / Diskutieren

Wenn der Therapeut für sich in Anspruch nimmt, dem Klienten aufgrund seines Wissens und seiner Erfahrungen vermeintliche Ursachen für dessen Probleme aufzeigen zu können, fühlt sich dieser häufig durchleuchtet, analysiert und 'in eine Schublade gesteckt'. Dies gibt ihm neben seiner als Belastung empfundenen Situation zusätzlich das Gefühl, ohne die 'professionelle' Unterstützung des Therapeuten hilflos und als Person mit den eigenen Möglichkeiten wertlos zu sein. Die Gespräche verlieren sich infolge dieses analysierenden Verhaltens des Therapeuten oft in langen Diskussionen über die Gültigkeit der aufgezeigten Ursachen für die persönliche Situation des Klienten auf rein rationaler Ebene, die vom eigentlichen Problem und seinen Gefühlen wegführen können.

Siehe auch Baustein *Diskussion vermeiden*.

(4) Ratschläge geben / Lösungen anbieten

In Situationen, in denen der Therapeut mit dem direkt oder indirekt formulierten Wunsch des Klienten nach Hilfe, Ratschlägen oder Lösungsmöglichkeiten konfrontiert wird, erscheint es auf den ersten Blick oft sinnvoll, diesem Wunsch schnell nachzukommen. Es kommt aber beim Klienten genauso oft zu dem Gefühl, daß die genannten Ratschläge nicht 'passen'. Der Therapeut gerät so ungewollt in einen Teufelskreis, in dem er immer neue Ratschläge anbieten muß. Der Klient wartet jeweils auf den nächsten (un)passenden Lösungsvorschlag und geht am Ende häufig mit dem Gefühl nach Hause, daß es keine Patentrezepte für seine Probleme gibt und die 'professionellen' Ratschläge genauso pauschal und für seine persönliche Situation unbrauchbar sind wie die der vorher befragten Freunde und Bekannten.

Voreilige Ratschläge und Lösungsvorschläge erweisen sich bestenfalls als kurzfristig beruhigend, erzeugen aber langfristig häufig den unbefriedigenden Eindruck, daß der Therapeut sich nicht näher mit den Problemen des Klienten beschäftigen will. Diesem wird dadurch die Möglichkeit genommen, sich intensiver mit seinen Schwierigkeiten auseinanderzusetzen oder gar eigene Lösungen zu entwickeln. Andererseits kann beim Therapeuten in diesen Situationen das Gefühl der Verantwortlichkeit für die Person, Situation und/oder das Problem des Klienten entstehen. Indem er dessen Selbstverantwortlichkeit kaum zuläßt, entsteht beim Klienten der Eindruck, daß der Therapeut sich in seine Angelegenheiten einmischt und ihn nicht allein entscheiden läßt.

(5) Von sich reden

Indem der Therapeut nicht zuhört und nicht bei den Äußerungen des Klienten bleibt, sondern lediglich darauf wartet, selbst im Gespräch zu Wort zu kommen und seine eigenen Erfahrungen, Meinungen und Ansichten mitzuteilen, fühlt sich der Klient in seiner Person unberücksichtigt, übergangen und unwichtig. In diesen Fällen kann der Therapeut oft seinen eigenen Bezug zum angesprochenen Problem und seine eigene Betroffenheit nicht zurückstellen und verspürt den Zwang, sich selbst darzustellen.

Siehe auch Baustein *Distanz zum Inhalt*.

(6) Herunterspielen / Nicht-ernst-nehmen

Dieser Gesprächsstörer tritt in therapeutischen Situationen, auf den ersten Blick gesehen, nur selten auf. Er soll an dieser Stelle aber ebenfalls genannt werden, weil er im Gespräch in vielen kleinen Äußerungen des Therapeuten versteckt sein kann, vom Klienten in der Regel jedoch gefühlsmäßig schnell als Störung wahrgenommen wird. Dieser verspürt bei Äußerungen wie 'Dieses schmerzliche Gefühl, das Sie gerade empfinden, ist ganz normal und geht in der Regel schnell vorbei!', 'Das geht vielen so, das nächste Mal wird's schon klappen!' oder 'Nun beruhigen Sie sich doch erst einmal wieder und erzählen Sie dann, was wirklich vorgefallen ist!' häufig das Gefühl, nicht verstanden und ernstgenommen zu werden, weil seine Probleme vom Therapeuten indirekt heruntergespielt und kleingemacht werden. Dabei verbirgt sich hinter diesen Äußerungen häufig nur der Versuch, den Klienten zu trösten und ihn emotional zu entlasten. Das Gespräch wird aber damit in vielen Fällen vorzeitig beendet, weil es dem Klienten schwerfällt, weiterzureden und seine Gefühle in das Gespräch einzubringen, denn bei ihm entsteht der Eindruck, daß das vorhandene Problem sachlich und kurz besprochen (abgehandelt) werden soll.

Beispiel

Anhand fiktiver Therapeutenäußerungen auf die gleiche Klientenäußerung sollen die verschiedenen Gesprächsstörer noch einmal verdeutlicht und abschließend eine mögliche Äußerung genannt werden, die neutral das vom Klienten Gesagte wiedergibt:

Klient: "Immer, wenn mir Prüfungen bevorstehen, dann kann ich schon zwei Wochen vorher nicht mehr richtig schlafen und fühl' mich den ganzen Tag nur schlapp und kann mich dann noch schlechter auf die Prüfung vorbereiten."

Therapeut: (1) *Ausfragen:* "Was ist denn das für eine Prüfung? Ist das Gefühl wirklich genauso wie immer?"

(2) *Bewerten:* "Das find' ich ganz schön schlimm, daß Ihnen das immer so geht. Aber das ist sicherlich nicht immer ganz genau gleich, jedesmal."

(3) *Ursachen aufzeigen:* "Das ist ein physiologisch normaler Vorgang. Das vegetative Nervensystem reagiert sehr sensibel."

(4) *Ratschlag geben:* "Autogenes Training ist in Ihrer Situation genau das Richtige. Sie müssen mal richtig ent-

spannen, dann schlafen Sie auch ein.''

(5) *Von sich reden:* ''Das kann ich gut verstehen. Mir ging es damals genauso. Sie müssen wissen, daß ich unter Prüfungsangst ganz fürchterlich gelitten habe, aber ich habe damals eine geniale Idee gehabt.''

(6) *Herunterspielen:* ''Das ist ganz normal vor Prüfungen. Da brauchen Sie sich keine Sorgen zu machen. Und wenn Sie wieder nicht schlafen können, gehen Sie einfach mal raus an die frische Luft.''

Therapeut: ''Da läuft bei Ihnen immer wieder das gleiche ab, wenn eine Prüfung ansteht.''

Übungen
(1) Fragen formulieren
Siehe Übung 'Fragen formulieren' (Baustein *Direkte Fragen vermeiden*).

(2) Eigenes Gesprächsverhalten reflektieren
Siehe Übungsbogen 'Einschätzung des eigenen Gesprächsverhaltens' (Methodeninventar, Kap. 5).

(3) Eigenes Gesprächsverhalten einschätzen
Siehe Übungsbogen 'Einschätzskalen' (Methodeninventar, Kap. 5).

Baustein: Widerspiegeln	8

Ziele:
(1) Sich ganz auf das vom Klienten Gesagte konzentrieren und im Gespräch dabei bleiben;
(2) die wichtigen Inhalte, Aussagen und Schlüsselbegriffe aus dem vom Klienten Gesagten heraushören;
(3) die gefühlsmäßigen Anteile der Aussagen bzw. die Gefühle des Klienten sensibel wahrnehmen;
(4) das Gesagte ordnen, zusammenfassen und mit eigenen Worten in Aussageform wiederholen.

Erläuterungen
Im Rahmen eines Gesprächs wird der Therapeut oft mit einer unstrukturierten und zum Teil in sich widersprüchlichen Darstellung des Problems seines Klienten konfrontiert. Dieser fühlt sich zwar durch das Problem belastet, hat dessen eigentlichen Kern für sich aber noch nicht erkannt und versucht mehr oder weniger bewußt, mit Hilfe des Gesprächs zu einer Klärung zu gelangen. Der Therapeut hat die Aufgabe,

sich aktiv in die Person des Klienten hineinzuversetzen, dessen Sichtweise nachzuvollziehen und auf diese Weise dessen inneren Bezugsrahmen zu erfassen. Indem er - aufbauend auf dem Baustein *Inhalt neutral wiedergeben* - auf die Äußerungen des Klienten eingeht und sie mit eigenen Worten wiedergibt, hat dieser die Möglichkeit, zu einer konkreteren und präziseren Erfassung seines Problems zu gelangen. Der Therapeut soll seine Äußerungen in Aussageform formulieren, um den Klienten in die Lage zu versetzen, frei Stellung zum Widergespiegelten nehmen zu können und das Gespräch nicht durch Fragestellungen in eine bestimmte inhaltliche Richtung zu bringen (siehe Baustein *Direkte Fragen vermeiden*). Der Klient wird durch das Widerspiegeln nochmals mit den von ihm angesprochenen Inhalten bzw. den damit verbundenen Gefühlen konfrontiert und hat somit die Möglichkeit, noch einmal über das Gesagte nachzudenken bzw. den Gefühlen nachzuspüren, um nach dieser Prüfung gegebenenfalls Korrekturen und Präzisierungen vorzunehmen. Mit jeder Äußerung des Therapeuten und der anschließenden Überprüfung durch den Klienten wird immer deutlicher, worum es diesem im Kern geht und wo seine Schwierigkeiten und Probleme liegen. Dabei ist es nicht erforderlich, daß die Therapeutenäußerung das vom Klienten Gemeinte immer treffen muß, da auch eine 'Verneinung' zur weiterer Konkretisierung beiträgt (siehe auch Baustein *Negation konstruktiv umsetzen*).

Das Widerspiegeln läßt sich in die Komponenten 'Paraphrasieren' und 'Verbalisieren' unterteilen:

(1) Beim Paraphrasieren wiederholt der Therapeut die sachlichen Anteile und Aussagen des Klienten mit eigenen Worten. Indem er paraphrasiert und zusammenfaßt, gibt er dem Klienten zu verstehen, wie er das Gesagte aufgenommen und verstanden hat. Obwohl dieses Vorgehen unter Umständen sehr zeitintensiv ist, gewährleistet es das richtige Verstehen des vom Klienten Gesagten und Erlebten. Dadurch hat der Klient die Gelegenheit, Mißverständnisse frühzeitig zu vermeiden oder zu beseitigen, sich weiter mit seinem Problem auseinanderzusetzen und dieses im weiteren Gesprächsverlauf zu konkretisieren. Mit zunehmender Übung und Erfahrung des Therapeuten verliert das paraphrasierende Wiederholen seine echohafte Wirkung. Der Baustein *Inhalt neutral wiedergeben* entspricht demnach der Form des Paraphrasierens.

(2) Über die bloße Beachtung des Inhalts der Äußerungen des Klienten hinaus ist es wichtig, daß der Therapeut begleitende emotionale Anteile wahrnimmt und widerspiegelt. Beim *Verbalisieren* wird die emotionale Aussage des Klienten durch die Worte des Therapeuten widergespiegelt und damit in das Bewußtsein des Klienten geholt. Dieser kann seine momentanen Gefühle äußern und überhaupt zulassen. Der Therapeut muß darauf achten, daß er beim Widerspiegeln den 'richtigen Ton' trifft und jegliche Interpretation vermeidet. Durch dieses in der

Fachliteratur als 'Verbalisieren emotionaler Erlebnisinhalte' bezeichnete Verhalten des Therapeuten wird der Klient mit seinen oft unbewußten und teilweise verdrängten Gefühlen konfrontiert. Das Gespräch wird so von einer ausschließlich kognitiven, eventuell das Problem nur unzulänglich erfassenden, auf eine weitergehende, auch emotionale Aspekte berücksichtigende Ebene verlagert (siehe auch Baustein *Hineinversetzen und Nachvollziehen*).

Beispiel

Klient: "Ich weiß auf der Arbeit einfach nicht mehr weiter! In letzter Zeit überschlagen sich aber auch die Ereignisse. Ich weiß gar nicht mehr, wo mir der Kopf steht."

Therapeutin: "Es geht bei Ihnen alles drunter und drüber!" (Paraphrasieren)

Klient: "Naja, es ist zwar ziemlich chaotisch bei mir, aber eigentlich nicht alles. Ganz besonders schlimm ist es zur Zeit mit meinem Chef. Da mag ich gar nicht dran denken."

Therapeutin: "Es wird Ihnen mulmig, wenn Sie an Ihren Chef denken." (Verbalisieren)

Klient: "Genau, mulmig ist die richtige Beschreibung. Und noch mehr, so richtig ängstlich und unsicher bin ich inzwischen, wenn ich zu ihm rein muß, um meine Forschungsergebnisse vorzustellen."

Therapeutin: "Wenn es um Ihre Leistungen geht, ist es ganz besonders schlimm." (Paraphrasieren)

Klient: "Weniger die Leistung drückt mich, ich rechne immer mehr damit, daß er mir dringend nahelegt, meine Forschungen im Ausland zu vertiefen. Die Vorstellung, ganz allein nach Afrika zu gehen, bedrückt mich unheimlich, wo ich doch nach so vielen Mühen jetzt endlich fußgefaßt habe."

Therapeutin: "Diese Perspektive macht Ihnen Angst." (Verbalisieren)

Übungen

(1) Spiegeln

Es werden Paare gebildet, die sich einander gegenübersetzen. Ein Partner beginnt, indem er spontan das ausspricht, was ihm durch den Kopf geht. Das Gegenüber hat nun die Aufgabe, im Sinne des Widerspiegelns das Gesagte in eigenen Worten zusammenzufassen und zu wiederholen. Das Gespräch wird solange fortgesetzt, bis dem Gegenüber keine neuen Aussagen mehr einfallen, die er dem Gesprächspartner widerspiegeln könnte. Anschließend werden die Rollen getauscht. Abschließend sollen sich die Beteiligten mitteilen, wie es ihnen während der Übung ergangen ist.

(2) Adjektive finden
Siehe Übungsbogen 'Adjektive finden' (Methodeninventar, Kap. 5).

(3) Eigene Reaktionen auf Klientenäußerungen
Siehe Übungsbogen 'Therapeutische Reaktionen auf Klientenäußerungen' (Methodeninventar, Kap. 5).

Baustein: **Hineinversetzen und Nachvollziehen**	**9**

Ziele:
(1) Die Sichtweise und den Bewertungszusammenhang des Klienten nachvollziehen;
(2) den inneren Bezugsrahmen des Klienten erfassen.

Erläuterungen
Unterstellen wir einmal, daß zwei Menschen ein 'gleiches' Problem haben, bewerten ihr eigenes aber unterschiedlich im Vergleich zu dem des anderen. Das ist völlig natürlich und nichts Außergewöhnliches. Jeder sieht sein Problem durch seine Brille, jeder stellt seine spezifischen Bezüge oder Verbindungen her. Obwohl nun beide das scheinbar gleiche Problem haben, sind ihre Sichtweisen und Bewertungen doch sehr unterschiedlich. Jedes Problem steht in einem eigenen Bezugssystem oder Bezugsrahmen. Den Bezugsrahmen liefert der Problemträger (Klient).
Die Aufgabe des Therapeuten besteht nun darin, diesen Bezugsrahmen zu entschlüsseln, die Sichtweise des Klienten zu verstehen und dessen Bewertungen, Einstellungen, Empfindungen, Motive oder Handlungen nachzuvollziehen.
Verstehen heißt für den Therapeuten nicht unbedingt auch, daß er das angesprochene Problem für sich akzeptieren muß - verstehen heißt nachvollziehen bzw. sich in die Situation des Klienten hineinversetzen können! Für diesen ist es sehr wichtig, vom Therapeuten verstanden zu werden; er muß das Gefühl erhalten, daß der Therapeut ihm folgen, seine Bewertungen verstehen und seine Handlungen einordnen kann.
Der Therapeut muß lernen, das Problem 'durch die Brille' des Klienten zu sehen. Versteht er den inneren Bezugsrahmen, kann er auch besser auf den Klienten eingehen, ihn vielleicht auf Zusammenhänge aufmerksam machen, die dieser zwar als Fakten geäußert, aber nicht im Gesamtbild gesehen hat.
Es kommt oft vor, daß der Klient durch sein Problem in eine Lebenssituation gerät (verstrickt ist), die es ihm unmöglich macht, seinen eigenen Bezugsrahmen klar zu sehen oder zu erkennen. Je besser und ge-

nauer der Therapeut die einzelnen Sicht-, Betrachtungs- und Bewertungsweisen seines Gegenübers erfaßt und ihm diese wieder vor Augen führt, desto leichter gewinnt der Klient wieder Ordnung in seinem System und Zutrauen zu sich selbst.

Den 'inneren Bezugsrahmen' kann man sich wie ein Bild vorstellen, das der Klient von der Welt hat. Dieses Bild kennt der Therapeut nicht. Um es 'sehen' zu können, muß er Mosaiksteinchen für Mosaiksteinchen zusammentragen, damit er es annähernd erkennen und verstehen kann.

Die in den Zielen enthaltenen Gesprächstechniken können in eingeschränktem Rahmen durch formalisierte Übungen trainiert werden. Der Therapeut lernt, in möglichst anschaulicher Sprache den Bezugsrahmen des Klienten widerzuspiegeln.

Siehe auch Baustein *Widerspiegeln*.

Beispiel

Die Klientin erzählt, wie es dazu gekommen ist, daß sie - völlig überfordert durch ihre Lehrlingsabschlußprüfung, Streit mit dem Freund und eine ungewollte Schwangerschaft - einen Selbstmordversuch gemacht hat.

Klientin: "Und als ich dann noch festgestellt habe, daß ich schwanger war, war alles aus."

Therapeut: "Da dachten Sie, so jetzt kann ich nicht mehr, das ist zuviel."

Klientin: "Ja, genau. Das war der Hammer, richtig wie ein Hammer traf es mich, als der Arzt mir das sagte."

Therapeut: "Als wenn Ihnen einer mit dem Hammer einen Schlag auf den Kopf gegeben hätte."

Klientin: "Ja, ich bin schon gleich in dem Arztzimmer zusammengebrochen. Und der Arzt hat mir gleich eine Spritze gegeben."

Therapeut: "Als es Ihnen durch die Spritze gleich besser ging, haben Sie gedacht, 'wie schön, wenn alles so problemlos ist'."

Klientin: "Genau so war es, es fiel plötzlich alles von mir ab. Und dabei kam ich auf die Idee."

Therapeut: "Da haben Sie gedacht, 'Das ist es!'. Von allem befreien!"

Klientin: Treten Tränen in die Augen. "Ja, ich wollte doch nur ..., ich wollte doch nur ein bißchen schlafen. Ein bißchen nicht mehr merken von all dem Mist. Das war so schön beim Arzt nach der Beruhigungsspritze."

Therapeut: "Sie wollten einfach ein bißchen Ruhe haben und nicht den Kopf voller Probleme."

Übung
Angebote formulieren
Siehe Übungsbogen 'Angebote formulieren' (Methodeninventar, Kap. 5).

Baustein: Eigenen emotionalen Bezug artikulieren	10

Ziele:
(1) Die innere Spannung und Betroffenheit, die man als Therapeut verspürt, äußern;
(2) durch die eigene Artikulation den eigenen emotionalen Bezug bewußter machen.

Erläuterungen
Wir haben diesen Baustein nur für die Übungssituation konzipiert. Im Gegensatz zum Baustein *Distanz zum Inhalt* geht es hier darum, daß der Therapeut seine inneren Spannungen, seine Betroffenheit oder seine Schwierigkeiten zum angesprochenen Problem des Klienten äußern lernt.

Wenn grundsätzlich die Forderung besteht, der Therapeut solle sich mit seiner Betroffenheit oder mit seinen emotionalen Bezügen dem angesprochenen Problem gegenüber neutral verhalten, so heißt das nicht, daß er sich dabei selbst vergewaltigen soll. Jede zwanghafte Disziplinierung oder jede auf Krampf unterdrückte emotionale Regung führt nur dazu, daß das Verhalten des Therapeuten dem Klienten gegenüber unecht und unehrlich wirkt. Damit ist weder dem Klienten noch dem Therapeuten geholfen. Da nicht jeder Therapeut (wie oft gefordert) eine gesonderte Selbstexplorationsphase (Selbsterfahrung) durchgemacht hat, in der die persönlichen Anteile aufgearbeitet sein sollten, muß dieser selbstexplorative Teil in diesem Training zumindest ansatzweise gesondert angesprochen werden. Insofern ist das hier zu Übende kein originärer Bestandteil des therapeutischen Prozesses, sondern eine Übung für den Therapeuten selbst.

Es gibt jedoch eine Ausnahme. Es kann durchaus vorkommen, daß man sich als Therapeut einem Problem gegenübergestellt sieht und schlicht überfordert ist, weil die gebotene Distanz nicht gewahrt werden kann. Kommt es zu einer solchen 'psychischen Konstellation', dann sollte der Therapeut dies dem Klienten gegenüber formulieren, seine Schwierigkeiten erklären, seine Betroffenheit offenlegen und seine Befangenheit zugeben. Dies führt zwar oft zum Abbruch der Gespräche, aber beide sind ehrlich zueinander, und der Klient kann die Problematik mit einem anderen Therapeuten weiterbearbeiten. Das Eingeständnis des Therapeuten wird kein Klient als Schwäche auslegen.

Die inneren Spannungen zu artikulieren, muß der Therapeut möglichst oft üben. Während der Gesprächssituation verläuft das problemlos, da der 'übende Klient' ebenso ein Lernender ist und von daher eine Unterbrechung des Gesprächs verstehen wird. 'Unterbrechen des Gesprächs' heißt in der Übungssituation, daß immer dann, wenn der Therapeut selbst innere Spannungen oder Unruhe verspürt, er diese auch (gegenüber dem Trainer oder Supervisor) artikuliert.

Konkret bedeutet dies: Der Therapeut unterbricht das Gespräch mit dem Klienten. Er wendet sich dem Trainer zu und artikuliert ihm gegenüber seine momentanen Gefühle, Probleme oder Hemmungen. Er versucht zu ergründen, welches die auslösenden Momente (Stichworte, Reizworte, Bilder, Erinnerungen) sind und überprüft (fragt) sich selbst, welche unbearbeiteten Anteile beim ihm 'hochkommen'. Mit dem Trainer kann er nun das Gespräch in der Rolle des Klienten fortführen, wenn ihm in dieser Situation daran gelegen ist.

Das Ziel dieser Übung ist es nicht nur, sich als Therapeut der inneren Spannungen bewußt oder bewußter zu werden, sondern vielmehr das Erreichen der Fähigkeit, diese inneren Spannungen auch zu artikulieren. Es besteht ein großer Unterschied darin, ob etwas 'nur' gedacht oder auch in Worte gekleidet wird.

Beispiel

Bei diesem Baustein ist es nicht möglich, ein Beispiel aus der therapeutischen Praxis darzustellen. Wir haben diesen Baustein, wie oben bereits erwähnt, nur für die Übungssituation konzipiert.

Während eines Übungsgespräches in der Kleingruppe (es geht bei der Klientin um die Frage, wie sie sich einem sterbenden Bekannten gegenüber verhalten soll) kommt die Therapeutin im Laufe des Gesprächs ins Stocken und bittet um Unterbrechung.

Sie dreht sich zum Supervisor um.

Therapeutin: "Da kann ich nicht weiter, ich weiß nicht, wo ich da ansetzen soll."

Supervisor: "Sie haben Schwierigkeiten mit der angesprochenen Problematik. Was fällt Ihnen selber denn dazu ein?"

Therapeutin: "Das erinnert mich an ein Erlebnis von vor zwei Jahren. Da habe ich selber einen Freund besucht, der war sterbenskrank. Ich habe überhaupt nicht gewußt, wie ich mich ihm gegenüber verhalten soll. Hinterher hatte ich dann ein schlechtes Gewissen, daß ich mich nicht ungezwungen verhalten habe. So ähnlich, denke ich, ist das bei der Klientin auch, und ich weiß nun nicht, was ich ihr sagen soll."

Supervisor: "Sie meinen, Sie müßten der Klientin nun einen Rat geben, da Sie selber mal hilflos waren."

Therapeutin: "Ja, ich glaube, sonst fühlt sie sich auch alleine."

Supervisor: "Sie glauben, daß auch die Klientin das gleiche Problem hat, wie Sie es hatten?"

Therapeutin: "Naja, so genau habe ich das noch nicht raus, ich habe zumeist immer an meine Sache von damals gedacht und immer wissen wollen, ob das bei ihr genauso ist. Irgendwie berührt mich das nämlich ganz schön doll."

Nachdem die Therapeutin ihren emotionalen Bezug angesprochen hatte, konnte sie das Gespräch mit der Klientin weiterführen. Durch das Ansprechen der Eigenbetroffenheit war sie nun in der Lage, sich von ihrem eigenen Erleben zu lösen und sich den Problemen der Klientin zu widmen.

Übungen

(1) Richtungswechselstuhl

Die Bezeichung 'Richtungswechselstuhl' bedeutet, daß der übende Therapeut während des Gesprächs seine 'Richtung' - das heißt seinen Ansprechpartner - wechseln kann. Immer wenn er sich durch die angesprochene Thematik betroffen fühlt und wegen dieser Betroffenheit gehindert ist, das therapeutische Gespräch weiterzuführen, wechselt er - bildlich gesprochen - die Richtung, nämlich vom Klienten weg und zum Trainer hin. Er unterbricht das Gespräch mit dem Klienten und artikuliert *seine* Betroffenheit in Richtung Trainer. Ist die Betroffenheit mit Hilfe des Trainers geklärt, setzt er das Gespräch mit dem Klienten fort.

Die Unterbrechung stört übrigens das Übungsgespräch oder den Klienten in den meisten Fällen nicht. Da der Klient selber Übender ist, lernt er modellhaft, wie man als Therapeut mit der eigenen Betroffenheit umgehen kann.

Diese Übung dient zum einen dazu, den angehenden Therapeuten in dieser Form der Selbsterfahrung auf eigene emotionale Erlebnisse aufmerksam zu machen. Zum anderen wird er während des Prozesses sensibler für seine eigenen emotionalen Verarbeitungsmechanismen und Beeinflussungen.

(2) Kontrolle des Gesprächsverhaltens in nicht-therapeutischen Situationen

Siehe Übungsbogen 'Kontrolle des Gesprächsverhaltens in nicht-therapeutischen Situationen' (Methodeninventar, Kap. 5).

Ziele:
(1) Die momentane psychische Repräsentanz des Klienten erfassen und ansprechen;
(2) mögliche emotionale und kognitive Blockaden des Klienten ansprechen und offenlegen;
(3) Blockierungen, die den Verlauf des Gesprächs behindern, mit dem Klienten zusammen abbauen.

Erläuterungen

Wenn man in einem kalten Raum sitzt und arbeiten muß, dann kann die Kälte unangenehm die Stimmung beeinflussen; wenn hingegen draußen die Sonne scheint, kann einen das beflügeln; wenn der Chef mürrisch auftritt, vergeht einem die Lust zu arbeiten. Diese 'von außen' einwirkenden Faktoren nennen wir *äußere Wirkfaktoren*; sie beeinflussen die momentane Stimmung, die momentane Verfassung und somit die momentane Befindlichkeit.

Wenn man eine freudige Botschaft erhalten, eine Arbeit mit einem guten Ergebnis abgeschlossen oder das Gefühl hat, im Moment gelinge einem einfach alles, fühlt man sich wohl, optimistisch und energiegeladen. Diese 'von innen' wirkenden Faktoren nennen wir *innere Wirkfaktoren*; sie beeinflussen ebenso die momentane Stimmung, die momentane Verfassung und damit die momentane Befindlichkeit.

Innere und äußere Wirkfaktoren beeinflussen sich wechselseitig und bestimmen daher auch die momentane Befindlichkeit des Klienten innerhalb der therapeutischen Situation.

Wir bezeichnen diese momentane geistige, körperliche und/oder seelische Befindlichkeit oder Verfassung als *Psychische Repräsentanz*; sie bezieht sich auf das 'Hier und Jetzt' in der therapeutischen Situation. Das heißt im einzelnen:

Das Auftreten, das Sich-Geben des Klienten während des Gesprächs wird zum einen von den die Situation bestimmenden Variablen beeinflußt: der Lage des Raumes, den anwesenden Personen, den Lichtverhältnissen. Zum anderen ist das Sich-Geben von den in die Situation eingebrachten Variablen abhängig: den momentan vorherrschenden Gefühlen, der momentanen Verfassung oder dem Energiezustand. Im wesentlichen jedoch wird die momentane Befindlichkeit des Klienten von einer Kombination der verschiedenen Variablen bestimmt.

In der therapeutischen Situation spielt die *Psychische Repräsentanz* des Klienten eine entscheidende Rolle. In der Regel sind dem Therapeuten die äußeren Bedingungen bekannt und vertraut, nicht aber dem Klienten: Der Raum kann dem Therapeuten Wärme, Ruhe und Sicherheit vermitteln, wohingegen er für den Klienten Kälte, Unruhe und Unsicherheit bedeuten kann. So ist zum Beispiel das Lehrerzimmer für einen Lehrer ein vertrauter Raum, während es für den Schüler angstbesetzt sein kann. Nur wenn die Atmosphäre im Rahmen der therapeutischen Situation angstfrei und entspannt ist, kann ein für den Klienten positives Gespräch stattfinden. Der Therapeut muß demnach alle Signale des Klienten erkennen und ansprechen, die darauf hindeuten, daß sich dieser nicht wohlfühlt. Das können recht triviale Dinge sein wie zum Beispiel ein unbequemer Stuhl oder grelles Gegenlicht. Es können jedoch auch Beeinflussungsfaktoren sein, die der Therapeut aus seinem Selbstverständnis heraus zunächst als nicht belangvoll ansieht, wie zum Beispiel sein eigenes Auftreten, seine Kleidung, sein Gebaren oder aber seine Sprache.

Nur selten wird der Klient von sich aus störende Momente ansprechen, um so sensibler muß von daher der Therapeut für die momentane Befindlichkeit des Klienten sein, da jede Störung von außen den therapeutischen Prozeß behindert. Gerade im Wahrnehmen der *Psychischen Repräsentanz* zeigt der Therapeut dem Klienten gegenüber seine positive Wertschätzung und Empathie.

Neben den *situativen Komponenten*, den inneren und äußeren Wirkfaktoren, die den Klienten in der therapeutischen Situation beeinflussen, kann die sogenannte *problembezogene Komponente* für dessen *Psychische Repräsentanz* maßgeblich bestimmend sein. Darunter sind jene das Gespräch beeinträchtigenden Faktoren zu verstehen, die sich aus der Bearbeitung des Problems selbst ergeben können. Nehmen wir an, ein Klient arbeitet mit einer Therapeutin, und das Gespräch weitet sich auf sexuelle Fragen aus. Ihm wird plötzlich klar, daß er mit einer (fremden) Frau noch nie über seine Sexualität gesprochen hat, und er erschrickt. Hemmungen, Ängste oder Mißtrauen tauchen bei ihm plötzlich auf, und das Gespräch kommt nicht mehr voran, weil er sich innerlich sperrt. Seine psychische Befindlichkeit verändert sich, weil er mit seiner Thematik einer Frau gegenübersitzt und ihn diese Tatsache verunsichert. Nun kann diese Hemmung selbst einen Teil seines Problems ausmachen, das zu bearbeiten wäre oder zur zu bearbeitenden Problematik gehört. Für die Therapeutin bedeutet es aber, zunächst wahrzunehmen, daß sich eine Situation ergeben hat, die es dem Klient schwer macht, angstfrei und unbefangen weitersprechen zu können. Sie muß die Veränderung seiner Befindlichkeit ansprechen, damit diese in ihrer Bedeutung als Blockade für den weiteren Gesprächsverlauf überwunden werden kann.

Zusammenfassend läßt sich sagen, daß es während des gesamten therapeutischen Prozesses die Aufgabe des Therapeuten ist, die *psychische Repräsentanz* des Klienten wahrzunehmen. Dennoch gibt es spezifische Situationen, in denen diese besonders beachtet werden muß:
(1) *Eingangssituation oder Kontaktaufnahme*: Jeder Beginn einer therapeutischen Sitzung - besonders die erste Kontaktaufnahme zwi-

schen Klient und Therapeut - kann für den weiteren Verlauf des Gesprächs mitentscheidend sein. Der Therapeut sollte daher darauf achten bzw. darauf eingehen (ansprechen), was der Klient von außen in die Eingangssituation einbringt. Das können Erlebnisse des Tages sein, die ihn noch beschäftigen, das kann ein körperliches Unwohlsein sein, das ihn nicht konzentriert arbeiten läßt oder er benötigt erst einige Minuten zur Entspannung nach einer langen Autofahrt.

(2) *Störende Umgebungsreize* (Sitzgelegenheit, Lichtverhältnisse, Raumtemperatur, Geräusche usw.) werden häufig vom Klienten nicht sofort, sondern meist erst später bewußt wahrgenommen. Der Therapeut sollte daher in gewissen Abständen nach dem Befinden im 'Hier und Jetzt' fragen, um störende Reize auszuschalten.

(3) *Therapeutin/Therapeut als Person*: Häufig passen Klient und Therapeut 'menschlich' nicht zueinander (zu großer Altersunterschied, Geschlechterrolle usw.). Klienten äußern ihre Vorbehalte bzw. Gefühle, die sie der Therapeutin bzw. dem Therapeuten gegenüber haben, aus Angst nicht angenommen zu werden, jedoch nicht sofort oder gar nicht. Man kann dieses Unbehagen bzw. ihre Gefühle allenfalls aus ihrem Verhalten erschließen. Therapeutische Arbeit ist aber nur dann effektiv, wenn es zwischen Klient und Therapeut 'menschlich stimmt'. Die Therapeutin bzw. der Therapeut sollte sich deshalb zum geeigneten Zeitpunkt selbst als Person zur Disposition stellen und wahrgenommene 'Störungen' ansprechen.

(4) *Therapeutische Problemindikatoren*: Während des therapeutischen Prozesses kommt es nicht selten zu brisanten oder heiklen Situationen (sehr belastende Themen, intime Problembereiche, schmerzhafte Punkte, unerwartete Selbstaussagen usw.), in denen sich der Klient äußerst unwohl fühlt. Äußerliche Anzeichen (z.B. Sitzhaltung verändert sich, stockende Sprechweise, körperliche Reaktionen) signalisieren eine sich verändernde, besondere Befindlichkeit im 'Hier und Jetzt'. Der Therapeut sollte diese Signale bewußt wahrnehmen und gegebenenfalls gezielt ansprechen, um dem Klienten die Möglichkeit zu geben, seine momentane Befindlichkeit zu artikulieren.

Beispiele
(1) Die Klientin sitzt während des Gesprächs mit zusammengekniffenen Augen auf ihrem Stuhl.

Therapeut: "Sie kneifen beim Sprechen immer die Augen so zu. Ist Ihnen das Licht zu grell?"

Klientin: "Ja, das ist unangenehm. Ich muß immer in die Sonne gucken, und das kostet mich viel Konzentration. Außerdem werde ich immer durch das abgelenkt, was vor dem Fenster passiert."

Die Klientin wechselt ihre Position und kann sich danach entspannt dem Gespräch widmen.

(2) Der Therapeut gewinnt während des Gesprächs den Eindruck, daß die Klientin durch etwas abgelenkt ist.

Therapeut: "Sie sind nicht ganz bei der Sache."
Klientin: "Ja, ich schweife tatsächlich ab."
Therapeut: "Es irritiert Sie irgend etwas."
Klientin: "Ja, aber das ist für die Sache völlig unwichtig."
Therapeut: "Es hat mit der Sache nichts zu tun, aber es lenkt Sie ab."
Klientin: "Es ist wirklich nicht wichtig. Es geht schon."

Das Gespräch läuft am Thema weiter. Nach einigen Minuten bemerkt der Therapeut die gleiche Irritation.

Therapeut: "Sie sind wieder etwas irritiert."
Klientin: "Scheinbar kann ich es doch nicht ganz verbergen. Aber ich sagte es Ihnen schon, daß es unwichtig ist."
Therapeut: "Es ist Ihnen unangenehm, das jetzt hier zu sagen."
Klientin: "Na ja, unangenehm eigentlich nicht. Aber wie gesagt, es hat nichts mit der Sache zu tun. Es geht schon."
Therapeut: "Es geht aber offenbar sehr schwer, und Ihnen ist es peinlich, es zu sagen."
Klientin: "Also gut, es hat etwas mit Ihnen zu tun, nicht mit der Sache, über die wir gerade sprechen."
Therapeut: "Ihnen fällt es schwer, mit mir darüber zu sprechen."
Klientin: "Ja, ich habe darüber noch mit keinem Mann gesprochen. Das stört mich irgendwie."

Übungen

(1) Neue Perspektive

Alle Teilnehmer werden aufgefordert, sich im Raum einen anderen Platz zu suchen und dort eine Weile zu verharren. Sie sollen sich nun aus dieser neuen Raumperspektive heraus ihrer Befindlichkeit bewußt werden, indem sie die folgenden Fragen für sich beantworten: Wie wirkt der Raum? Wie nehme ich die übrigen Teilnehmer wahr? Wie fühle ich mich auf diesem Platz? Was tut mir gut? Was ist mir unangenehm? Was könnte ich jetzt tun? Was könnte ich jetzt nicht tun?

Im Anschluß daran können die Teilnehmer für sich allein den Raum 'erfühlen', d.h. sie können herausfinden, welche Plätze ihnen besonders angenehm bzw. unangenehm sind. Abschließend werden sie aufgefordert, sich gegenseitig ihre Wahrnehmungen mitzuteilen.

(2) Rahmenbedingungen eines therapeutischen Gesprächs

Siehe Übungsbogen 'Gründe für das Mißlingen von therapeutischen Gesprächen' (Methodeninventar, Kap. 5).

Der Sender hat immer eine Intention, die befriedigt werden will/soll.

Baustein: Aspekte heraushören | 12

Ziele:
(1) Die Äußerungen des Klienten in ihren verschiedenen Aspekten (Sachinhalt, Selbstoffenbarung, Beziehung, Appell) erfassen;
(2) aus dem vom Klienten Gesagten heraushören, welcher Aspekt seiner momentanen Intention am nächsten kommt;
(3) dem Klienten den wahrgenommenen 'Hauptaspekt' widerspiegeln.

Erläuterungen

In jeder zwischenmenschlichen Kommunikation gibt es jeweils einen Sender und einen Empfänger. Zwischen beiden werden Botschaften ausgetauscht, die erst eine Kommunikation ermöglichen. Diese Nachrichten enthalten immer mehrere Aspekte, auch wenn diese nicht direkt ausgesprochen werden. Sie sind vielmehr in einer Nachricht versteckt, oft verschlüsselt oder nur angedeutet. Die Art der Sprache, die Sprachmelodie, die Betonung einzelner Wörter oder die Intonation weisen auf bestimmte Aspekte hin oder heben sie hervor.

Nach der Theorie zwischenmenschlicher Kommunikationsprozesse von F. SCHULZ VON THUN (vgl. 1987, 14 ff) beinhalten alle Mitteilungen, die ein Sprechender (Sender) an einen Zuhörer (Empfänger) richtet, in der Regel vier verschiedene Aspekte:

(1) *Sachinhaltsaspekt*
Dieser Aspekt umfaßt den konkret beschreibbaren Inhalt der Mitteilung. Damit sind alle sachlichen Informationen gemeint, die offensichtlich in einer Nachricht enthalten sind. Der Sachinhaltsaspekt einer Äußerung kann mit der Hilfsfrage 'Um welchen Inhalt geht es?' erschlossen werden.

(2) *Selbstoffenbarungsaspekt*
Die Mitteilung enthält in der Regel auch Anteile, in denen der Sender über sich selbst und seine Beziehung zur Sache / zum Problem Auskunft gibt. Diesen Anteil zu erkennen, ist ausgesprochen wichtig, da das Streben nach positiver Selbstdarstellung und die Angst, etwas Unangenehmes von sich preiszugeben, zahlreiche Kommunikationstechniken wie z.B. Imponier- oder Fassadentechniken bedingen und einer für beide Seiten befriedigenden Kommunikation häufig im Wege stehen. Der Selbstoffenbarungsaspekt einer Äußerung kann mit den Hilfsfragen 'Welche Beziehung hat der Sender zur Sache, über die er redet?' 'Was sagt der Sender über sich selbst aus?' erschlossen werden.

(3) Beziehungsaspekt

Dieser Anteil der Nachricht beschreibt das Verhältnis, in dem der Sender zum Empfänger steht, was er von ihm hält und wie er sich von ihm behandelt fühlt. Der Aspekt wird in vielen Fällen nicht offen ausgesprochen, sondern drückt sich häufig nur indirekt in den nonverbalen Signalen des Senders aus oder ist in der sprachlichen Mitteilung zwischen den Zeilen versteckt. Der Beziehungsaspekt einer Äußerung kann mit der Hilfsfrage 'Welche Beziehung hat der Sender zum Empfänger?' erschlossen werden.

(4) Appellaspekt *tritt aus, wenn das Problem bearbeitet gebeint*

Viele Mitteilungen haben vorrangig die Bedeutung, auf den Empfänger einzuwirken, bzw. sie enthalten eine versteckte Aufforderung des Senders. In diesem Aspekt werden die Erwartungshaltungen deutlich, die der Sender dem Empfänger gegenüber auszudrücken versucht. Der Appellaspekt einer Äußerung kann mit der Hilfsfrage 'Was erwartet der Sender vom Empfänger?' erschlossen werden.

Im therapeutischen Prozeß ist der Klient der Sender und der Therapeut der Empfänger. Natürlich gilt das auch umgekehrt. Uns interessiert in diesem Zusammenhang jedoch vorrangig nur die oben genannte Richtung, denn es geht hier primär darum, daß der Therapeut lernt, die Nachrichten des Klienten vollständig und situationsgemäß zu entschlüsseln, um darauf angemessen reagieren zu können.

Die gleichzeitige Überlagerung der verschiedenen Aspekte in einer Mitteilung machen die Kommunikation in der therapeutischen Gesprächssituation zu einem komplizierten und vielschichtigen Vorgang, da der Therapeut die Aufgabe hat, die Bedeutung aller Aspekte in den Äußerungen des Klienten zu erfassen.

Im Rahmen dieser Gespräche wird vom Therapeuten häufig nur der Inhaltsaspekt der jeweiligen Mitteilung bewußt wahrgenommen, obwohl der konkrete Inhalt oft nur Hilfsmittel ist, um das eigentliche Problem auszudrücken. Das tatsächliche Anliegen wird hier nur indirekt geäußert. Von daher ist es wichtig, aus dem Gesagten herauszuhören, welcher der vier Aspekte dem augenblicklichen Anliegen des Klienten am nächsten kommt.

Den herausgehörten 'Hauptaspekt' sollte der Therapeut dem Klienten widerspiegeln, um so besser auf dessen momentane Befindlichkeit eingehen zu können. Selbst wenn der Therapeut nicht den vom Klienten intendierten Aspekt beim Widerspiegeln trifft, gibt er ihm damit die Möglichkeit, sein Problem bzw. Anliegen besser zu erfassen, indem der Klient sich mit dem angebotenen Aspekt auseinandersetzt und den Therapeuten gegebenenfalls korrigiert.

Beispiele

(1) Das Beispiel wurde aus einem Arbeitspapier des Instituts für Psychologie der Universität Kiel entnommen (vgl. BENECKEN 1978). Für die einzelnen Aspekte sind mögliche Therapeutenäußerungen angegeben. Der Klient ist neun Jahre alt:

Klient: "Mein Bruder ist vielleicht klug, in der Schule schreibt er immer nur Einsen, ich schreibe meistens nur Vieren."

(a) Sachaspekt:

Das Kind teilt mit, daß es einen Bruder hat, der nur Einsen schreibt; er selbst schreibt meistens Vieren ...

Therapeut: "Dein Bruder ist gut in der Schule."
      "Du bist nicht so gut in der Schule."

(b) Selbstoffenbarungsaspekt:

Das Kind teilt mit, daß es (vielleicht) seinen Bruder bewundert, daß es (vielleicht) so sein möchte wie der Bruder, oder daß es sich selbst (vielleicht) für dumm hält ...

Therapeut: "Du bewunderst Deinen Bruder."
      "Und Du glaubst, Du schaffst das nicht?"

(c) Beziehungsaspekt:

Das Kind teilt mit, daß es Vertrauen hat, indem es vom Bruder erzählt; es möchte vielleicht die Meinung vom anderen über Zensuren hören ...

Therapeut: "Du möchtest mal mit mir darüber reden!"
      "Du erzählst mir das aus einem bestimmten Grund!"

(d) Appellaspekt:

Das Kind teilt mit, daß es getröstet werden möchte; es möchte bestätigt bekommen, Zensuren seien nicht so wichtig ...

Therapeut: "Du kannst dafür wahrscheinlich besser turnen."
      "Für Dich gibt es noch andere wichtige Dinge außer Zensuren."

(2) Gleich zu Beginn der Sitzung sagt der

Klient: "Ich bin heute wahnsinnig müde!"

Therapeut: "Sie können sich heute in der Sitzung schlecht konzentrieren!" (widergespiegelter Hauptaspekt: Selbstoffenbarung)

Klient: "Ja, ich glaube, es fällt mir heute sehr schwer!"

Übung

Aspekte heraushören

Siehe Übungbogen 'Aspekte heraushören' (Methodeninventar, Kap. 5).

Ziele:

es gibt kein *falsch* u. *richtig*

(1) Negation des Klienten nicht als Niederlage werten;
(2) Negation als konstruktives Element umsetzen;
(3) Negation zur Präzisierung verwenden.

Erläuterungen

Jeder Therapeut möchte vor allem in der Anfangsphase therapeutischer Arbeit sofort alles gut und richtig machen. Das subjektive Empfinden des Therapeuten ist hierbei in hohem Maße von der Reaktion des Klienten auf seine Äußerungen abhängig, d.h. davon, inwieweit ihm dieser signalisiert, daß er sich angenommen und verstanden fühlt. Nun kann es geschehen, daß der Therapeut dem Klienten Fragen stellt oder Angebote macht, die dieser verneint, weil sie nicht zutreffen. Ein Therapeut sollte diese Negationen nicht als Niederlage werten und denken, er habe etwas falsch gemacht und wäre in seiner therapeutischen Arbeit schlecht.

Wir alle sind durch unsere Erziehung zu sehr auf die Pole 'richtig' und 'falsch' fixiert. Wir versuchen, immer alles richtig zu machen und vermeiden es, uns ein 'falsch' einzuhandeln, weil dieses 'falsch' in der Regel mit Niederlage oder Versagen verknüpft wird. Diese Einstellung ist das Produkt schulischer Sozialisation, denn als Schüler wird man über Jahre mit Lehrern konfrontiert, die stets nach 'Richtig' ('Gut') und 'Falsch' ('Schlecht') unterscheiden und Leistung im Bereich schulischen Lernens an diesen Kriterien messen. Völlig außer acht gelassen werden hierbei die positiven Funktionen solcherlei Bewertung und Kategorisierung. Ein simples Beispiel mag dies verdeutlichen:

Wenn sich jemand von den Farben Blau, Grün und Rot eine auswählt, und ich soll die gewählte herausfinden, dann habe ich drei Möglichkeiten. Nehmen wir an, es geht um die Farbe Blau. Tippe ich auf Grün, dann 'negiert' mein Partner die Wahl. Eine Reaktion im oben angeführten Sinne wäre es nun, enttäuscht zu sein und das Gefühl zu haben, etwas falsch gemacht zu haben. Denkbar wäre es aber auch zu sagen, also wenn es nicht Grün ist, dann bin ich ein Stück weitergekommen, denn nun kann es nur noch Blau oder Rot sein.

Überträgt man dieses Beispiel auf die therapeutische Situation, so wird deutlich, daß jede Negation den Therapeuten und damit auch den Klienten weiterbringt, denn wenn das eine nicht zutrifft, dann entfällt es und es kann ein anderer Punkt angesprochen werden. Die Negation kann dabei in zweierlei Hinsicht konstruktiv umgesetzt werden. Zum einen kann sie der Verstärkung dienen, etwa in dem Sinne, daß mittels der Wiederholung der Negation durch den Therapeuten der Klient zum nochmaligen Überprüfen der Aussage aufgefordert wird. Zum anderen besagt die Negation, daß dieser Punkt nicht wichtig ist, nicht zutrifft und von daher vernachlässigt werden kann. Der Klient wird jedoch nicht immer eindeutig mit 'Ja' oder 'Nein' reagieren, weil es selten solche Eindeutigkeiten gibt. Die Reaktion des Klienten wird häufig zwischen diesen beiden Polen liegen, so daß der Therapeut ihm durch weitere Angebote die Möglichkeit bieten kann, Präzisierungen vorzunehmen.

Der Therapeut muß also lernen, Verneinungen nicht als persönliche Niederlagen zu werten und wissen, daß er nicht immer und sofort den 'Kern' einer Sache oder eines Gefühls beim Klienten trifft. Denn wüßte dieser den Kern, dann würde er ihn auch sofort benennen. Weil gerade dieses nicht der Fall ist, liegt die Kunst des Therapeuten darin, dem Klienten anhand von Angeboten Hilfen zur Differenzierung und Präzisierung zu geben.

Diese positive Funktion von Negationen, der Unterscheidung (Diskrimination) zu dienen, ist im Bereich der Lernpsychologie (Diskriminationslernen) von besonderer Bedeutung.

Beispiel

Therapeut: "Sie waren damals sehr entsetzt."

Klient: "Entsetzt nicht ganz." Pause. "Nein, nicht entsetzt."

Therapeut: "Also, Entsetzen war es nicht." Pause. "Es war also mehr ein Staunen."

Klient: "Ja, das kommt der Sache schon näher." Denkt nach. Pause.

Therapeut: "Staunen trifft das auch nicht recht - überrascht?"

Klient: "Überrascht auf jeden Fall. Ja, das war ich, bei Gott!"

Übung

Dipol-Übung

Zwei Teilnehmer setzen sich zusammen und übernehmen die Rolle des Klienten bzw. des Therapeuten. Falls der Klient kein eigenes Problem besprechen will, schlägt der Therapeut ein Einstiegsthema vor. Im Laufe des Gesprächs soll der Therapeut immer dann zu dem von ihm unterbreiteten Angebot genau das Gegenteil anbieten, wenn der Klient das Angebot nicht annehmen kann. Etwa so:

Therapeut: "Und das hat Ihnen Spaß gemacht."

Klient: "Nein, also Spaß war das nicht gerade."

Therapeut: "Es hat Ihnen also keinen Spaß gemacht."

Klient: "Na ja, also, ein bißchen Freude hat es mir schon gemacht, aber Spaß hört sich so lustig an."

Therapeut: "Lustig fanden Sie das nicht."

Klient: "Nicht besonders."

Therapeut: "Das fanden Sie überhaupt nicht lustig."

Klient: "Na, also ein Trauerspiel war das auch nicht gerade. Also, ich ärgere ja nun nicht pausenlos andere Leute. Ich fand es nur ganz angenehm, auch mal das letzte Wort zu haben."
Therapeut: "Das haben Sie sonst nie."
Klient: "Manchmal schon, ja doch."
Therapeut: "Sie haben oft das letzte Wort."
Klient: "Sagen wir - ... - öfter."

Baustein: Nonverbale Signale	14

Ziele:
(1) Körpersignale wahrnehmen und gegebenenfalls ansprechen;
(2) Körpersignale deuten und die wahrgenommene Bedeutung dem Klienten als Angebot widerspiegeln;
(3) Körpersignale in Beziehung zum geäußerten Inhalt überprüfen;
(4) Diskrepanzen bzw. Widersprüche zwischen verbalen und nonverbalen Signalen erkennen und ansprechen.

Erläuterungen

Kommunikation kann grundsätzlich in zwei Bereiche unterteilt werden, nämlich in die verbale (sprachliche) und die nonverbale (nicht-sprachliche) Kommunikation. Die verbale Kommunikation ist ohne die nonverbale nicht denkbar; die nonverbale Kommunikation kommt jedoch ohne die verbale aus. Es gilt der axiomatische Satz nach P. Watzlawick: 'Man kann nicht nicht kommunizieren!'.

Im Verlauf von Gesprächen liegt der Schwerpunkt der Aufmerksamkeit meist auf der sprachlichen Ebene. Die nicht-sprachliche Ebene hingegen bleibt weitgehend unberücksichtigt. Im allgemeinen wird jedoch parallel zur verbalen auf nonverbaler Ebene intensiver und schneller kommuniziert.

Die verbale Kommunikation läuft in der Regel gesteuert ab. Besonders in didaktischen Lehrsituationen sind die Äußerungen häufig auf die eventuell zu erwartende Reaktion des Gegenüber abgestimmt.

Die körperlichen Signale dagegen sind, auch wenn sie noch so gewollt eingesetzt werden, weniger kontrollierbar. So machen sie häufig Widersprüche oder auch besondere Bedeutungen in den verbalen Aussagen deutlich.

Die Körpersprache umfaßt jede bewußte oder unbewußte Bewegung eines Körperteils. Durch sie äußern sich in der Regel das allgemeine emotionale Befinden und die situativ gebundenen Gefühle des Gesprächspartners. Diese durch nonverbale Signale ausgedrückten Gefühle beziehen sich vor allem auf die jeweilige Gesprächssituation, müssen aber außerdem vor dem Hintergrund der persönlichen Wesensart und Lebensgeschichte des jeweiligen Menschen gesehen werden. Die kulturelle Umgebung und der gesellschaftliche Rahmen sind für die jeweilige Gesprächssituation von untergeordneter Bedeutung, da sie den Beteiligten in der Regel gemeinsam sind.

Für die therapeutische Gesprächssituation ist es daher wichtig, auf nonverbale Signale zu achten und sie gegebenenfalls anzusprechen. Aus dem Zusammenhang mit dem Gesagten ergeben sich eventuell Wertigkeiten und Bedeutungen für den Klienten. Das erleichternde Seufzen oder Ausatmen nach Aussagen macht häufig erst die Bedeutungsschwere klar.

Der Therapeut sollte dann, nach eigenem Ermessen und Einschätzen, die möglichen Diskrepanzen bzw. Zusammenhänge ansprechen, etwa beim Seufzen: 'Das fällt Ihnen ganz schön schwer zu reden'; oder 'Das erleichtert Sie, das mal auszusprechen!'. Dem Klienten wird damit die Möglichkeit gegeben, die Aussage in ihren emotionalen Bezugsrahmen einzuordnen bzw. den Grad der Bedeutung besser wahrzunehmen. Der Therapeut äußert *seine* Wahrnehmungen und bietet seine Interpretation damit dem Klienten an. Dies bedeutet *nicht*, daß der Therapeut damit die nonverbalen Signale richtig oder falsch interpretiert. Er formuliert dem Klienten gegenüber lediglich seine Wahrnehmung, die dieser für sich überprüfen und gegebenenfalls richtigstellen kann.

Nonverbale Signale sind dabei zwar grundsätzlich mehrdeutig und können deshalb nicht allgemeingültig interpretiert werden, sie werden jedoch in der jeweiligen Gesprächssituation in der Regel richtig verstanden, sofern sie bewußt beachtet werden.

Nonverbale Signale können mit den verbalen deckungsgleich sein, sie können ebenso zu ihnen im Widerspruch stehen. Darüber hinaus erlauben sie Hinweise darauf, ob sie eine augenblickliche ('Er macht mich mit seinem Gerede nervös!') oder eine grundsätzliche, langandauernde ('Er ist mir unsympathisch!') Beziehung ausdrücken. Deshalb ist es auch in diesen Fällen wichtig, die wahrgenommenen Widersprüche anzusprechen, um dem Klienten die Möglichkeit zu geben, sich damit bewußt auseinanderzusetzen.

Als Hinweise für die Beobachtung nonverbaler Signale (und paralinguistischer Begleitreize) kann die folgende Übersicht der in therapeutischen Gesprächssituationen am meisten bedeutsamen Körperregionen eine erste Hilfe sein (vgl. RAHM 1986, 208):

Körperteil	Zu beobachtendes Signal
Kopf / Gesicht	Haltung, Bewegung, Rotwerden
Augen	Blickkontakt, Senken bzw. Schließen der Augen, unstetes Hin- und Herwandern, Blinzeln

Körperteil	Zu beobachtendes Signal
Nase	Nasenflügel zittern, Nase rümpfen, Schnaufen
Mund / Kiefer	Lippenzittern, auf die Lippen beißen, Mundwinkel verziehen, Kiefer zusammenpressen
Stimme	hoch - tief, laut - leise, langsam - schnell, gepreßt - abgehackt, Seufzen und Stöhnen
Nacken / Schultern	Nacken reiben, Hals bewegen, rote Flecken am Hals bekommen, Schultern hochziehen, Schultern hängenlassen, Schultern nach hinten ziehen
Arme	Haltung, Bewegung
Hände	Haltung, Bewegung
Beine / Füße	Haltung, Bewegung
Gesamte Haltung / Körper	ruhig - hektisch, entspannt - angespannt, steif - beweglich, rund - eckig, Atmung, Herzklopfen, Körperteil(e) verdecken, Barrieren mit Armen und Beinen aufbauen, Bauch schützen bzw. festhalten

Beispiele

(1) Im Laufe eines Gespräches berichtet die Klientin über ein Gespräch mit einem Wohngemeinschaftsmitglied. Während sie darüber berichtet, werden ihre Bewegungen mit den Händen unsicher und nervöser. Dennoch ist ihre Schilderung relativ sachlich und nüchtern. Ihre körperlichen Signale geraten zusehends in Widerspruch zur sachlichen Sprachform. Die Therapeutin macht deshalb das folgende Angebot:

Therapeutin: "Diese Situation belastet Sie sehr."

Klientin: "Das kann ich nicht so sagen, eigentlich habe ich das ganz gut im Griff. Ich weiß, was los ist."

Therapeutin: "Während Sie darüber sprechen, werden Sie ganz schön nervös. Ihre Hände sagen mir, daß Sie im Moment mit sich selbst ringen!"

Klientin: "Na ja, stimmt schon, so ganz bin ich damit noch nicht durch. Mich beschäftigt das noch ganz schön. Jetzt, wo Sie das sagen, merke ich das auch. Ich werde, wenn ich darüber spreche, immer so unsicher."

(2) Klient: Sitzt völlig verkrampft, die Hände ringend, da. "Wenn ich an die Situation denke, fühle ich mich völlig locker und entspannt." (Widerspruch zwischen verbalen und nonverbalen Signalen)

Therapeut: "Sie sagen, daß Sie völlig locker und entspannt sind, ich

nehme bei Ihnen, wenn Sie hier sitzen, aber sehr viel
Anspannung wahr.''

(3) Klientin: "Und dann habe ich mir nicht anders helfen können, als
meine Mutter anzulügen, obwohl ich sie doch noch immer
so gern habe.'' Wird dabei rot im Gesicht. (Betonung der
verbalen durch nonverbale Signale)
Therapeut: "Das ist Ihnen jetzt auch peinlich, darüber zu reden.''

Übungen
(1) Körperbild
Den Teilnehmern werden verschiedene Situationen (z.B. 'Warten')
bzw. Gefühle (z.B. 'Überraschung') - auf Zettel geschrieben - verdeckt
verteilt. Die Situationen bzw. Gefühle sollen nun von den Teilnehmern
nonverbal dargestellt werden. Die anderen Teilnehmer interpretieren
die gezeigten Darstellungen und Körperhaltungen.

(2) Ich-zeig-mich-so-wie-Du-Übung
Es finden sich jeweils zwei Teilnehmer zusammen. Sie legen fest, wer
als erster dargestellt werden soll. Die Darsteller stellen den Darzustellenden nun nonverbal (in Form eines Standbildes) dar. Dies geschieht
in der Art, daß der Darsteller den Darzustellenden so darstellt, wie er
ihn wahrnimmt. Dies bezieht sich nicht auf die momentane, sondern
auf die allgemeine Wahrnehmung (Wie sieht der Darsteller ihn sonst?
Was ist typisch für den Darzustellenden?) Nachdem der Darsteller ein
typisches Standbild abgibt, ihn quasi widerspiegelt, nimmt der Darzustellende auch die Körperhaltung des Darstellers ein. Anschließend
sprechen beide über das Bild und die mit der Körperhaltung verbundenen Gefühle. Danach werden die Rollen getauscht.

Baustein: Körpersignale und Sprache	15

Ziele:
(1) Zusammenhänge zwischen körperlichen Signalen und sprach-
lichem Inhalt erkennen;
(2) die Kongruenz bzw. Inkongruenz dieser wahrgenommenen
Zusammenhänge ansprechen.

Erläuterungen
Einen großen Teil der Wirkung eines Menschen machen neben seinen
sprachlichen Äußerungen auch seine nicht-sprachlichen Signale und
Handlungen, sein 'Erscheinen' aus. Selbst wenn wir diese nicht immer
bewußt registrieren, so spielen die Körpersignale in ihrer Wirkung eine

große Rolle. Die körperlichen Signale und der sprachliche Inhalt können sowohl übereinstimmen (Kongruenz) als auch im Widerspruch stehen (Inkongruenz).

Wir alle kennen Gesprächspartner, die sagen, wie gelassen und ruhig sie alles sehen und handhaben, gleichzeitig jedoch wippen sie ständig mit den Füßen und drehen ihren Kugelschreiber in den Händen. Die Inkongruenz nehmen wir unbewußt oder vorbewußt wahr. Sie gibt uns genauere Auskunft über die Befindlichkeit des Gegenübers. Zumindest gibt sie dem Therapeuten Auskunft darüber, daß die angesprochene Problematik oder der Sachverhalt den Klienten in einem stärkeren Maße bewegt, als er verbal zum Ausdruck bringt.

In der therapeutischen Situation kommt es nicht darauf an, den Klienten mit der für den Therapeuten sichtbar gewordenen Widersprüchlichkeit sofort zu konfrontieren. Seine Aufgabe ist es vielmehr, auftretende Verbindungen (Kopplungen) zwischen verbalen und nonverbalen Signalen zu beachten, zu registrieren und zu einem gegebenen Zeitpunkt (in Form von Angeboten) anzusprechen. Wichtig dabei ist, daß der Therapeut diese Wahrnehmungen als *seine* formuliert und nicht als feststehende Klassifizierungen bzw. Bewertungen über den Klienten.

Beispiel

Die Klientin spricht über ihre politische Arbeit und die damit verbundenen Aktivitäten. Sie schildert verschiedene Situationen. Während der Schilderungen sinkt sie etwas in ihrem Stuhl zusammen und zieht die Schultern hoch.

Therapeut: ''Während Sie eben über ihre Aktivitäten gesprochen haben, fiel mir auf, daß Sie in Ihrem Stuhl 'runtergerutscht' sind. Außerdem ziehen Sie gerade Ihre Schultern sehr zusammen. Sie wirken auf mich so, als ob die Aktionen auch etwas Bedrohliches für Sie haben.''

Klientin: ''Stimmt, das war alles nicht so ganz ungefährlich. Wenn da jemand von den anderen nervös geworden wäre, hätte es sehr viel Ärger geben können.''

Therapeut: ''Sie bedrückt die Situation im Moment.''

Klientin: ''Ja, da ist so viel drumherum. Man muß immer an so viel denken. Jederzeit muß ich mich unter Kontrolle haben. Das ist ganz schön anstrengend.''

Therapeut: ''Diese ständige Belastung sitzt Ihnen ganz schön im Nacken.''

Klientin: ''Ja, das ist so, als ob ich ein großes Gewicht mit mir herumtrage.''

Gemeinsam erarbeiten nun beide die einzelnen Elemente des 'Gewichts' und überlegen, wie die Klientin damit umgehen kann.

Übung

Körpersignale versus Sprache

Ein Teilnehmer der Übungsgruppe nimmt eine Körperhaltung ein, die einer verbalen Aussage entgegensteht, beispielsweise zu der Aussage "Ich fühle mich wohl und entspannt..." setzt sich der Teilnehmer mit an den Körper gezogenen Beinen auf den Stuhl.

Oder: "Das ist ein Thema, das berührt mich sehr, das macht mich sehr nervös ...". Dazu setzt sich der Teilnehmer völlig ruhig auf den Stuhl.

Nach der Übung geben die Beobachter ihre Wahrnehmungen wieder. Der Darstellende spricht zum Abschluß über seine in der Situation wahrgenommenen Gefühle.

Baustein: Körperbewegungen bewußt verstärken lassen	16

Ziele:
(1) Eine Körperbewegung des Klienten von ihm selbst bewußt wahrnehmen lassen;
(2) diese Körperbewegung durch Wiederholung und Intensivierung verstärken lassen;
(3) die Gedanken und Gefühle, die mit dieser Körperbewegung einhergehen, beschreiben lassen.

Erläuterungen

Als Erweiterung zum Baustein *Nonverbale Signale* geht es hier darum, auffällige oder immer wiederkehrende Körperbewegungen bzw. -haltungen zu beobachten und sie im geeigneten Moment 'festzuhalten', um an und mit ihnen zu arbeiten.

Der Klient ist sich in der Regel dieser Körperbewegungen - oder auch bestimmter Körperhaltungen - nicht bewußt. In Bewegungen bzw. Haltungen zeigen sich zum einen über die Jahre verfestigte Eindrücke, Erlebnisse und Erfahrungen, zum anderen begleiten sie die gesprochene Sprache, unterstreichen Sinneinheiten oder betonen Emotionen. In therapeutischen Situationen gilt es, besonders auffällige oder immer wiederkehrende Körperbewegungen bzw. -haltungen zu beobachten und sie gegebenenfalls anzusprechen. Der Klient soll diese Bewegung bewußt wiederholen oder diese Haltung bewußt einnehmen und dabei wahrnehmen, was in ihm vorgeht. Er soll sie langsam ausführen oder in ihr einen Moment verharren und versuchen, in Worten zu beschreiben, was er empfindet, welche Gedanken ihm spontan kommen oder welche Bilder er mit diesen Bewegungen bzw. Haltungen verbindet. Dabei wird es sehr häufig vorkommen, daß die eigentliche therapeutische Problematik verlassen wird, um sich den Gedanken bzw. Gefühlen zuzuwenden, die durch die Körperbewegung bzw. -haltung ausgelöst wurden. Ein Therapeut kann jedoch zwischen den kognitiven und emotionalen Assoziationen und der therapeutischen Problematik in den meisten Fällen eine Verbindung erkennen, die dann weiterbearbeitet werden kann. Die Verstärkung der Körperbewegung bzw. -haltung dient dazu, dem Klienten ein neues (erneutes) Erleben zu ermöglichen. Und durch die bewußte Konzentration auf den Körper werden die Gedanken und Gefühle ins 'Hier und Jetzt' geholt; dem Klienten wird dadurch der Zugang zu seinen Gedanken und Gefühlen und somit zu seinem Problem erleichtert.

Beispiel

Tom, ein Pfarrer, meinte, seine Worte nicht so aussprechen zu können, wie er es gern täte. Seine Stimme hatte einen metallischen Klang, und er gebrauchte seine Worte wie ein Roboter. Ich bemerkte eine merkwürdige Stellung des Unterkiefers und fragte ihn, was er dort fühle. Er sagte, daß er eine Spannung fühle. Ich forderte ihn auf, die Bewegung von Mund und Kiefer zu übertreiben. Er fühlte sich dabei sehr gehemmt und gab an, er fühle sich verlegen, dann störrisch.
Er erinnerte sich, daß seine Eltern ihn ständig ermahnt hätten, deutlicher zu sprechen, und daß er sich geweigert habe, dies zu tun. Hier wurde er sich seiner Spannung in der Kehle bewußt. (...)
Tom wurde sich zunächst seines verkrampften Unterkiefers bewußt und erreichte nach einigen Zwischenstationen eine Lockerung seiner Sprachgewohnheiten sowie die Wiederholung einiger kindlicher Erinnerung (entnommen aus POLSTER/POLSTER 1973, 198).

Übung

Typische Körperbewegungen oder -haltungen
Jeder Teilnehmer überlegt, welche Körperbewegungen oder Körperhaltungen er glaubt, sehr häufig oder in bestimmten Situationen auszuführen bzw. einzunehmen. Diese soll er nun bewußt einnehmen und darin für eine bestimmte Zeit verharren. Er kann die Bewegung bzw. Haltung langsam wiederholen und verstärken.
Diese Körperarbeit kann als Einzel-, Klein- oder Großgruppenübung durchgeführt werden. Sichergestellt werden sollte, daß die Teilnehmer Gelegenheit erhalten, sich über ihre gemachten Erfahrungen austauschen zu können.

Ziele:
(1) Durch mehrere Angebote den inneren Bezugsrahmen des Klienten differenzierter erfassen;
(2) dem Klienten Möglichkeiten zur Präzisierung geben;
(3) wahrgenommene Zusammenhänge und emotionale Anteile im vom Klienten Gesagten als weitergehenden Impuls formulieren.

Erläuterungen

Im Verlauf therapeutischer Gespräche kann es zu Situationen kommen, in denen es dem Klienten schwerfällt, seine Gedanken und Gefühle zu beschreiben. Die Gründe hierfür können auf verschiedenen Ebenen liegen. Einerseits können ihm seine Gefühle derart diffus und unklar sein, daß sie für ihn nicht erfaßbar sind. Andererseits können dem Klienten einfach nur 'die Worte fehlen', um sich dem Therapeuten verständlich zu machen. In dieser Situation macht der Therapeut Angebote, d.h. er versucht, die dem Klienten unklaren Zusammenhänge, Gefühle und Gedanken in präzise sprachliche Formulierungen zu fassen. Wenn diese Angebote für die Situation des Klienten zutreffend sind, können sie ihm in Form von 'Aha-Erlebnissen' seine gefühlsmäßige Situation besser vor Augen führen.

Das *Angebote formulieren* baut auf dem Baustein *Widerspiegeln* auf und geht darüber hinaus noch eine Stufe weiter: Der Therapeut spiegelt nicht nur das Gesagte wider, sondern hilft dem Klienten über Angebote, einen Sachverhalt oder bestimmte Gefühle in Worte zu fassen bzw. genauer zu beschreiben. Durch impulsartige Angebote, die ein Stück über das vom Klienten Gesagte hinausgehen, wird diesem die Möglichkeit gegeben, seine Probleme präziser und differenzierter zu erfassen. Es werden Assoziationsketten ausgelöst und das Erinnerungsvermögen aktiviert.

Ähnlich wie beim Widerspiegeln gibt es keine richtigen oder falschen Angebote, der Klient kann alle Aussagen des Therapeuten als Vorschläge aufgreifen und sie gegebenenfalls korrigieren.

Werden die Gefühle des Klienten focussiert, 'erschwert' sich die Arbeit des Therapeuten. Viele Klienten haben nur 'vage' oder 'dumpfe' Gefühle zu bestimmten Erlebnissen. Diese Gefühle, so kann man annehmen, werden vom Klienten nie richtig zugelassen. Sie schlummern quasi im Verborgenen. Sie werden vielleicht nie ausgesprochen und können nun nicht urplötzlich klar und deutlich hervortreten. Der Klient braucht Zeit und vor allem einfühlendes Vorgehen, um diese verborgenen, diffusen Gefühle hervorzuholen und zuzulassen. Nicht selten erschrecken die Klienten beim Wahrnehmen ihrer echten Gefühlsregungen; sie bauen Sperren und Barrieren auf, um Schamgefühle zu verbergen. Es fällt den meisten sehr schwer, über ihre Gefühle zu sprechen bzw. sie laut auszusprechen. Die Angebote erleichtern ihnen das Annähern an ihre Gefühle. Oft bestätigen sie die angebotenen Gefühlsregungen nur nonverbal (Kopfnicken) und blicken nach unten, weil sie selbst peinlich berührt sind. Auch wenn die Angebote, die vom Klienten bejaht werden, schmerzlich treffen, im Nachhinein verspürt dieser Erleichterung und fühlt sich wohler.

Das Formulieren von Angeboten verlangt vom Therapeuten starkes Einfühlungs- und Vorstellungsvermögen, er muß viel Phantasie und mitunter Kreativität aufbringen, um dem Klienten möglichst viele und differenzierte Angebote unterbreiten zu können.

Da Angebote immer aus dem inneren Bezugsrahmen, d.h. dem Erfahrungshintergrund des Therapeuten heraus formuliert werden, bewegen sie sich oft an der Grenze zur Interpretation und Wertung. Damit besteht die Gefahr, daß der Klient sich nicht mehr bedingungsfrei akzeptiert und verstanden fühlt und sich infolgedessen verschließt. Von daher ist wichtig, daß der Therapeut zu jedem Zeitpunkt des Gesprächs das Bestreben hat, sich in den Klienten hineinzuversetzen und dessen Sichtweise nachzuvollziehen.

Siehe auch Bausteine *Widerspiegeln* und *Negation konstruktiv umsetzen*.

Beispiel

Klient: "Immer wenn ich das Lehrerzimmer betrete, und es ist jemand drin, dann habe ich ein komisches Gefühl. Ich weiß nicht recht."

Therapeut: "Sie fühlen sich dann nicht wohl."

Klient: "Ach, ich weiß gar nicht. ... Nein, unwohl fühle ich mich gar nicht, ich laufe dann immer ein bißchen ziellos hin und her."

Therapeut: "Sie sind dann etwas unsicher und wissen nicht recht, wie sie sich verhalten sollen."

Klient: "Ja, eher unsicher, und ich kann dann immer nicht so machen, was ich möchte."

Therapeut: "Sie haben das Gefühl, Sie werden beobachtet."

Klient: "Nein, gar nicht mal, die beachten mich gar nicht. Ich bin immer so unsicher, ob ich zu denen hingehen soll oder ob ich warten soll, daß die mal kommen."

Therapeut: "Sie haben das Gefühl, mit den Kollegen in Kontakt kommen zu müssen."

Klient: "Ja, genau, dabei habe ich vielleicht gar keine Lust dazu oder habe etwas zu tun."

Therapeut: "Und es stört Sie, daß Sie sich doch von der Situation verunsichern lassen."

Übungen

(1) Stimmungsübung

Zwei Teilnehmer setzen sich zusammen und übernehmen die Rolle des Klienten und des Therapeuten. Der Klient schildert eine beliebige Situation, und der Therapeut macht ihm daraufhin ein Angebot, wie dieser sich in der Situation gefühlt haben könnte. Trifft er mit dem Angebot die Situation des Klienten nicht, bietet der Therapeut eine andere Stimmung an, die auch zu dieser Situation passen könnte. Meistens ergeben sich aus den Äußerungen bzw. Reaktionen des Klienten weitere Hinweise für Angebote, die der Therapeut aufgreifen kann.

(2) Angebote formulieren

Siehe Übungsbogen 'Angebote formulieren' (Methodeninventar, Kap. 5).

(3) Adjektive finden

Siehe Übungsbogen 'Adjektive finden' (Methodeninventar, Kap. 5).

(4) Eigene Reaktionen auf Klientenäußerungen

Siehe Übungsbogen 'Therapeutische Reaktionen auf Klientenäußerungen' (Methodeninventar, Kap. 5).

Baustein: Einen Strang verfolgen	18

Ziele:

(1) Sich aus der Komplexität der vom Klienten dargelegten Inhalte heraus für einen Bereich (Strang) entscheiden und diesem gezielt, z.B. durch Formulierung entsprechender Angebote, nachgehen;

(2) den Bedeutungszusammenhang zwischen den verschiedenen Inhalten und dem Problem im Gesamtgefüge herausarbeiten;

(3) durch die Bearbeitung der einzelnen Stränge im Gedankennetz des Klienten zum Kernproblem vordringen.

Erläuterungen

Am Anfang einer Therapie ist dem Klienten sein Problem nicht in seiner Gesamtheit und seinen Bedeutungszusammenhängen bekannt. Wäre dies so, würde er nicht zu einem Gespräch kommen. Aufgrund dieser Tatsache kommen im Laufe einer therapeutischen Sitzung mehrere inhaltlich verschieden gelagerte Problembereiche zur Sprache. Besonders im Rahmen des ersten Gespräches, in dem es zunächst um die Problemsondierung geht, ist dies häufig der Fall. Das Kernproblem muß erst im Laufe der Zeit eingekreist bzw. erarbeitet werden. Von daher ist es für den Therapeuten wichtig, sich während des Gesprächs für einen inhaltlichen *Strang* zu entscheiden und diesem nachzugehen. Dies geschieht dadurch, daß er zu dem von ihm ausgewählten inhaltlichen Aspekt Angebote formuliert, die auf den vermuteten Kern des Problems zielen. Auf diese Weise kann der Therapeut feststellen, ob der von ihm ausgewählte Inhalt als Ursache bzw. Kernproblem anzusehen ist.

Im Verlauf des von seiten des Therapeuten mittels *Widerspiegeln* gesteuerten Gesprächsprozesses wird die Bedeutung des ausgewählten Aspekts im Rahmen des Gesamtgefüges deutlich. Stellen Klient und Therapeut fest, daß der verfolgte Strang nicht zum Kernproblem führt, greift der Therapeut aus den vom Klienten angebotenen Inhalten einen weiteren Strang heraus und verfährt wie beschrieben. Durch dieses Vorgehen kann er die einzelnen Inhalte für sich und den Klienten sortieren und das eigentliche Kernproblem herausarbeiten. In diesem Sinne dient die Methode *Einen Strang verfolgen* der Diskrimination, d.h., die nicht zutreffenden Möglichkeiten geben gleichzeitig Hinweise auf die zutreffenden und bieten somit die Chance, den eigentlichen Kernbereich des Problems einzukreisen.

Beispiel
Die Klientin schildert, daß sie ungern zu ihren Eltern fahren mag, besonders wenn es sich um Familienfeste handelt. Sie nennt als Begründung die Anwesenheit einiger Personen, mit denen sie Schwierigkeiten hat. Der Therapeut bietet der Klientin nun nacheinander die einzelnen Personen als Grund des Fernbleibens an.

Therapeut: "Sie mögen nicht nach Hause fahren, weil dort dann zu viele Leute sind."

Klientin: "Nein, das finde ich nicht so schlimm."

Therapeut: "Sie stört sehr, daß Ihre beiden Brüder dort sind, weil die Sie immer ärgern und Sie nicht für voll nehmen."

Klientin: "Ja, die gehen mir ganz schön auf die Nerven. Immer müssen die an mir herumkritisieren. Außerdem stellen die sich immer als was Besonderes dar. Ich soll dann immer für die Hausarbeit zuständig sein. Wenn ich dann was dagegen sage, werden sie nur patzig und pöbeln."

Therapeut: "Diese Situation mit Ihren Brüdern ist für Sie der Hauptgrund, weswegen Sie nicht hin wollen."

Klientin: "Na ja, so ganz stimmt das nicht. Ich meine, die beiden belasten mich ganz doll. Aber wenn ich das so bedenke, ist das mit meiner Mutter viel schlimmer. Die nörgelt ständig an meinem Aussehen herum."

Wie bei den vorherigen Personen spiegelt der Therapeut den emotionalen Bezug wider. Über die einzelnen Stränge der Personen und der Bezüge der Klientin zu diesen finden beide heraus, daß der Ursprung des Widerwillens hauptsächlich in der Nichtakzeptanz durch die Mutter liegt. Diesen Strang weiterverfolgend, kommen beide zum wesentlichen Problem.

Übung
Gedankennetz
Ein Teilnehmer nimmt die Rolle des Klienten, ein anderer die des Therapeuten ein. Der Klient erzählt ein möglichst komplexes und für ihn problembehaftetes Erlebnis, das ihn in seiner Persönlichkeit berührt. Während des Gesprächs und im Anschluß daran versuchen die beobachtenden und aktiven Teilnehmer, die von ihnen erkannten inhaltlichen Stränge in den Äußerungen des Klienten in Form eines Netzes graphisch darzustellen. Hierbei bildet der anfangs geäußerte Gedanke bzw. Inhalt den ersten Strang des Netzes. Die im Verlaufe des Gesprächs zu einem späteren Zeitpunkt formulierten Gedanken des Klienten ergeben Abzweigungen und Verbindungen innerhalb des auf diese Weise entstehenden Netzes.
Diese Form der Darstellung bietet die Möglichkeit, die Zusammenhänge und Gedankenverkettungen, in und mit denen der Klient lebt, deutlich zu machen. Diese Darstellungsform kann auch während des therapeutischen Gesprächs vom Therapeuten als Hilfe eingesetzt werden.

Baustein: Widersprüche ansprechen (Konfrontation) | **19**

Ziele:
(1) Erkennen von Widersprüchen zwischen verbalem und nonverbalem Verhalten beim Klienten;
(2) erkennen von Widersprüchen in der inhaltlichen Darstellung des Klienten;
(3) erkennen von Widersprüchen zwischen den Verhaltensweisen und den verfolgten Zielen des Klienten;
(4) erkennen von Widersprüchen zwischen der Selbstwahrnehmung des Klienten und der Wahrnehmung des Therapeuten;
(5) den Klienten mit den Widersprüchen konfrontieren.

Erläuterungen:
Im Verlauf des therapeutischen Gesprächs können sich Widersprüchlichkeiten beim Klienten zeigen, die durch seine verbalen oder nonverbalen Äußerungen auffallen. Diese können für die Schwierigkeiten des Klienten von Bedeutung sein und sollten vom Therapeuten nicht übergangen werden.
Widersprüche für sich betrachtet sind noch nichts Außergewöhnliches oder Bedrückendes; sie gehören zum Leben dazu, bewußt oder unbe-

wußt erlebt.

In Alltagsgesprächen kann man feststellen, daß diese Unstimmigkeiten bei einigen Menschen häufiger auftreten. Man registriert es, vermutet sogar manchmal eine Strategie oder Grundstruktur dahinter, glaubt aber nicht das Recht zu haben, es anzusprechen, oder hat Angst vor der Reaktion.

Gerade weil sich hinter dem widersprüchlichen Verhalten Grundstrukturen verstecken können, die den Klienten bewußt oder unbewußt beeinträchtigen können, muß der Therapeut im Gespräch darauf achten und dem Klienten gegebenenfalls seine Wahrnehmung mitteilen. Die typische, mehrfach beobachtete Verhaltensweise kann und soll dabei auch in bezug auf das vom Klienten genannte Problem angesprochen werden, denn in diesen Widersprüchlichkeiten verbirgt sich möglicherweise ein wesentlicher Zusammenhang mit dem Problem. Die Thematisierung durch den Therapeuten veranlaßt den Klienten, den Widerspruch in den Mittelpunkt seiner Betrachtung zu rücken und sich offen damit auseinanderzusetzen. Eventuell lassen sich dadurch neue Ansatzpunkte für die Problemlösung aufzeigen.

Es ist besonders wichtig, hierbei sehr sensibel vorzugehen und eine Formulierung zu wählen, die dem Klienten das Gefühl nimmt, man wolle ihm sein Verhalten vorwerfen. Das Ziel soll sein, ihn im geeigneten Moment auf sich widersprechende Aussagen in der inhaltlichen Darstellung, im Verhalten oder in der Wahrnehmung aufmerksam zu machen. Dies sollte insbesondere dann geschehen, wenn der Therapeut den Eindruck hat, daß dem Klienten ein Widerspruch nicht bewußt oder er zu sehr darin verstrickt ist, um einen Zusammenhang zwischen dem Problem und dieser Inkongruenz zu erkennen.

Oft deckt die Konfrontation mit Widersprüchen eine Vermeidungsstrategie oder ein Ausweichverhalten auf. In dem angstfreien Raum der Therapie kann sich der Klient mit diesen Gedanken auseinandersetzen, eventuell für eine Seite entscheiden oder auch probehandeln. Sehr hilfreich für den Therapeuten kann dazu der Baustein *Positionsstühle* sein.

siehe BS 25

Beispiel

Während des Gesprächs äußert der Klient, daß es ihm gelungen sei, mittlerweile fest und klar aufzutreten. Gleichzeitig schildert er allerdings immer wieder Situationen, in denen er als unklar empfunden wird. Wenn er über diese Situationen spricht, werden seine Schilderungen diffus und zeigen ein unsicheres und unzufriedenes Verhalten.

Therapeut: ''Sie haben im Gespräch betont, daß Sie sich in Ihrem Verhalten sehr sicher sind und klar auftreten können. Wenn Sie aber einzelne Situationen schildern, sind Ihre Aussagen über Ihr Verhalten eher unsicher und unklar. Das wirkt auf mich widersprüchlich.''

Klient:	"Na ja, ich bin mir eigentlich sehr sicher. Nur wenn es dann immer soweit ist. Mir fehlen dann doch oft die Worte."
Therapeut:	"Eigentlich sind Sie sich sicher."
Klient:	"Ja, nur mir fehlt noch der Mut, mein Verhalten konsequent durchzuhalten. Vielmehr ist meine Sicherheit nur theoretisch."
Therapeut:	"Da ist für Sie ein Widerspruch zwischen Ihren Wünschen und Ihrem realen Erleben. Den möchten Sie gern verändern."
Klient:	"Das trifft es schon eher. Ich möchte gern selbstsicher auftreten."

Der Therapeut erarbeitet nun mit dem Klienten gemeinsam mögliche Verhaltensweisen.

Übung
Die Welt ist widersprüchlich
In der Übungsgruppe überlegt sich jeder Teilnehmer Widersprüche, mit denen er lebt. Ein Beispiel wäre, daß sich ein Student jedes Semester vornimmt, regelmäßiger zu den Seminaren zu gehen und mitzuarbeiten, und jedesmal wird daraus nichts. Mit solchen und ähnlichen Widersprüchen leben alle Teilnehmer. Jeder schreibt für sich so viele Widersprüchlichkeiten auf, wie ihm in ca. 15 Minuten einfallen. Mehrere Teilnehmer berichten anschließend über ihre Widersprüche.

Baustein: Gefühlsgegensätze gegenüberstellen	**20**

Ziele:
(1) Zwiespältige Gefühle beim Klienten erkennen und ansprechen;
(2) die jeweiligen Gefühlsgegensätze isolieren und in ihren Extremen gegenüberstellen;
(3) den Klienten anregen, sich für eine Tendenz zu entscheiden, und mit dieser weiterarbeiten.

Erläuterungen
Nicht selten entstehen Spannungen und Verunsicherungen beim Klienten durch eine Inkongruenz der Gefühle. Gefühle gegensätzlicher Art sind häufig unbewußt und werden nur dadurch bewußt, daß man ihnen Aufmerksamkeit schenkt. Die Gegensätze sollten vom Therapeuten angesprochen werden, auch wenn sie nicht besonders gravierend erscheinen. Tendenzen von Gefühlen in verschiedene Richtungen können durch die Isolierung, Übertreibung und Gegenüberstellung deutlicher gemacht werden. Beispielsweise so:

Therapeut: "Sie fühlten sich in der Situation sehr wohl."
Klient: "Nein, das kann ich nicht behaupten."
Therapeut: "Sie fühlten sich überhaupt nicht wohl."
Klient: "Überhaupt nicht, stimmt auch nicht, aber eher unwohl."
Wenn der Therapeut eine Zwiespältigkeit beim Klienten heraushört, sollte er die beiden Extreme formulieren und den Klienten dazu bewegen, sich für eine Position zu entscheiden, zumindest aber eine Tendenz in sich wahrzunehmen und zu äußern. Dadurch verschafft dieser sich Klarheit über seine Gefühle, und der Weg ist frei für neue Gedankengänge. Es kann aber auch durchaus effektiv sein, bei dieser Diffusität der Gefühle zu verweilen.

Beispiel
Der Klient schildert in seinem Gespräch eine Unterhaltung mit seinem Vater. Eingangs erwähnt er dabei, daß das Gespräch deshalb so gut gewesen sei, weil sein Vater ihn vorbehaltlos akzeptiert habe. Deshalb könne er seinen Vater jetzt ganz gut leiden. Im Verlauf des Gesprächs wird aber durch die Wortwahl und den Inhalt deutlich, daß der Klient sich nicht vom Vater angenommen fühlt. Der Eindruck verstärkt sich noch dadurch, daß der Klient äußert, das Gespräch lasse ihn, wenn er darüber noch mal nachdenke, doch unzufrieden.

Therapeut: "Ich habe wahrgenommen, daß Sie eine noch nicht ganz geklärte Beziehung zu Ihrem Vater haben. Zu Anfang schilderten Sie, daß Ihr Verhältnis zu Ihrem Vater gut ist und Sie sich in Gesprächen mit ihm wohlfühlen. Im Laufe des Gesprächs erwähnten Sie allerdings mehrfach Situationen und Gefühle, die dem gegenüberstehen. Ich möchte Sie daher bitten, mit mir gemeinsam diese beiden Extreme einmal herauszuarbeiten."

Klient: "Ja, ich kann das ja mal versuchen."

Therapeut: "Die eine Seite ist dann die Position, daß Sie sich völlig unverstanden fühlen. Ihr Vater nimmt Sie nicht an und versteht Sie nicht. Die andere Seite wäre dann die Position, daß er Sie voll und ganz akzeptiert und annimmt. Dazu gehört auch, daß er Ihre Argumente annimmt und Sie damit als gleichberechtigt betrachtet und behandelt. Beschreiben Sie bitte jetzt mal genauer die erste Extremposition mit all den Komponenten, die dazugehören."

Der Klient beschreibt nun die erste und danach die zweite Extremposition mit allen dazugehörigen Einzelheiten und Gefühlen.

Therapeut: "Sie haben nun beide Positionen beschrieben. Lassen Sie die beiden Extreme einen Moment auf sich wirken." ... Nach einer kurzen Pause ... "Welche der beiden Positionen entspricht am ehesten Ihren Gefühlen?"

Klient: "Wenn es um die Extrempositionen geht, dann eher die,

'unverstanden' und 'nicht ernstgenommen' zu sein.''
Nach dieser Tendenzaussage wird im nachfolgenden Gespräch weiter
erarbeitet, daß der Klient sich unverstanden fühlt. Nachdem er sich zu
dieser Seite bekannt hat, kann er die Situation besser verstehen.

Übung
Zwei Tendenzstühle
Die Teilnehmer der Übungsgruppe benennen jeweils eine Schwierigkeit, bei der sie sich nicht ganz entscheiden können, also zwiespältig
sind. Im Raum werden auf einer gedachten Linie an ihren Endpunkten
zwei Stühle aufgestellt. Diese bilden die Extrempunkte einer Entscheidung. Zum Beispiel: 'Ich fühle mich hier heute sehr wohl!'- 'Ich fühle
mich hier heute überhaupt nicht wohl!' Die Teilnehmer müssen sich
nun, jeweils einzeln unter Benennung ihres Zwiespaltes, gemäß ihrer
Tendenz auf der Linie aufstellen.

Baustein: Erlebnis konkret beschreiben	21

Ziele:
(1) An bestimmten Stellen des Gesprächs die Gedankenführung
    des Klienten an eine konkrete Situation binden und diese
    exakt beschreiben lassen;
(2) über das konkrete Erlebnis mögliche Gedankenzusammen-
    hänge des Klienten zur Problematik erfahren;
(3) abschätzen, inwieweit das Erlebnis symptomatisch für das
    Verhalten und Problem des Klienten ist.

Erläuterungen
Im Laufe eines therapeutischen Gesprächs gibt der Klient häufig verschiedene Situationsbeschreibungen, mit denen er seine Problematik
verdeutlichen möchte. Auf die jeweiligen Situationen bezogen beschreibt er dabei seine Reaktionen, die zunächst 'von außen betrachtet' unterschiedlich erscheinen, obwohl ihnen in der Regel immer das
gleiche Verhaltensmuster als Grundmuster zugrundeliegt. Allerdings
sind die Beschreibungen zumeist nicht präzise und lassen Hintergründe unangesprochen. An dieser Stelle bietet es sich für den Therapeuten
an, eines dieser Erlebnisse konkret beschreiben, d.h. schildern, erzählen oder berichten zu lassen. Beispielsweise so: ''Sie haben häufig
Erlebnisse mit ihren Arbeitskollegen beschrieben. Schildern Sie doch
bitte mal so ein typisches Erlebnis genauer''.
Für den Therapeuten besteht dann die Möglichkeit, die Gedanken und
Gefühle des Klienten in der dargestellten Situation genauer zu erfassen. Weiterhin erfährt er etwas darüber, wie der Klient sein eigenes

112

Verhalten und das der anderen in der Situation agierenden Personen sieht und einschätzt.

Stellt sich im Laufe des therapeutischen Prozesses heraus, daß die Situation für den Klienten typisch ist, so lassen sich daran in der Regel persönlichkeitsspezifische Verhaltensmuster und Grundstrukturen genauer erkennen und analysieren. Ursachenzusammenhänge, die außerhalb der beschriebenen Situation begründet sind, können auf diese Weise leichter an dieser erkannt und angesprochen werden.

Beispiel

Der Klient hat im Laufe des Gespräches immer wieder Situationen mit seiner Partnerin geschildert, die einen ähnlichen Verlauf haben.

Therapeut: "Sie haben häufiger im Laufe des Gespräches Situationen mit Ihrer Freundin geschildert. Beschreiben Sie doch mal eine typische Situation ganz genau. Möglichst mit allen Einzelheiten."

Der Klient beschreibt nun in Einzelheiten die Situation. Der Therapeut spiegelt die emotionalen Erlebnisinhalte wider und paraphrasiert den Inhalt. Dabei kommt zutage, daß die Unsicherheiten, die der Klient schildert, unabhängig von der beschriebenen Situation symptomatisch für den Klienten sind. Sie entspringen einer tieferliegenden Problematik. In diese kann, wenn der Klient das für hilfreich ansieht, über andere Situationen oder andere Inhalte eingestiegen werden.

Übung

Erlebnis konkret beschreiben

Die Übungsteilnehmer beschreiben in Kleingruppen jeweils einzeln ein konkretes Erlebnis. Die anderen sollen über Widerspiegelungen den Inhalt und die damit verbundenen Emotionen erfassen.

Baustein: Erlebnis ins 'Hier und Jetzt'	22

Ziele:
(1) Ein konkretes Erlebnis reaktivieren und konkret im Präsens beschreiben lassen;
(2) Gefühle im 'Hier und Jetzt' zu diesem Erlebnis ansprechen und beschreiben lassen;
(3) durch die schrittweise Bearbeitung zum Kernproblem vordringen.

Erläuterungen

Erlebnisse und Geschehnisse ebenso wie Gefühle, Eindrücke und Umstände werden vom Klienten zumeist in der Vergangenheitsform beschrieben. Dadurch ist es schwierig, die momentane Bedeutung der von ihm geschilderten Zusammenhänge für ihn insbesondere im emotionalen Bereich zu erfassen.

Um die derzeitige Bedeutung abschätzen zu können, ist es angebracht, das Geschehen ins 'Hier und Jetzt' zu holen, d.h. der Klient wird dazu aufgefordert, das Geschehen so zu erzählen, als ob er es gerade erleben würde. Die für das Erlebnis bedeutsamen Umstände (z.B. Raum, Personen) sollen dabei möglichst genau, der Bedeutung entsprechend, im Präsens beschrieben werden. Auch die Herrichtung des Raumes gemäß der Angaben des Klienten kann dienlich sein, um die genaueren Umstände deutlich zu machen und ihm das momentane Erleben der geschilderten Situation zu erleichtern. Auf diese Weise werden die Emotionen, die der Klient in der therapeutischen Situation empfindet - je getreuer die Situation dargestellt werden kann, desto hilfreicher - denen immer ähnlicher, die in der bereits zurückliegenden eigentlichen Situation herrschten.

Die Situation wird jetzt durch die Angebote des Therapeuten gefühlsmäßig genauer beschrieben und geklärt. Durch die Erläuterungen und Beschreibungen des Klienten in der Präsensform können die heute noch aktuellen und wichtigen Gefühle artikuliert und in den für den Klienten relevanten Bezugsrahmen eingeordnet werden.

Beispiel

Der Klient erwähnt, daß ihn ein Erlebnis mit seinem Chef besonders geärgert hat. Er erzählt.

Therapeut: ''Darf ich Sie mal unterbrechen. Sie beginnen jetzt, ein konkretes Erlebnis zu erzählen. Damit es für uns beide besser greifbar wird, bitte ich Sie, das Erlebnis so zu erzählen, als ob es gerade geschieht. Erzählen Sie bitte alles im Präsens, erwähnen Sie auch alles andere, was noch wichtig ist.''

Klient: ''Also ich ging, da der Chef mich gerufen hatte, zu seinem Büro hinüber.''

Therapeut: ''Ich möchte Sie nochmal bitten, alles so zu erzählen, als ob es gerade geschieht. Stellen Sie sich vor, es geschieht gerade. Fangen Sie möglichst da an, als Sie angerufen werden, und beschreiben Sie jedes Detail. Wo sitzen Sie? Was tun Sie?''

Klient: ''Ich werd's mal versuchen. Ich sitze gerade an meinem Schreibtisch und überlege, wie ich am besten die Kalkulation aufstellen kann, da ich das noch nicht allzu oft gemacht habe. Die ersten Versuche und Zahlen liegen auf meinem Schreibtisch. Das ist ein mehr oder weniger wüster Haufen von Zetteln, auf denen ich Notizen habe. Das Telefon klingelt, aus meinen Gedanken herausgerissen, melde ich mich mit nicht sehr fester Stimme. Der Chef, immer etwas scheinfreundlich und locker, fragt mich, ob ich noch nicht ausgeschlafen habe. Außerdem hätte er einige Fragen zu meiner Aufstellung und wie weit ich damit sei. Ich sage, daß ich gerade dabei bin, mir aber noch nicht hundertprozentig sicher bin, wie das werden soll. Vielleicht hätte ich da noch ein paar Fragen. Noch während ich das sage, fällt er mir ins Wort und sagt völlig unbeherrscht, das sei doch unmöglich, das sollte ich doch schon wissen, wie das zu machen sei. 'Kommen Sie mal sofort bei mir vorbei', ist sein Abschlußsatz, und er legt auf. Ich sitze da, habe den Telefonhörer in der Hand und bin völlig perplex.''

Therapeut: "Sie *sind* erschrocken über die massive Reaktion.''

Klient: "Ich bin schockiert und sauer, weil ich doch was fragen will. Daß der mir gleich einen überbrät, kann ich überhaupt nicht verstehen. Wie soll ich das denn wissen, wenn es das erste Mal ist, daß ich so etwas machen soll.''

Therapeut: "Sie fühlen sich jetzt ungerechtfertigt bestraft.''

Klient: "Ich komme mir vor wie ein kleiner Junge, der mal wieder nichts richtig machen kann. Der andere nimmt mich überhaupt nicht ernst. Bei jeder Frage stellt der mich für doof hin, als ob er selber nicht erst alles lernen mußte.''

Therapeut: " Sie haben das Gefühl, der läßt seine Wut an Ihnen aus. Dabei gibt es keinen Anlaß. Sie sitzen jetzt da wie ein begossener Pudel.''

Klient: "Ja, ich sitze völlig dumm da, ärgere mich vor mich hin, daß der sowas macht, mich dann einfach zu sich zitiert, und ich dem auch nichts entgegensetzen kann.''

Therapeut: "Sie fühlen sich hilflos.''

Klient: "Ja, so total ausgeliefert.''

Übung
Ein letztes Erlebnis
In der Übungsgruppe schildert ein Teilnehmer ein Erlebnis der letzten Tage oder Wochen und stellt dieses eventuell mit Requisiten dar. Ein anderer Teilnehmer versucht, über Angebote im Sinne der *Verbalisierung emotionaler Erlebnisinhalte* und des *Paraphrasierens* das Erlebnis in seiner momentanen Bedeutung für den Klienten zu erfassen und zu verdeutlichen.

Ziele:
(1) Durch kurze und in schneller Abfolge angebotene Gefühls-
    beschreibungen dem Klienten die Möglichkeit geben,
    seine zunächst indifferente emotionale Situation zu klären
    und sich seiner Gefühle bewußt zu werden;
(2) den Klienten in die Situation bringen, seine Gefühle zuzulas-
    sen und sich zu ihnen zu bekennen, anstatt *über* die Gefühle
    zu reden.

Erläuterungen
Staccato ist ein italienisches Wort und meint: unverbunden, kurz,
abgestoßen. In unserem Zusammenhang steht dieser Begriff für eine
Möglichkeit, den Klienten von rationalisierenden, im wesentlichen
kognitiven und die eigenen Gefühle nicht zulassenden Äußerungen
dahinzubringen, daß er sich seiner Gefühle bewußt wird und in der Lage
ist, sie zu verbalisieren. Dies geschieht, indem der Therapeut ihm in
schneller Abfolge mehrere Begriffe, die emotionale Zustände beschreiben, anbietet und auf diese Weise ein zentrales Gefühl focussiert.
Dieses Vorgehen ist dann angebracht, wenn der Klient anfängt, lange
über seine Antworten nachzudenken und, indem er laufend Erklärungen mitliefert, seine Gefühle zu rationalisieren und auf diese Weise den
emotionalen Bezug zum angesprochenen Thema zu verlieren. Um
diese Gedankenschleifen zu durchbrechen, bietet sich das *Staccato* an,
da der Klient auf diese Weise 'gezwungen' wird, schnell Stellung zu
den vom Therapeuten angebotenen Gefühlszuständen zu beziehen.
Dabei wird die Entscheidung für oder gegen ein Gefühl nicht mehr rational, sondern emotional gefällt. Durch eine begriffliche Einkreisung
während des *Staccato* kommt die Beschreibung des Gefühlszustandes
mehr und mehr an das vom Klienten nicht exakt beschreibbare, aber
dennoch empfundene Gefühl heran, welches ihm ja zunächst nicht
bewußt und verbal verfügbar ist. Hierbei ist es nicht erforderlich, daß
der Therapeut mit den von ihm angebotenen Gefühlen besonders häufig den Kern trifft. So kann er beispielsweise um den Kernbegriff
'Aversion' herum eine Reihe von Gefühlen wie etwa unsympathisch,
unangenehm, unbehaglich, widerwärtig und abstoßend anbieten.
Diese Angebote geben auch ihm selbst die Möglichkeit zur eigenen
Überprüfung, um nicht zu einer Fehlinterpretation der Gefühlslage des
Klienten zu kommen.

Beispiel
Die Klientin erzählt von einer Unterrichtssituation in einer Bildungs-
einrichtung. Immer wieder spricht sie besonders über eine bestimmte

Frau. Dabei hat sie permanent für das Verhalten aller Beteiligten Erläuterungen und Erklärungen parat. Ihre eigenen Gefühle hingegen deutet die Klientin lediglich an und spricht sie nie konkret aus.

Therapeut: "Sie sind sauer auf die Frau."

Klientin: "Nein, sauer nicht, die kann ja nichts dafür ..."

Therapeut: "Entschuldigen Sie, wenn ich Sie jetzt unterbreche. Aber Sie schildern immer wieder die Situation. Wie war das mit Ihren Gefühlen? Ich schlage Ihnen deshalb vor, daß ich Ihnen einige sage, und Sie sagen immer nur, ob die stimmen oder nicht."

Klientin: "Wenn Sie meinen. Ja, machen Sie mal."

Therapeut: "Sie sind wütend."

Klientin: "Nein, das stimmt nicht ganz."

Therapeut: "Enttäuscht."

Klientin: "Ja."

Therapeut: "Ärgerlich."

Klientin: "Auch nicht."

Therapeut: "Sauer."

Klientin: "Nein, auch nicht."

Therapeut: "Verletzt."

Klientin: "Ja, das stimmt. Ich bin verletzt."

Therapeut: "Getroffen."

Klientin: "Ja, getroffen auch."

Therapeut: "Entmutigt."

Klientin: "Nein, das nicht."

Mit Hilfe der insgesamt sieben Angebote des Therapeuten hat die Klientin während des *Staccato* Zugang zu ihren Gefühlen bekommen und die Warte der Beobachterin verlassen.

Übung

Adjektive finden

Da unsere Alltagssprache relativ arm an Adjektiven ist, die die Möglichkeit zu differenzierenden Beschreibungen von Gefühlszuständen bieten, fällt es Berufsanfängern im therapeutischen Bereich anfangs recht schwer, ihren Klienten Angebote zu machen, die deren Gefühle hinlänglich erfassen. Von daher ist es zunächst einmal sinnvoll, das sprachliche Handwerkszeug in dieser Hinsicht zu festigen und auszuweiten. Diesem Zweck dient folgende Übung:

Den Teilnehmern werden der Reihe nach verschiedene Situationen vorgegeben, so zum Beispiel: Sekunden vor einem Vorstellungsgespräch, Beginn einer Klassenarbeit, mein Partner beendet unsere Beziehung, mein Vorgesetzter kündigt mir. Ihre Aufgabe ist es, innerhalb eines vorgegebenen Zeitraumes möglichst viele Adjektive zu notieren, die mögliche Gefühle in der jeweiligen Situation beschreiben. Im Anschluß daran tauschen die Teilnehmer ihre Ergebnisse aus

117

und vervollständigen auf diese Weise ihre Sammlung.

Weiterhin ist es sinnvoll, daß die Teilnehmer sich in längeren Zeitabständen immer wieder einmal selbst Situationen konstruieren und die mit diesen verbundenen Gefühle notieren, um auf diese Weise ihr sprachliches Handwerkszeug zu festigen.

Siehe Übungsbogen 'Adjektive finden' (Methodeninventar, Kap. 5).

Baustein: Entscheidungszwang	24

Ziele:
(1) Dem Klienten die herausgearbeiteten Entscheidungsalternativen und/oder Lösungsmöglichkeiten deutlich gegenüberstellen;
(2) den Klienten 'zwingen', diese Entscheidungsalternativen und/oder Lösungsmöglichkeiten durchzuspielen;
(3) mit dem Klienten die einzelnen Vor- und Nachteile der Alternativen durcharbeiten;
(4) den Klienten auffordern, sich für eine Möglichkeit zu entscheiden, und mit ihm im Anschluß daran die damit einhergehenden Folgen durchsprechen.

Erläuterungen

Häufig schwanken die Klienten zwischen 'Einerseits und Andererseits', zwischen 'Wenn und Aber' oder zwischen 'Diesem und Jenem'. Diese Haltung ist durchaus natürlich und verständlich, weil sie der realen Lebenssituation sehr nahe kommt. Sie führt jedoch dazu, daß sich der Klient mit seiner Problematik im Kreise dreht, nicht weiterkommt und das Gefühl hat, in seinen Gedanken 'festgefahren' zu sein. Um sich nun über das 'Einerseits' und/oder das 'Andererseits' klarer zu werden, 'zwingt' der Therapeut den Klienten mit Hilfe dieser Methode zu einer Entscheidung. Die Methode des *Entscheidungszwanges* verfolgt das Ziel, daß der Klient sich für eine Position entscheidet und diese mit all ihren Möglichkeiten, Schwierigkeiten und Konsequenzen durchspielt. Die Vor- und Nachteile der jeweils einen Position sollen, ohne die jeweils andere Position im Blick zu haben, detailliert benannt, visualisiert und erlebt werden. Dabei darf der Klient nicht wirklich zu etwas gezwungen werden, sondern soll durch das klare, direktive und die verschiedenen Entscheidungsalternativen trennende Verhalten des Therapeuten eine Orientierungshilfe bei der Entwicklung der eigenen Entscheidung erhalten. Der Klient muß zu jedem Zeitpunkt des Gesprächs das Gefühl haben, angstfrei und ohne Einschränkungen jede Alternative und Möglichkeit für seine Entscheidungsfindung wählen zu können. Der Therapeut darf dabei nicht einzelne Positionen favorisieren oder vernachlässigen und somit den Klienten für seine anstehende Entscheidung beeinflussen. Indem die einzelnen Positionen zunächst genauer betrachtet und damit die eigentliche Entscheidung zunächst zurückgestellt wird, hat der Klient die Möglichkeit, sich seine Situation transparent vor Augen zu führen. Für das Betrachten der einzelnen Entscheidungsalternativen bietet sich die Arbeit mit zwei Stühlen an, wobei jeder Stuhl eine Position symbolisiert (siehe Baustein *Positionsstühle*).

In einem letzten Schritt ist es notwendig, vom Klienten eine Entscheidung zu verlangen. Der Freiraum der Therapiesituation wird in diesem Fall zum Ausprobieren und Durchspielen von Entscheidungsmöglichkeiten und damit als Vorbereitung auf die Ernstsituation 'Alltag' genutzt. Dabei muß der Klient jederzeit das Gefühl haben, nicht gleich die richtige Entscheidung finden zu müssen, sondern die Möglichkeit haben, verschiedene Alternativen durchzugehen.

Durch die Konfrontation mit den verschiedenen Positionen wird der Klient gezwungen, sich über seine momentanen Gefühle Klarheit zu verschaffen und einen Schritt in Richtung Entscheidung zu gehen. Der 'Entscheidungszwang' ist für den Klienten oft mit Schmerzen verbunden, und viele Klienten tun sich dabei sehr schwer. Aber gerade das Erleben der Schmerzen und der damit verbundenen Unbehaglichkeit bringt den Klienten bei der Lösung seines Problems einen Schritt weiter.

Beispiel
Der Klient ist 28 Jahre alt und Student. In letzter Zeit setzt er sich intensiv mit der Frage auseinander, ob er das Studium aufgeben soll oder nicht. Er studiert Chemie. Nicht die Berufsaussichten sind der Grund, sondern allgemeine Fragen seiner Lebensführung und -vorstellung.

Klient: "Einerseits spricht vieles dafür, das Studium zu Ende zu machen. Die beruflichen Aussichten sind nicht schlecht, und im Studium habe ich keine großen Schwierigkeiten. Ich meine, ich schaffe es. Andererseits gefällt mir das nicht. Wenn ich mir vorstelle, immer mit Formeln und so ... ich weiß nicht.''

Es werden noch mehrere Gründe sowohl für die eine als auch für die andere Position genannt; die Argumente fließen ineinander. Der Therapeut macht dem Klienten den Vorschlag, mit zwei Stühlen zu arbeiten (siehe Baustein *Positionsstühle*).

Klient: "Bringt das was? Ich habe doch fast alle Argumente genannt. Ich will eine Entscheidung.''

Therapeut: "Sie haben sich aber noch nicht entschieden!''

Klient: "Das ist ja gerade die Sache. Ich weiß es eben noch nicht genau. Das ist ja nun auch nicht so'ne einfache Sache.

	Davon hängt sehr viel ab.''
Therapeut:	''Eine Entscheidung für's Leben!''
Klient:	''Genau! Jetzt eine falsche Entscheidung ..., und alles ist futsch.''
Therapeut:	''Alles! Alles ist futsch?''
Klient:	''Na, alles wahrscheinlich nicht, aber eben vieles.'' Pause. ''Wie geht das denn mit den beiden Stühlen?''

Der Therapeut erklärt ihm das Verfahren. Der Klient willigt ein. Die Arbeit dauert ungefähr zwanzig Minuten.

Klient:	Sitzt auf dem Stuhl 'Ich gebe das Studium auf'. ''Ja, ich sitze jetzt zu Hause ... Ich bin froh, nicht in die Uni gehen zu müssen. Mir fällt eine Last von den Schultern. Ich kann jetzt meinen Tag anders einteilen. Ich ... noch habe ich Geld. Ich muß mir überlegen, wie ich Geld verdienen kann. Das Stipendium kriege ich ja nicht mehr. Muß ich das eigentlich zurückzahlen? Ach, das biege ich schon hin. Was denken jetzt meine Kumpel? Also, die werden staunen! Aber was mache ich auf Dauer? Ich will unter Menschen, ich will es mit Menschen zu tun haben. Ja, das ist klar! Irgendwie schwebt mir ein Bild vor Augen, daß ich immer mit Menschen zu tun habe ...''

Die Überlegungen des Klienten nehmen Formen eines Selbstgespräches an. Er ist dabei tief in sich versunken, fast abwesend. Auf dem zweiten Stuhl 'Ich studiere weiter' wirkt er aufgeregt.

Klient:	Sitzt wieder auf seinem ursprünglichen Platz. ''Donnerwetter! Das ist anstrengend. Mir ist vieles klarer geworden. Ich muß darüber nachdenken. Das Aussprechen, ich meine, als ich das alles so laut gesagt habe, besonders, wenn ich das Studium aufgebe, hat mir doch ein mulmiges Gefühl gemacht. Ich muß das erstmal sacken lassen. Für heute würde ich gerne Schluß machen. Wir können das nächste Mal ja weitermachen.''

Übung

Entscheidungsstühle

Es gibt wohl kaum einen Menschen, der nicht in irgendeiner Sache oder Angelegenheit schwankt. Für die Teilnehmer wird sich also relativ problemlos ein Thema finden lassen, an dem die oben geschilderte Methode geübt werden kann. Ziel der Übung ist es, sich in den Prozeß der Entscheidungsfindung hineinzudenken bzw. die mit diesem einhergehenden und einander widerstreitenden Gefühle artikulieren zu lernen. Das Vorgehen wird im Baustein *Positionsstühle* genauer erläutert.

Ziele:

(1) Herausfinden und entscheiden, wann das 'Arbeiten mit den Stühlen' für den Klienten hilfreich ist;

(2) mit Hilfe von zwei Stühlen den Klienten seine unterschiedlichen Standpunkte, Ansichten, Entscheidungsmöglichkeiten getrennt voneinander bzw. nacheinander verbalisieren und deutlich machen lassen;

(3) dem Klienten durch die äußere Anordnung der Stühle helfen, wechselweise seine jeweilige Betroffenheit, Beziehung oder Stellung zum angesprochenen Problem besser artikulieren zu können.

zwei neue Stühle, nicht Klientenstuhl

Erläuterungen

Um die in einem Gespräch sich abzeichnenden gegensätzlichen Standpunkte deutlich und sichtbar werden zu lassen, bietet sich die Arbeit mit den Positionsstühlen an. Hierbei werden die jeweiligen Extrempositionen durch zwei Stühle markiert, wovon keiner der ursprüngliche Stuhl des Klienten sein darf.

Die Darstellung der verschiedenen Ansichten, Entscheidungsmöglichkeiten bzw. Standpunkte des Klienten durch verschiedene Stühle ermöglicht eine deutliche Trennung der einzelnen Positionen. Der Klient setzt sich nacheinander auf die Positionsstühle und nimmt somit auch körperlich eine andere Position ein. Besonders hilfreich ist diese Methode in Situationen, in denen sich der Klient nicht entscheiden kann und Hilfe bei der Entscheidungsfindung erwartet (siehe Baustein *Entscheidungszwang*).

Durch dieses Vorgehen wird dem Klienten, integriert in das therapeutische Gespräch, eine imaginative Unterstützung durch die zwei Stühle angeboten. Jeder der beiden Stühle symbolisiert eine Position. Der Therapeut bittet nun den Klienten, die jeweiligen Extrempositionen auf dem einen bzw. dem anderen Stuhl zu beschreiben. Dabei ist es wichtig, daß der Klient sich für die Beschreibung der jeweiligen Position auch auf den betreffenden Stuhl setzt. Auf diesem umreißt er die jeweilige Position und erzählt seine Gedanken und Gefühle, die damit verbunden sind. Danach wechselt er den Stuhl.

Wichtig hierbei ist, daß der Klient seinen 'normalen Platz', von dem aus er das therapeutische Gespräch führt, verläßt. Die jeweilige Entscheidungsalternative sollte immer nur auf dem Stuhl nachvollzogen werden, der dafür vorgesehen ist. Die Analyse und das Aufarbeiten der jeweiligen Position sollte hingegen nie auf dem 'Positionsstuhl' stattfinden, sondern immer auf dem 'normalen Platz', den der Klient gewohnt ist. Auch das 'Wiedereinsteigen' in eine Position sollte immer mit einem Ortswechsel verbunden sein. Dieser hilft dem Klienten, die unterschiedlichen Ebenen besser voneinander zu trennen.

Auch ein wechselseitiges Arbeiten mit den beiden Stühlen ist möglich. Dabei sollte der Therapeut jedoch darauf achten, daß der Klient nicht in Verwirrung gerät. Eindeutiger und oft hilfreicher ist das Arbeiten zunächst auf einem Stuhl, und erst, wenn diese Position für den Klienten deutlich geworden ist, sollte auf dem anderen Stuhl gearbeitet werden. In der jeweiligen Position und mit unterstützender Begleitung durch den Therapeuten kann der Klient seine Zweifel, Ängste, Wünsche oder Erwartungen konkreter artikulieren.

Nachdem beide Positionen klar gegenübergestellt sind, gibt es verschiedene Vorgehensweisen für die Aufarbeitung.

Zum einen kann der Klient von seinem 'Klientenstuhl' aus die beiden Positionen betrachten und seine nun von außen dazu aufkommenden Gedanken äußern und an diesen weiterarbeiten.

Zum anderen können auch die beiden Positionen 'miteinander ins Gespräch' gebracht werden. Dazu setzt sich der Klient wiederum abwechselnd auf den einen und anderen Stuhl. Hierbei ist es besonders wichtig, darauf zu achten, daß der Klient immer strikt in seinen Emotionen und Einstellungen bei der jeweiligen Position bleibt. Für den Therapeuten gilt, auf die sich eventuell verändernde Körperhaltung zu achten. Bei dieser Vorgehensweise bietet es sich an, daß der Klient sich zum Abschluß auf den Stuhl setzt, auf dem er sich am wohlsten fühlt. Der Weg, wie der Klient diese Position erreichen bzw. verwirklichen könnte, wäre dann der Inhalt des weiteren therapeutischen Gesprächs. Kann sich der Klient zwischen den zwei Positionen im 'Hier und Jetzt' nicht entscheiden, dann sollte er eine Position zwischen den Stühlen einnehmen, die seiner momentanen Befindlichkeit entspricht. In dieser Position 'zwischen den Stühlen' kann er seinen Zwiespalt, seine Zweifel oder sein Hin- und Hergerissensein in der Regel deutlicher artikulieren.

Die Unterstützung durch eine Videoaufzeichnung dieser Methode hat sich in vielen Fällen als hilfreich erwiesen.

Beispiel

Im Gespräch mit der Klientin fiel immer wieder die Formulierung 'einerseits ... und andererseits ...' auf.

Therapeut: ''Bei der Beschreibung Ihrer Wünsche fiel mir auf, daß Sie häufig gegensätzliche Positionen beschrieben haben. Einerseits haben Sie die und die Wünsche, andererseits äußern Sie immer wieder Verpflichtungen und Aufgaben, die ihnen entgegenstehen. Um diese gegensätzlichen Positionen der Pflichterfüllung und der freien Wünsche besser trennen und betrachten zu können, schlage ich Ihnen die Arbeit mit zwei sogenannten Positionsstühlen vor.''

Der Therapeut nimmt nun zwei Stühle und stellt diese etwas von dem 'Klientinnenstuhl' entfernt auf.

Therapeut: "Der eine Stuhl hier ist Ihre Position 'Freie Wünsche', der andere Ihre Position der 'Pflichterfüllung'. Setzen Sie sich doch bitte mal auf den 'Pflichtstuhl' und beschreiben Sie alle Einzelheiten, Gefühle und Aufgaben, die zu dieser Position gehören.''

Nachdem die Klientin dies getan hat, fordert der Therapeut sie auf, sich nun auf den anderen Stuhl zu setzen und diese Position auch genau zu beschreiben.

Nach den beiden Beschreibungen fordert der Therapeut die Klientin auf, sich auf den Stuhl zu setzen, auf dem sie sich am wohlsten fühlt. Mit diesem Ansatz und der Widerspiegelung der Emotionen wird nun weitergearbeitet.

Übung
Positionsstühle

Diese Übung dient zum einen dazu zu lernen, mit diesen Übungen auch in therapeutischen Situationen zu arbeiten, zum anderen hilft sie, die eigene Zwiespältigkeit, die jeder zu bestimmten Themen in sich trägt, zu erfahren, zu akzeptieren und sich gegebenenfalls für eine Seite zu entscheiden.

Jeder Teilnehmer der Übungsgruppe überlegt sich ein Thema, bei welchem er sich nicht sicher ist, welche von zwei möglichen Entscheidungen er treffen soll (z.B. Rollenverständnis als Lehrer). Mit Hilfe von zwei sich gegenüberstehenden Stühlen legt jetzt ein Teilnehmer seine Positionen dar. Er setzt sich zur Darstellung der jeweiligen Position auf jeweils den einen bzw. den anderen Stuhl.

Nach der Darlegung der unterschiedlichen Positionen sucht sich der Teilnehmer den Stuhl aus, auf dem er sich am wohlsten fühlt. Auf diesem Stuhl sitzend, begründet er seine Entscheidung.

Anschließend führen andere Teilnehmer die gleiche Übung durch.

Ziele:
(1) Die den Gesprächsprozeß zwischen sich und dem Klienten behindernden Barrieren erkennen und ansprechen;
(2) dem Klienten die Möglichkeit schaffen, offen und angstfrei über die Bedingungen des Gesprächs zu sprechen;
(3) dem Klienten behutsam Angebote für mögliche Barrieren machen;
(4) die eigentliche Thematik in den Hintergrund stellen.

Erläuterungen

Der Therapeut tritt außer in Gestalt seiner fachlichen Kompetenz auch als Person, d.h. auch als ein Individuum mit eigener Ausstrahlung dem Klienten gegenüber. Nun kann es durchaus sein, daß der Therapeut ein hervorragender Experte ist, aber der Klient mit ihm 'menschlich nicht klar kommt'. Ist dies der Fall, dann baut sich eine 'Mauer' zwischen beiden auf, die als sogenannte *interpersonale Barriere* den therapeutischen Prozeß behindert. In diesem Fall besteht die Gefahr, daß der Klient in seiner Kommunikation dem Therapeuten gegenüber und damit auch in bezug auf das von ihm eingebrachte Problem zunehmend widersprüchlicher, unklarer, verzerrter, defensiver, oberflächlicher oder auch teilnahmsloser wird. Dieses Gesprächsverhalten kann ein Hinweis auf die gestörte Beziehung zwischen Klient und Therapeut sein. Da der Klient sich aufgrund seiner psychischen Verfassung in der therapeutischen Situation vom Therapeuten abhängig fühlt - was so nicht sein sollte, aber als Realität zu nehmen ist -, wird er aus Angst von sich aus die entstandene Barriere kaum ansprechen. Ein Klient, der Schwierigkeiten mit dem Therapeuten hat, der sich nicht geborgen fühlt, der nicht angstfrei sprechen und agieren kann, kommt bei der Lösung seiner Problematik keinen Schritt weiter, weil ihn die Barriere daran hindert, so zu sein, wie er es möchte. Der Therapeut ist von daher in besonderer Weise zur Sensibilität aufgerufen, d.h. er muß mögliche, den therapeutischen Prozeß behindernde Barrieren erkennen und diese ansprechen. Solche Hindernisse können sein: das Geschlecht des Therapeuten, sein Auftreten, sprachliche Verständigungsschwierigkeiten, ein Wunsch an den Therapeuten, der nicht erfüllt wird (zum Beispiel nach persönlichem Kontakt), oder die Art und Weise des Vorgehens. Diese Barrieren sind immer vorrangig, d.h. vor einer weiteren Bearbeitung der eigentlichen Problematik - sofern diese nicht mit der angesprochenen Barriere zusammenhängt - zu klären.

Für den Therapeuten gilt es, in solchen Situationen herauszufinden, ob die angesprochene Barriere auf seiten des Klienten *nur* einen Widerstand signalisiert. Geht er beispielsweise mit diesem in bestimmten

Situationen besonders *hart* um, dann fühlt sich der Klient - was von der Sache her zu vertreten wäre - möglicherweise an einem 'kritischen Punkt' getroffen und möchte sich dem dadurch entziehen, daß er sein Unwohlsein kundtut. Erkennt der Therapeut diesen Mechanismus, der unbewußt vom Klienten möglicherweise immer in solchen Situationen zur kurzfristigen Lösung eingesetzt wird, dann ist gerade dieses Verhalten ein Thema im 'Hier und Jetzt'.

Natürlich trifft das Gesagte ebenso auf den Therapeuten zu. Aufgrund seiner persönlichen Analyse (Selbstexploration) wird er in einem solchen Fall entscheiden müssen, ob er mit dem betreffenden Klienten weiterarbeiten kann oder nicht.

In jedem Fall gilt jedoch, daß selbst dann, wenn beide zu dem Schluß gelangen, es geht mit dem anderen nicht, dies nicht als Niederlage zu werten ist.

Beispiel

Klientin: "Ich könnte Ihnen ja erzählen, daß es gestern bei uns Streit gegeben hat. Also, ich bin recht spät nach Hause gekommen, und mein Freund war darüber sehr sauer."

Therapeut: "Er war ärgerlich darüber und hat es Ihnen auch gezeigt."

Klientin: "Ja und wie, er hat mir Vorwürfe gemacht, daß wir wieder mal nichts zusammen gemacht haben und er allein zu Hause saß."

Therapeut: "Und Sie fühlen sich zu Unrecht angeklagt."

Klientin: "Ja, denn eigentlich geht es ihm nicht darum, daß er allein was machen mußte, sondern um etwas ganz anderes..." Pause. "Also, das ist nämlich ein Problem bei uns, ein sehr grundsätzliches, aber eigentlich hat das mit gestern abend gar nicht so viel zu tun."

Therapeut: "Aber da gibt es ein Problem zwischen Ihnen."

Klientin: "Schon, aber ich bin ja gestern aus ganz anderen Gründen spät nach Haus' gekommen. Ich will ruhig sagen, was ich gemacht habe, also ich war in ..."

Therapeut: Unterbricht. "Ich habe das Gefühl, über dieses Problem von Ihnen möchten Sie nicht so gern sprechen."

Klientin: "Ach, ich hätte nicht davon anfangen sollen, ich hab' das schon vielen erzählt, aber dafür haben die wenigsten Verständnis. Ich meine dafür, daß ich nicht so gut darüber sprechen kann..."

Therapeut: "... über dieses Thema."

Klientin: "Ja, mit Männern jedenfalls. Oft können die sich in die Gedanken von Frauen nicht so einfühlen."

Therapeut: "Und weil ich auch ein Mann bin, haben Sie jetzt wieder das Gefühl, daß Sie wieder nicht verstanden werden."

Klientin: "Ja, genau."

Übung

Therapeutenwechsel

Ein Teilnehmer nimmt die Rolle des Klienten ein und sucht sich zwei bis drei Therapeuten aus, die mit ihm der Reihe nach ein Gespräch über ein beliebiges Thema führen. Er berichtet der Gruppe hinterher, welche Gedanken und Gefühle er bei den jeweiligen Gesprächspartnern gehabt hat. Sinnvoll wäre es bei dieser Übung auch, wenn der Therapeut, der gerade an der Reihe ist, selbst aufspürt, wann es am günstigsten ist, das Gespräch abzubrechen und das Ende zu initiieren.

Bei dieser Übung soll deutlich werden, wie unterschiedlich man sich als Klient bei verschiedenen Therapeuten fühlen kann.

Baustein: Intrapersonale Barriere thematisieren	27

Ziele:

(1) Negative und positive Selbstkommunikationsäußerungen des Klienten erkennen;

(2) negative, an sich selbst gerichtete Äußerungen des Klienten als Gesprächsbarriere thematisieren;

(3) positive, an sich selbst gerichtete Äußerungen des Klienten durch Zuwendung und Verbalisierung verstärken;

(4) dem Klienten Angebote zur Äußerung hemmender Selbstbarrieren machen.

Erläuterungen

Wir alle kennen von uns selbst das Phänomen, daß wir mit uns selbst sprechen: Man beobachtet auf der Straße Menschen, die allein vor sich hinsprechen. Häufig nimmt man hierbei nur die Bewegungen der Lippen wahr. Man nennt diese Art der Kommunikation, bei der Gedanken, die die Person betreffen, laut oder leise 'gesprochen' oder 'gedacht' werden, *Selbstkommunikation*.

In extremen, d.h. besonders angenehmen oder unangenehmen Situationen tritt diese Art der Kommunikation verstärkt auf. 'Verstärkt' deshalb, weil durch die lauten oder leisen sprachlichen Äußerungen tatsächlich ein Verstärkungseffekt eintritt, der entweder besonders positiv stimulierend oder aber negativ destruktiv wirkt.

In angenehmen Situationen können die Äußerungen beispielsweise lauten: 'Oh, das geht ja prima!'; 'Ja, nochmal, das geht ja gut!'; 'Ja, das schaffe ich!'.

In unangenehmen Situationen dagegen: 'Das klappt und klappt einfach nicht!'; 'Das hat ja sowieso keinen Sinn.'; 'Ich bin einfach nicht fähig, das richtig zu machen.'

Die geäußerten selbstkommunikativen Anteile wirken hierbei als

Motor oder Bremse, in jedem Fall aber sagen sie etwas über den momentanen Zustand des Individuums aus.

In therapeutischen Gesprächssituationen tritt diese Art der Selbstkommunikation offen und verdeckt auf. Als offen bezeichnen wir sie dann, wenn der Klient die Äußerungen lediglich andeutet, sie halblaut vor sich hinspricht oder durch nonverbale Signale entsprechende Hinweise gibt; als verdeckt bezeichnen wir sie, wenn er sie in seinen verbalen Äußerungen versteckt, d.h. sie in den von ihm geäußerten Inhalten implizit enthalten sind und der Therapeut sie heraushören muß. Die Beachtung dieser negativen Äußerungen ist deshalb wichtig, weil sie den Klienten und damit auch den therapeutischen Prozeß behindern. Es verlangt vom Therapeuten nicht nur sehr viel Einfühlungsvermögen und Vorstellungskraft, um solche Signale zu registrieren, er muß vor allem dem Klienten sehr nahe sein. Denn dieser wird in besonders schwierigen Situationen mit sich selbst vorsichtig umgehen und sich durch verstärkende Selbstkommunikation schützen wollen und damit letztendlich abblocken. So benutzt der Klient beispielsweise die Äußerung 'Ich schaffe das nicht!' als Verstärker für den Status quo, d.h. er baut auf diese Weise eine Barriere um sich selbst herum auf. Der Therapeut sollte die zu vermutende Barriere in den Mittelpunkt stellen und mit dem Klienten gemeinsam an ihr arbeiten, da dessen hemmende Selbsteinschätzungen (Attributierungen) diesem den Weg zum Selbst versperren.

Beispiel

Ein Klient erzählt von der Trennung von seiner Frau und hat anscheinend Schwierigkeiten, Gefühle zu artikulieren, und vermittelt den Eindruck von Stärke.

Klient: "Das kann ich ganz kurz sagen, das war nicht schön, aber es ist vorbei und vergessen."

Therapeut: "Sie sind sehr froh, daß es jetzt vorbei ist."

Klient: "Ja, das ist vergessen und erledigt."

Therapeut: "Da möchten Sie auch gar nicht drüber nachdenken."

Klient: "Doch, kann ich ruhig, da bin ich drüber weg, da kommt nichts mehr hoch."

Therapeut: "Aber da ist etwas Übles, was hochkommen könnte."

Klient: "Nein, das ist nicht mehr da, das habe ich gepackt."

Der Therapeut schafft es nicht, die Barriere zu überwinden, die der Klient aufgebaut hat, nämlich unbedingt von sich zu fordern, keine Gefühle mehr hochkommen zu lassen. Gemeinsam mit dem Klienten versucht er nun, diese Mauer zu betrachten.

Therapeut: "Sie möchten auf keinen Fall darüber sprechen, wie Sie sich zu dieser Zeit gefühlt haben, das soll vergessen bleiben."

Klient: "Ja richtig, das rühre ich nicht mehr an."

Therapeut:	"Da wollen Sie nicht mehr dran rühren."
Klient:	"Nein, auf keinen Fall, das mache ich nicht mehr mit."
Therapeut:	"Da haben Sie einen Strich gezogen, und nun soll es nur noch nach vorne gehen."
Klient:	"Ja, das müssen Sie verstehen, so lange ist das ja noch nicht her."
Therapeut:	"Der Strich ist noch nicht so dick, da könnte noch mal was durchkommen."
Klient:	"Ich hab mir jetzt gesagt, darüber wird nicht mehr geredet, sonst geht es wieder los, und das soll mir nicht mehr passieren."
Therapeut:	"Und das soll Ihnen auch hier nicht mehr passieren."
Klient:	"Nein, meine Frau hat schon immer gesagt, daß ich ein Schwächling bin."
Therapeut:	"Und hier möchten Sie auch nicht wie ein Schwächling dastehen."
Klient:	"Nein, ich bin ja auch keiner."
Therapeut:	"Sie möchten keiner sein."
Klient:	"Ich bin keiner." (Nonverbale Signale zeigen deutlich Unbehagen.) "Ich bin nicht schwach, ich bin nicht schwach."
Therapeut:	"Sie können es hier nicht zulassen, schwach zu sein, aber Sie fühlen anders. Ist es so?"
Klient:	"Ich muß auch stark sein, damit es nicht wieder hoch kommt."

Übung

Barrierespiel

Zwei Teilnehmer setzen sich zusammen und übernehmen die Rollen des Therapeuten bzw. des Klienten.

Ein Teilnehmer (Klient) überlegt sich eine Thematik, über die er hier und heute nicht sprechen würde. Der übende Therapeut thematisiert nun dieses Hindernis und soll nur bei dieser Barriere bleiben. Er soll nicht versuchen, sie zu überwinden, sondern sich nur mit dem Klienten gemeinsam die Mauer ansehen. Beispielsweise so:

Klient: "Es gibt etwas, über das ich nicht sprechen möchte."

Therapeut: "Es wäre Ihnen unangenehm, hier darüber zu sprechen, weil hier so viele Zuhörer sind."

Klient: "Nein, die Zuhörer stören mich nicht so sehr, ich will einfach nicht darüber reden."

Therapeut: "Sie möchten da nicht dran rütteln, sonst geht da vielleicht eine ganze Tür auf."

Klient: "Ja, also dann komme ich nicht mehr so damit klar, wenn ich so viel darüber nachdenken muß. Dann könnte ich wieder die ganze Nacht nicht schlafen, und dazu habe ich keine Lust."

128

Therapeut: "Ihnen ist es lieber, die Tür zu dem Thema zuzulassen, nicht aufgewühlt zu sein."
Klient: "Ja."
Therapeut: "Irgendetwas hindert Sie daran, darüber zu sprechen."
Klient: "Ja, das habe ich mir mal irgendwann geschworen, daß das nie jemand erfahren darf, sonst denken die Leute etwas ganz anderes über mich."
Therapeut: "Sie behalten etwas für sich, was kein Mensch erfahren soll, damit das Bild über Sie nicht zerstört wird."
Klient: "Stimmt genau, aber jetzt müssen wir aufhören, sonst sind wir doch mitten drin."

Baustein: Barriere als Problemindikator	28

Ziele:
(1) Die den Gesprächsprozeß zwischen sich und dem Klienten behindernde Barriere erkennen und ansprechen;
(2) herausfinden, inwieweit diese Barriere für den Klienten persönlichkeitsspezifisch ist;
(3) herausfinden, welche psychischen Strukturen mit der Barriere verbunden sind;
(4) herausfinden, ob die Barriere selbst das eigentliche Problem darstellt.

Erläuterungen
Im Rahmen therapeutischer Gespräche kommt es immer wieder zu Situationen, in denen das Gespräch nicht mehr weitergeht oder sich im Kreise dreht. Dem können verschiedene Ursachen zugrundeliegen, von denen einige bereits innerhalb der Bausteine *Interpersonale Barriere thematisieren*, *Intrapersonale Barriere thematisieren* und *Psychische Repräsentanz* erörtert wurden.
Neben den dort beschriebenen Barrieren kann ein Gespräch auch durch das Problem als solches behindert werden; wer beispielsweise im Alltag Schwierigkeiten hat, über sexuelle Dinge zu sprechen, wird auch im Laufe eines therapeutischen Gesprächs Schwierigkeiten bei diesem Thema haben. Allein der Gedanke an den Bereich Sexualität wird beim Klienten dazu führen, daß er einen 'Bogen um dieses Thema schlägt'. Er baut auf diese Weise vor sich eine Barriere auf, die ein Vordringen zum Kern des Problems verhindert. Der Aufbau dieser Barriere kann in diesem Zusammenhang bereits das eigentliche Problem des Klienten sein, wenngleich er sich jedoch dieses Vorgangs nicht bewußt ist. Er vermutet die Ursache für seine Schwierigkeiten in Gesprächen mit dem Inhalt Sexualität eventuell im Verhalten anderer Personen. Dieser

Vorgang wird sich in diesem Fall im Laufe des therapeutischen Gesprächs genauso wiederholen: Er schildert eine Situation, kommt dabei bis zu einem bestimmten Punkt und dann nicht weiter, schweift oder blockt ab.

Hier ist es nun Aufgabe des Therapeuten, mit dem Klienten zusammen herauszufinden, inwieweit diese Barriere durch innerpsychische Strukturen aufgebaut wird. In der angstfreien therapeutischen Situation ist es dann möglich, die Hintergründe und Ursachen dieser Barriere zu ergründen. Es ist hierbei wichtig, die Funktion dieser Barriere für den Klienten deutlich werden zu lassen, die in der Regel darin besteht, eine Auseinandersetzung mit dem damit verbundenen Problemkreis zu verhindern. Dies muß dem Klienten deutlich werden, ohne daß damit der Zwang zur Überwindung der Barriere verbunden ist. Der erste Schritt muß ihn demnach an seine innerpsychische Barriere heranführen, um im nächsten Schritt herauszufinden, welche psychischen Strukturen damit verbunden sind. Auf das oben genannte Beispiel bezogen muß herausgefunden werden, welche Mechanismen beim Klienten im Gespräch wirksam werden. Um die Barriere erkennen und gegebenenfalls beseitigen zu können, ist es erforderlich, die ihr zugrundeliegenden psychischen Strukturen zu erarbeiten. Auf diese Weise wird dem Klienten die Möglichkeit eröffnet, die Barriere selbst abzubauen.

Beispiel

Ein Klient erzählt in der Sitzung über Schwierigkeiten mit einem Kollegen. Er kann es nicht ertragen, wenn der ihm zu nahekommt. Er mag sich nicht gern mit ihm unterhalten und geht ihm deshalb soweit wie möglich aus dem Weg, obwohl er den Kollegen eigentlich sehr sympathisch findet. Andererseits scheint der Kollege Wert auf eine gute Zusammenarbeit und privaten Kontakt zu legen. Dieser Widerspruch macht dem Klienten sehr zu schaffen. Bei der Beschreibung der Person des anderen fällt dann irgendwann die Bemerkung, der andere könnte irgendwie anders sein, homosexuell. Er wisse das zwar nicht genau, man weiß ja nie.

Therapeut: "Sie vermuten, der andere ist homosexuell."

Klientin: "Ja, ich glaube das, der benimmt sich immer so komisch. Das macht mich ganz nervös. Der faßt mich so komisch an bei der Begrüßung. Außerdem hat er noch Interesse an privatem Kontakt."

Therapeut: "Sein Verhalten verunsichert Sie."

Klient: "Ich mag das überhaupt nicht, Homosexuelle sind doch irgendwie nicht normal, man kann doch keine Männer mögen. Männer dürfen sich doch nicht anfassen. Das ist doch nicht in Ordnung."

Therapeut: "Sie finden das völlig unnormal und auch nicht richtig,

	wenn Männer sich umarmen oder anfassen.''
Klient:	''Nun ja, man kann sich ja schon mal umarmen, aber nicht so doll. Ich habe den mal beobachtet, wie er einen Freund begrüßt hat, das war nicht mehr normal. Obwohl ich ja schon dachte, man sieht, daß sie sich wirklich freuen. Sowas könnte ich nicht.''
Therapeut:	''Ist es nicht vielmehr so, daß Sie sich gar nicht trauen, sich so zu verhalten, und deshalb Angst davor haben?''
Klient:	''Nun ja, ich möchte das eigentlich nicht, obwohl ..., mal ausprobieren würde ich das schon ganz gerne mal. ... doch was ist, wenn ich das gut finde, ich meine, ... ich bin doch eigentlich normal.''
Therapeut:	''Sie befürchten, selber als homosexuell zu gelten, wenn Sie einen Mann umarmen.''
Klient:	''Um Gotteswillen, ich bin doch nicht homosexuell. Ich denke nur, ich könnte ... Ach, es gibt doch Leute, die behaupten, jeder Mann hätte solche Züge, ich will das nicht.''

Im Laufe des weiteren Gesprächs wird deutlich, daß der Klient in seiner Erziehung gelernt hatte, daß Gefühle unter Männern nicht zulässig sind und als schlecht gelten. In der Situation mit dem Arbeitskollegen entstand unbewußt eine Barriere, da er sich aus Angst vor seinen eigenen Wünschen nicht traute, die Situation anzusprechen. Somit war das Problem nicht die Situation mit seinem Kollegen, sondern seine eigene Unsicherheit im Umgang mit Männern, die in Momenten mit dem Kollegen zum Tragen kam. Die Barriere wird durch ein Gespräch über die eigenen Erwartungen an Männer und den Umgang mit ihnen angesprochen. Bei der Betrachtung der dahinterliegenden psychischen Strukturen (Vermeidung von zu engem Kontakt bei gleichzeitigem Bedürfnis nach mehr Nähe) stellt sich heraus, daß der Klient dieses Problem mit fast allen Männern hat.

Übung
entfällt.

Ziele:

(1) Sich als übender Therapeut die eigenen schmerzhaften Punkte seiner Biographie (Erlebnisse, Ereignisse, Erfahrungen, Vorkommnisse) in Erinnerung rufen und die dabei aufkommenden Gedanken reflektieren bzw. die Gefühle spüren, die noch - im 'Hier und Jetzt' - aufkommen oder präsent sind;

(2) lernen, die schmerzhaften Erlebnisse, Ereignisse, Erfahrungen oder Vorkommnisse als persönliche Anteile zuzulassen und zu artikulieren;

(3) durch das Zulassen, Artikulieren und Spüren eigener schmerzhafter biographischer Anteile ein vertieftes Verständnis und Gefühl für einen potentiellen Klienten entwickeln, der in einer (ähnlichen) therapeutischen Situation Vergangenes im 'Hier und Jetzt' durchlebt.

Erläuterungen

Dieser Baustein ist für die Trainings- bzw. Übungssituation konzipiert. Gearbeitet wird in der üblichen Konstellation: Therapeut - Klient - Beobachter und Trainer. Empfehlenswert ist bei dieser Übung, daß der Trainer als Co-Therapeut fungiert, da nicht auszuschließen ist, daß auf persönliche Anteile über den Rahmen der Übungssituation hinaus eingegangen werden muß.

Biographische Anteile der übenden Therapeuten können durch diese Übung punktuell und partiell in das Training integriert werden. In der Regel sollte der biographische Anteil in einer Vorstufe als Selbstexploration (Selbsterfahrung) vor dem eigentlichen Training aufgearbeitet sein; bei den Adressaten dieser Kurse kann dies jedoch nicht zwingend vorausgesetzt werden.

Neben den oben angeführten Zielen sprechen zwei weitere Gründe für die Durchführung dieser Trainingseinheit: Zum einen gibt sie den Übenden die Gelegenheit, ihr bisheriges Leben bewußt Revue passieren zu lassen. Schon das einfache Bilanzieren des bisherigen Lebens kann zu einem 'neuen und besonderen Erlebnis' werden, denn allein die (sprachliche) Artikulation eigener Lebensdaten erzeugt Assoziationen, die die Betreffenden nicht erwarten und die erstaunlich sein können. Bestimmte Lebensdaten werden plötzlich in Erinnerung gerufen, erhalten einen anderen Stellenwert oder werden in einem anderen Zusammenhang gesehen und bewertet, vermeintlich vergessene oder verdrängte Erlebnisse bzw. Gegebenheiten werden reaktiviert und lassen bisher nicht bewußt wahrgenommene Bezüge erkennen. Zum anderen kann diese Übung dazu beitragen, die Hemmschwelle herabzusetzen, sich während der Übungen zu den einzelnen Bausteinen als Klient 'persönlich mehr zu öffnen'. Das häufig vorgebrachte Argument in der Übungssituation 'Etwas Persönliches von mir erzähle ich nicht!' würde als Vorwand entschärft. Der Trainer muß entscheiden, wann - und möglicherweise bei wem - diese Übung sinnvoll sein kann.

Es gibt mehrere Möglichkeiten des Einstiegs:

(1) Der Übende beginnt, in chronologischer Weise sein Leben zu erzählen. An einer geeigneten Stelle wird er vom Therapeuten unterbrochen und das angesprochene Erlebnis, die Erfahrung oder das Ereignis vertieft.

(2) Der Übende wählt sich selbst ein ihn damals oder noch heute bedrückendes Erlebnis, Ereignis oder Vorkommnis aus seiner Vergangenheit aus, über das er sprechen möchte.

(3) Eine während des *Sharings* in der Nachbesprechung eines Übungsgesprächs angesprochene Problematik, die einem Beobachter eigene Anteile deutlich gemacht hat, wird gesondert herausgegriffen und vertieft.

(4) Der Therapeut gibt dem Übenden in möglichst entspannter Situation bei geschlossenen Augen Stichworte vor, die der Übende auf sich wirken lassen soll. Er stellt dann Fragen wie: Welche Situationen, Ereignisse oder Erlebnisse verbinden sich mit diesen Stichworten? Welche Personen treten auf? Was machen sie? Wie wirken sie? Welche Bilder kommen auf? Wie fühlt sich der Übende im 'Hier und Jetzt'? Solche Stichworte können sein: Schmerz - Angst - Trennung - Heimweh - Trauer - Verlust - Isolation - Versagen.

Methodisch lassen sich neben der nur sprachlichen Artikulation auch andere Formen der Darstellung persönlicher Anteile finden: das Malen eines Bildes - die Symbolisierung durch Gegenstände - nonverbale Ausdrucksformen (siehe auch Baustein *Zusammenhänge visualisieren*).

Bei der Nachbesprechung dieser Übung sollte daher auf die üblichen Schritte zugunsten des Klienten verzichtet werden. Ihm sollte vielmehr - mit Hilfe des Trainers - die Möglichkeit gegeben werden, über die Übung selbst nachzudenken bzw. das Nachklingen noch anhaltender Gefühle wahrzunehmen.

Während der Artikulation kann die Befindlichkeit des Klienten nach den vier *Ebenen der Tiefe* (in Anlehnung an die Gestalttherapie) wahrgenommen werden:

Ebene der Reflexion: Gedanken, Erinnerungen, Überlegungen oder Vorstellungen kommen ins Bewußtsein, ohne daß eine sichtbare emotionale Beteiligung zu erkennen ist.

Ebene der Vorstellungen und Affekte: Beim Erzählen treten plastische und bildhafte Vorstellungen auf, die noch sehr erlebnisnah und im 'Hier und Jetzt' stark emotional besetzt sind.

Ebene der totalen Involvierung: Gedanken, Erinnerungen, Erlebnisse oder Bilder werden im 'Hier und Jetzt' sehr intensiv emotional erlebt. Die rationale Kontrolle ist stark eingeschränkt bzw. herabgesetzt. Körperliche Reaktionen begleiten die Artikulation bzw. Emotion. Anzeichen von Regression sind zu erkennen.

Ebene der autonomen Körperreaktion: Die rationale Kontrolle ist fast ausgeschaltet; es kommt zu einer sehr starken Involvierung mit dem Ereignis oder Erlebnis. Der Körper beginnt, autonom zu reagieren (schweres, tiefes Atmen, Zittern, Schreikrämpfe usw.).

In der Nachbesinnungsphase (Nachbesprechung) können drei Fragenkomplexe für die persönliche Weiterarbeit des Übenden hilfreich sein: (1) Welche persönlichen Anteile sind noch nicht bearbeitet? Welche Gefühle sind noch heute virulent? Welche Gefühle treten heute immer noch wieder auf? Was ist heute noch präsent? Wie geht der Übende heute damit um?

(2) Welche persönlichen Anteile sind bereits bewußt und gezielt bearbeitet? Was ist schon erledigt? Was wird erinnert, stört bzw. verletzt aber nicht mehr?

(3) Welche persönlichen Anteile werden bewußt beiseite geschoben oder verdrängt? Welche Gefühle oder Probleme werden absichtlich unterdrückt? An welche Probleme wagt sich der Übende nicht heran? Wovor hat er Angst?

Wichtig bei diesem Baustein ist, daß die persönlichen Anteile während der therapeutischen Übungssituation nicht bearbeitet werden sollen. Das Ziel ist lediglich die Artikulation schmerzhafter Erfahrungen - nicht ihre Bearbeitung! Diese Artikulation bzw. das Zulassen schmerzhafter Erinnerungen oder Erlebnisse hat allein schon einen kathartischen Effekt. Nur wenn im Übenden etwas 'aufbricht', was über den Rahmen des Trainings hinausgeht, wird der Trainer eingreifen und selbst mit dem Übenden weiterarbeiten müssen. Da davon ausgegangen wird, daß alle Teilnehmer psychisch gesund sind, wird das sehr selten der Fall sein. Es ist dann ohnehin zu prüfen, ob es für den Betreffenden sinnvoll ist, weiter am Ausbildungskurs teilzunehmen.

Siehe auch Baustein *Eigenen emotionalen Bezug artikulieren*.

Beispiel
entfällt.

Übung
Lebensfieberkurve
Alle Teilnehmer erhalten die Einzelaufgabe, ihr bisheriges Leben in Form einer Fieberkurve auf einen großen Papierbogen aufzuzeichnen. Die Höhen und Tiefen der Kurve symbolisieren bestimmte Daten, Ereignisse oder Erlebnisse des Lebens, die nach eigenen Bewertungskriterien eingezeichnet und lediglich durch Stichworte markiert wer-

den sollen (z.B. Geburt, Schuleintritt und -abschluß, Verliebtheiten, Heirat, Geburt von Kindern, Krankheiten, Wohnortwechsel, Berufswechsel, Todesfall eines nahestehenden Menschen).
Die Teilnehmer bilden Kleingruppen mit drei bis fünf Gruppenmitgliedern und erläutern in der Gruppe anhand der persönlichen Fieberkurve ihr bisheriges Leben. Über die persönlichen Daten soll in der Gruppe nicht diskutiert werden, lediglich Fragen sind erlaubt.

Stuhl wechsel nicht nötig!

Baustein: Freie Assoziationen	30

Ziele:
(1) Dem Klienten die Möglichkeit geben, sich über einen bestimmten Aspekt oder Themenbereich frei zu äußern;
(2) dem Klienten die Möglichkeit geben, die zu einem für seinen Problemzusammenhang bedeutsamen Schlüsselbegriff spontan aufkommenden Gedanken und Gefühle frei zu äußern;
(3) vermeiden, zu werten oder zu kommentieren.

Erläuterungen
Fallen im Laufe des Gesprächs immer wieder bestimmte Begriffe oder äußert sich der Klient wiederholt zu bestimmten Themenbereichen wie z.B. Freundschaft oder Verlassensein, dann bietet sich die Methode der *Freien Assoziation* an.
Der Therapeut unterbricht das Gespräch, bittet den Klienten, sich zu entspannen und zu einem Begriff oder Gefühl seine spontan aufkommenden Gedanken zu äußern. Er begleitet den Klienten hierbei, indem er ihn immer wieder zu weiteren Assoziationen ermuntert oder aber die geäußerten Begriffe als Verstärkung oder Kontrolle für den Klienten wiederholt. Über diesen Assoziationsprozeß werden Gedankenverbindungen, Interpretationen und Wert- ebenso wie Moralvorstellungen des Klienten deutlich. Von daher ist es wichtig, die geäußerten Assoziationen nicht zu bewerten.
Durch die Methode der freien Assoziation werden darüber hinaus eventuell vorhandene Neigungen des Klienten, zu rationalisieren und an dem eigentlichen Kern des Problems und den damit verbundenen Gefühlen vorbeigehende Erklärungen zu bieten, unterbunden. Im Rahmen dieser recht ungezwungenen Form der Aussprache werden Gedanken, Gefühle und Zusammenhänge beim Klienten deutlich, die als Grundlage für den weiteren Gesprächsverlauf dienen können.

Beispiel
Der Klient hat im Gespräch häufig das Wort 'Freiheit' zur Beschreibung seiner Idealvorstellung von erfülltem Leben erwähnt. Diesen

Begriff hat er allerdings nicht inhaltlich gefüllt.

Therapeut: "Sie haben das Wort 'Freiheit' im Laufe des Gesprächs häufig erwähnt. Ich bitte Sie nun, sich entspannt hinzusetzen. Machen Sie es sich bequem." Der Klient nimmt eine angenehme Sitzhaltung ein. "Sagen Sie doch bitte alles, was Ihnen spontan zum Thema Freiheit einfällt, überlegen Sie nicht, was Sie sagen, sondern äußern Sie sich frei und ungezwungen."

Klient: Überlegt kurz. "Reisen können, wohin ich will; selbst Entscheidungen treffen können; nicht immer Rücksicht auf andere nehmen müssen; allein sein; aufstehen, wann ich will; alle Zeit verplanen können; bei der Berufswahl auf niemanden Rücksicht nehmen müssen; lonesome cowboy; keine Verpflichtungen; ohne Job sein; nicht auf eine Wohnung achten müssen; kein Mobiliar mehr pflegen; ..."

Nach einer angemessenen Wartezeit wiederholt der Therapeut die Begriffe und fragt den Klienten, ob ihm noch mehr einfällt. Danach faßt der Therapeut die Begriffe zusammen und bietet dem Klienten seine Interpretation an.

Therapeut: "Für Sie ist es besonders wichtig, unabhängige Entscheidungen zu treffen, ohne dabei von materiellen Dingen oder Menschen abhängig zu sein."

Übung
Begriffe anbieten
Die Teilnehmer werden aufgefordert, zu einzelnen Begriffen wie z.B. Freiheit, Studium, Eltern und Sich-Daneben-Benehmen spontane Assoziationen zu äußern. Auf diese Weise wird ihnen die Erfahrung vermittelt, in welchem Umfang Werte und Moralvorstellungen über Assoziationen deutlich werden können.

Baustein: Kognitive Aufarbeitung | 31

Ziele:
(1) Erkennen, wann eine kognitive Aufarbeitung einer Problemkonstellation angemessen ist;
(2) dem Klienten das kognitive Aufarbeiten von Problemkonstellationen anbieten und ermöglichen;
(3) dem Klienten bei der Aufarbeitung ein ernster Partner sein.

Erläuterungen
Es gibt Situationen, in denen auch ein sonst unbelasteter Mensch in

Schwierigkeiten gerät, aus denen er allein schwer herausfindet. Diese Schwierigkeiten, das sei vorausgesetzt, belasten und beeinträchtigen ihn nicht psychisch, zumindest nicht derart, als daß diese psychischen Belastungen aufgearbeitet werden müßten. Es geht vielmehr um eine zeitlich begrenzte 'Verwirrung' oder 'Irritation im Kopf', die wieder entwirrt werden muß. Dieses Phänomen ist uns allen bekannt, und wir haben dafür den Satz parat: 'Das wächst mir alles über den Kopf!' In solchen Situationen sucht man gewöhnlich einen guten Freund auf, mit dem die Sache besprochen werden kann. Im Kern geht es dabei also gar nicht um eine therapeutische Intervention in dem hier verstandenen Sinne, sondern schlicht um eine Art Lebensberatung oder Lebenshilfe. Es gibt empirische Belege, nach denen die meisten Probleme auf der kognitiven Ebene liegen und daher auch kognitiv bearbeitet werden können. Zumindest beginnen die meisten Schwierigkeiten auf dieser Ebene. Werden sie nicht rechtzeitig gelöst, verlagern sie sich mehr und mehr auf die psychische Ebene. Aus kognitiven Problemen werden dann psychische (emotionale) Belastungen.

Während der therapeutischen Gespräche kommen solche Situationen häufiger vor, als man geneigt ist anzunehmen. Es ist wichtig herauszustellen: Man *muß* nicht bei jeder oder hinter jeder Problematik ein darin verstricktes Gefühl sehen, das unbedingt (mit-)aufgearbeitet werden muß. Gerade deshalb, weil wir die Gefühle im allgemeinen vernachlässigen und aus diesem Wissen heraus eben diese Gefühlswelt wieder in Ordnung bringen wollen bzw. meinen, ihnen mehr Beachtung zukommen lassen zu müssen, verfallen wir zu schnell in die Annahme, alles müsse zuerst über die Gefühle bearbeitet werden. Die durchaus berechtigte Annahme also, daß die Gefühlswelt zu wenig beachtet wird, kann uns auf der anderen Seite dafür blind werden lassen, daß auch etwas aufgearbeitet werden kann, ohne die Gefühle anzusprechen.

Der Therapeut muß abwägen und einschätzen lernen, wo eine kognitive Aufarbeitung völlig genügt. Dann nämlich wird er zum gleichgewichtigen (Gesprächs-)Partner des Klienten, der ihm durch seine Gedankenführung eine wertvolle Hilfe sein kann. Gemeint sind keine Diskussionen, wohl aber kritische Fragen, Hinweise auf Widersprüche, Anregungen zum Weiter- und Nachdenken oder der Verweis auf Erfahrungstatsachen.

Es gibt für derartige Gespräche keine Rezepte, allerdings einige 'gedankliche Hinweise' für die Gesprächsführung, etwa:

Problem erkennen und definieren - Fakten analysieren - Ziel herausarbeiten und formulieren - zusätzliche Informationen sammeln - mögliche Konsequenzen abschätzen - Ist-Soll-Vergleich anstellen - Alternativen entwickeln - Modelle aufstellen - Entscheidungen begründen - zukünftige Aufgaben analysieren.

Beispiel

Klient: "Ich weiß nicht, was ich da machen soll."

Therapeut: "Jedes dieser Angebote, die Sie erhalten haben, hat ja bestimmte Konsequenzen."

Klient: "Das ist es ja. Gehe ich ins Ausland, verpasse ich den Anschluß; bleibe ich hier, lasse ich mir eine einmalige Chance entgehen. Von meiner Partnerin einmal abgesehen."

Therapeut: "Ihre Partnerin weiß über alles Bescheid?"

Klient: "Nur in groben Zügen."

Therapeut: "Das ist scheinbar ein Problem für Sie."

Klient: "Ein kleines, ja."

Therapeut: "Wirklich nur ein kleines?"

Klient: "Also, ich möchte eigentlich ohne sie das Problem lösen. Ich meine damit, unabhängig von ihr."

Therapeut: "Also, schon mit ihr zusammen, aber Sie möchten die Frage erst für sich geklärt haben und erst dann mit ihrer Partnerin darüber sprechen."

Klient: "Das wäre mir am liebsten, ja."

Therapeut: "Gehen wir die einzelnen Vor- und Nachteile einmal durch, ja?"

Klient: "Das wäre gut, ja."

Übung
entfällt.

Baustein: Kognitive Umstrukturierung	32

Ziele:
(1) Erkennen, wann Probleme durch kognitive Bearbeitung der Situations*wahrnehmung* lösbar erscheinen;
(2) erkennen der hinter der Situationswahrnehmung stehenden kognitiven Strukturen;
(3) dem Klienten neue Situationswahrnehmungen (kognitive Bearbeitungsraster) anbieten;
(4) mit dem Klienten gemeinsam aufgrund der neuen Situationswahrnehmungen die Situation (das Problem) neu betrachten.

Erläuterungen
"Der Mensch braucht kein Gefangener seiner Gefühle zu sein, sondern er kann die kognitive Komponente seiner Gefühle dazu benutzen, sich zu befreien. Dies ist die Grundlage für die Annahme, daß ein Mensch lernen kann, was er nicht weiß, und daß er Wege der Stellungnahme

oder des Verständnisses ändern kann, wenn sie nicht stimmen''
(SATIR 1975, 117).

Die Aussage des Zitates kann man auch so formulieren: Nicht die
Ereignisse oder die Umstände an sich sind traumatisierend oder erdrük-
kend, sondern die Bewertungen, die ihnen zugeschrieben werden.

Der Baustein *Kognitive Umstrukturierung* betont die kognitive Komponente bei der Bearbeitung von Problemen. In Anlehnung an die
Rational Emotive Therapie werden die Gefühle als wichtig anerkannt,
aber sie werden auch als Annahmen gesehen bzw. auf diese zurückgeführt, die durch kognitive Verarbeitungsprozesse entstanden sind. In
einfachen Worten: Viele Gefühle und Verhaltensweisen sind das
Resultat irrationalen oder unlogischen (falschen) Denkens; die momentanen Gefühle oder Verhaltensweisen können (müssen nicht!) das
Ergebnis falscher kognitiver Interpretationen sein.

Worauf hier hingewiesen werden soll, ist die Tatsache, daß die den
Gefühlen zugrundeliegende Problematik rational aufgearbeitet werden kann, indem man zwar die Gefühle des Klienten achtet, sie aber von
der kognitiven Seite her zu erklären versucht. Die im Laufe der Zeit
entstandenen Gefühle können nämlich den eigentlichen Sachverhalt,
der zum Problem geworden ist, total oder teilweise verfälschen.

Trotz aller zugestandener Subjektivität, die jeder zu einer bestimmten
Sache entwickelt, gibt es doch so etwas wie 'reale Tatbestände'. Das
Gefühl oder die Angst, die Prüfung nicht bestehen zu können, mag subjektiv durchaus vorhanden sein, obwohl realiter über 90% aller Prü-
fungskandidaten nachweislich die Prüfungen bestehen. Die Angst vor
dem Fliegen ist - aus objektiver Sicht - ebenso irrational, weil das Flug-
zeug nachweislich das sicherste Verkehrsmittel ist.

Nun sollen die Gefühle des Klienten nicht heruntergespielt werden,
wohl aber soll und kann zu ergründen versucht werden, wie sie entstanden sein könnten. Vielfach sind dieses Produkte oder Ergebnisse kognitiver Bewertungsprozesse: Die Situationen (die Prüfung, das Fliegen) werden auf bedrohliche bzw. nicht bedrohliche Momente hin ein-
geschätzt, und die entsprechenden Gedanken (Kognitionen) lösen
Handlungsimpulse aus, die ihrerseits mit spezifischen Erregungsmu-
stern (Gefühle der Freude bzw. Angst) verbunden sind.

Nicht wenige Probleme der Klienten sind auf diese Weise entstanden.
Dem Therapeuten obliegt die Aufgabe herauszufinden, ob nicht (auch)
auf kognitivem Wege dem Klienten geholfen werden kann. Gemeinsam mit dem Klienten kann er die Problembewertung daraufhin abtasten, ob sie der tatsächlichen Problemlage entspricht.

Beispiel
Eine Frau schildert in der Therapiesitzung, daß sie schon seit vielen
Jahren Schwierigkeiten in ihrer Familie, insbesondere in ihrer Bezie-
hung zu ihrem Mann hat, allerdings möchte sie den Familienzusam-

menhang nicht aufgeben. Die Familie beschreibt sie als sehr zerrüttet. Sie versteht sich mit ihrem Mann nicht mehr, es gibt viel Streit zwischen ihnen, und es kommt sogar zu körperlichen Auseinandersetzungen, die ausschließlich vom Mann ausgehen. Die beiden minderjährigen Kinder stehen zwischen Vater und Mutter, sie sind gereizt und lassen Schulleistungsschwächen erkennen. Aus den Schilderungen der Klientin wird ihr inneres Bedürfnis deutlich, sich von ihrem Mann zu trennen. Die Sorge um ihre Kinder und die Vorstellung, das Familienleben aufrechtzuerhalten, hindern sie daran, das Bedürfnis und den Wunsch nach Trennung klar auszusprechen. Sie schildert ihre Zerrissenheit, die zwischen dem Anspruch, das Familienleben aufrechtzuerhalten, und dem Wunsch, sich vom Ehemann zu trennen, hin- und herschwankt. Ihre anerzogene Idealvorstellung, die Familie sei etwas Heiliges und dürfe unter keinen Umständen zerstört werden, hindert sie auch im therapeutischen Gespräch daran, die unzumutbaren Vorgehensweisen ihres Mannes ihr gegenüber zu artikulieren. Immer wird deutlich, daß sie bei einer möglichen Trennung die Schuld trüge, die Familie zerstört zu haben.

Aus den Gesprächsbeiträgen und aus ihrem Verhalten wird jedoch zusammenfassend deutlich, daß das Familienleben bereits völlig zerstört ist.

Therapeut: "Sie haben Angst, daß Sie die Familie zerstören würden, wenn Sie sich von Ihrem Mann trennen würden."

Klientin: "Ja, ich könnte dabei doch den Familienfrieden zerstören. Ich will doch unsere Familie nicht kaputtmachen."

Therapeut: "Sie glauben, daß Sie, wenn Sie sich von Ihrem Mann trennen würden, die Familie kaputtmachen würden."

Klientin: "Ja, so ähnlich denke ich, eine Familie muß doch heil sein und Geborgenheit geben."

Therapeut: "Können Sie sich vielleicht einmal mit mir zusammen darauf einlassen, Ihre Familiensituation einmal anders zu betrachten?"

Klientin: Zögernd. "Naja, vielleicht. Was meinen Sie denn überhaupt mit 'anders betrachten'?"

Therapeut: "Ich will mal versuchen, mit Ihnen gemeinsam Ihre Situation anders zu betrachten. So wie Sie Ihre Familie und die Beziehungen untereinander geschildert haben, vermitteln Sie mir ein anderes Bild Ihrer Familie, als Sie es sich wünschen bzw. als Sie es als bewahrenswert halten." Die Klientin sitzt in sich versunken und schweigt nachdenklich. "Was ist denn noch zu zerstören?" Die Klientin wirkt nachdenklich. "Ihre Familie ist bereits zerstört." Lange Pause. Die Klientin seufzt. "Was kann in Ihrer Familie noch zerstört werden?"

Klientin: "Nichts. Es ist tatsächlich alles schon zerstört."

140

Therapeut:	"Ja, Ihre Familie ist bereits zerstört."
Klientin:	"Aber ich möchte sie doch nicht auflösen."
Therapeut:	"In Ihrer Familie ist doch nichts mehr aufzulösen."
Klientin:	"Ja, es bleibt eigentlich nur die Scheidung übrig."
Therapeut:	"Überlegen Sie noch einmal, gibt es irgendetwas, was Sie durch die Scheidung zusätzlich zerstören?"
Klientin:	"Ja, aber ich gebe doch damit die Familie auf."
Therapeut:	"Aber das ist doch schon keine Familie mehr, sie besteht doch nur noch auf dem Papier."
Klientin:	"Ja, Sie haben eigentlich Recht, da ist nichts mehr zu retten. Es kann eigentlich gar nicht mehr schlimmer werden. Wenn ich das recht betrachte, ist die Familie bereits zerstört."
Therapeut:	"Es kann eigentlich nur noch besser werden."
Klientin:	"Fragt sich jetzt nur noch, wie ich das machen soll."
Therapeut:	"Wollen wir mal gemeinsam Lösungsmöglichkeiten zusammentragen?"
Klientin:	"Ja, gerne."

Im weiteren Gespräch erarbeiten der Therapeut und die Klientin mögliche bzw. denkbare Lösungswege. Dabei bestärkt der Therapeut die Klientin in ihren Vorschlägen, und es wird über die aufkommenden Gefühle gesprochen.

Übung
entfällt.

| Baustein: Zusammenhänge visualisieren | 33 |

Ziele:
(1) Dem Klienten neben der sprachlichen Artikulation andere Ausdrucksformen bei der Bearbeitung seiner Problematik zur Verfügung stellen;
(2) den Klienten beim Erstellen der jeweiligen Ausdrucksform anleiten und unterstützen;
(3) dem Klienten seine visualisierten kognitiven und emotionalen Strukturen und Anteile deutlich machen;
(4) dem Klienten vermeintliche Zusammenhänge zwischen seiner Problematik und den visualisierten 'Ergebnissen' aufzeigen.

Erläuterungen
Während des therapeutischen Prozesses bietet es sich zu bestimmten Zeitpunkten und bei der Erarbeitung bestimmter inhaltlicher Zusammenhänge immer wieder an, die allein sprachliche Artikulation des

Klienten im Gespräch durch andere Ausdrucksformen zu ergänzen. Durch das Zur-Verfügung-Stellen alternativer Zugänge können Barrieren aufgelöst werden, die für den Klienten auf der verbalen Ebene im Gespräch bestehen. Er hat die Möglichkeit, über die Visualisierung bestimmter Teilaspekte bzw. eine überblicksartige 'Gesamtdarstellung' seiner Problematik neue Zusammenhänge zu erkennen. Dadurch, daß das Ergebnis in den meisten Fällen fixiert ist und in Ruhe betrachtet werden kann, erschließen sich für den Klienten - mit Hilfe des Therapeuten - in der Regel neue Sichtweisen der angesprochenen Inhalte. Die kognitiven Strukturen und die emotionalen Anteile können in der jeweiligen Darstellung erkannt bzw. empfunden werden. Die mit diesen Ausdrucksform in der Regel verbundene Verkürzung und Vereinfachung der Problematik durch den Klienten in der Darstellung hat sich in vielen Fällen als äußerst hilfreich erwiesen, weil der Klient sich bei der Erstellung meist automatisch auf das Wesentliche beschränkt bzw. in darstellender Form bereits Zusammenhänge herstellt, die ihm zu diesem Zeitpunkt noch gar nicht bewußt oder noch nicht verbalisierbar waren.

Die zur Verfügung stehenden Ausdrucksformen in der Darstellung lassen sich grob in Kategorien zusammenfassen bzw. unterteilen. Dabei wird der Klient aufgefordert:

(1) unter der vorgegebenen Aufgabenstellung eine *Zeichnung anzufertigen* bzw. *ein Bild zu malen*;

(2) unter der vorgegebenen Aufgabenstellung alle ihm einfallenden *Begriffe aufzuschreiben*, indem er dafür einzelne Kärtchen oder Papierbögen verwendet, und diese Begriffe dann unter Berücksichtigung einer bestimmten Zielsetzung zu *ordnen*;

(3) unter der vorgegebenen Aufgabenstellung mit Hilfe einer 'Legetechnik' *Netzpläne, Wirkungsketten, Kreisläufe und Zusammenhänge* in bezug auf bestimmte Aspekte seiner Problematik aus seiner persönlichen Sicht zu erstellen;

(4) unter der vorgegebenen Aufgabenstellung verschiedene *Farben, Formen, Symbole, Gegenstände* räumlich oder im Größenverhältnis zueinander in Beziehung zu setzen;

(5) unter der vorgegebenen Aufgabenstellung aus den verschiedensten Materialien (Papier, Holz, Ton, Knetgummi usw.) *Skulpturen* herzustellen bzw. zu formen;

(6) unter der vorgegebenen Aufgabenstellung durch die persönliche *Gestik, Mimik* usw. nonverbal bestimmte Aspekte seiner Problematik darzustellen und zu verdeutlichen.

Der Kreativität des Therapeuten sind bei der Entwicklung neuer Aufgaben für den Klienten keine Grenzen gesetzt. Dabei ist es bei der Auswahl bzw. Entwicklung der jeweiligen Übung besonders wichtig, die betreffende Person des Klienten mit ihren Möglichkeiten und Grenzen in bezug auf die angesprochene Problematik zu berücksichtigen. Ein sinnvoller Einsatz der verschiedenen 'Visualisierungsmethoden' sctzt voraus, daß der Therapeut eigene Erfahrungen im Umgang mit diesen Methoden gesammelt hat. Nur auf diese Weise ist es ihm möglich, Voraussetzungen, Möglichkeiten und Wirkungen der einzelnen Verfahren einzuschätzen.

Bei der Anwendung dieses Bausteins ist darauf zu achten, daß der Klient vom Therapeuten genaue Anweisungen für die Durchführung der gestellten Aufgaben erhält und ihm eine umfangreiche, weitere Bearbeitung der dargestellten Ergebnisse ermöglicht wird. Der Therapeut hat ebenfalls die Aufgabe, dem Klienten während der Arbeit möglichst viele Angebote zu machen, indem er von ihm erkannte emotionale Anteile verbalisiert, mögliche Symbolisierungen in der Darstellung und wahrgenommene Zusammenhänge formuliert.

Die gestellten Aufgaben können in das therapeutische Gespräch integriert oder als Hausaufgaben für den Klienten formuliert werden. Für die Ausführung muß immer entsprechend der Aufgabenstellung genügend Zeit zur Verfügung stehen. Die Arbeit mit diesen nicht-sprachlichen Ausdrucksformen sollte dem Klienten vorher erklärt werden, um mögliche Bedenken abzubauen. Die sich aus der Darstellung für den Klienten ergebenden Konsequenzen müssen anschließend im weiteren Verlauf des therapeutischen Gesprächs aufgearbeitet werden.

Beispiele
Im folgenden sollen für die oben angegebenen sechs Aufgabenkategorien Beispiele genannt und kurz erläutert werden:

(1) Ich in meiner Welt
Zu einem vorgegebenen Thema wie 'Ich in meiner Welt, 'Ich mit meinem Problem', 'Meine Traumlandschaft', 'Meine vorherrschenden Gefühle' soll ein Bild gemalt werden. Hierbei soll der Klient die für ihn bedeutsamen Aspekte im Hinblick auf das betreffende Thema ohne jede Vorgabe zeichnerisch darstellen.

(2) Lebensfieberkurve
Für diese Übung wird ein Blatt mit Hilfe zweier senkrecht aufeinander stehender Achsen eingeteilt (Waagerechte: Lebensalter des Klienten in Jahren; Senkrechte: Positive bzw. negative Bedeutung der Lebensereignisse). Der Klient wird aufgefordert, für den Verlauf seines Lebens eine 'Fieberkurve' zu zeichnen, die die wichtigen Lebensereignisse in ihrer Bedeutsamkeit und Intensität berücksichtigt. Auf diese Weise entsteht ein Diagramm, das die 'Höhen und Tiefen' im Leben des Klienten darstellt.

(3) Energiekuchen
Für diese Übung wird ein Kreis auf ein Blatt gezeichnet. Dieser wird

vom Klienten in einzelne Segmente aufgeteilt, die in der Größe den verschiedenen Tätigkeiten des Betreffenden mit dem für ihn verbundenen Energieaufwand entsprechen. Es soll der ganze Kreis verteilt werden. Auf diese Weise wird für den Klienten die Bedeutsamkeit einzelner Bereiche in seinem Lebensalltag deutlich.

(4) Kärtchen-Brainstorming
Der Klient wird aufgefordert, alle ihm zu einem vorgegebenen Thema einfallenden Begriffe jeweils einzeln auf Kärtchen zu schreiben. Mögliche Themen können sein: 'Was ich an mir mag bzw. nicht mag', 'Persönliche Ziele', 'Eigenschaften des Traumpartners' und 'Schmerzhafte Erlebnisse'. Wenn die Kärtchen beschriftet sind, werden sie alle nebeneinander ausgelegt, und der Klient wird aufgefordert, sie noch einmal sorgfältig durchzulesen. Anschließend soll er die Kärtchen nach vorgegebenen oder frei gewählten Kriterien sortieren und ordnen. Die entstehende Reihenfolge (Hierarchie) hilft dem Klienten, Ordnung in seine Gedanken- bzw. Gefühlswelt zu bringen.

(5) Personenkonstellationen visualisieren
Der Klient wird aufgefordert, mit Hilfe verschiedener Medien für ihn und sein Problem wichtige Personenkonstellationen zu visualisieren. Durch die Darstellung werden Möglichkeiten zur Weiterarbeit erschlossen, die sich allein anhand von Gesprächen aufgrund der für den Klienten vorhandenen Komplexität nicht erschließen lassen. Mögliche Medien können sein: a) Graphische Darstellung anhand von Pfeilen, Balken, Symbolen etc. auf einem Blatt; b) plastische Darstellung mit Hilfe von Knetmasse, Gegenständen etc.; c) begriffliche Darstellung mittels Symbolisierung der beteiligten Personen durch die Zuschreibung von Tierarten, Berufen, Werkzeugen, Sportarten etc.

(6) Skulptur der Gefühle
Die betreffende Person wird aufgefordert, durch die nonverbale Körpersprache einen Gefühlszustand nur durch Körperhaltung, Gestik, Mimik, paralinguistische Signale usw. darzustellen und in dieser Position zu verharren, um aufkommende weitere Gefühle und Gedanken zu verbalisieren.

Übung
Alle oben genannten Beispiele können als Übungen in Gruppen oder einzeln durchgeführt werden.

Ziele:
(1) Dem Klienten an geeigneter Stelle und zum geeigneten Zeitpunkt pädagogische Informationen zukommen lassen, die ihn seine Problematik (kognitiv) besser verstehen lassen;
(2) die pädagogische Information von der Problematik des Klienten trennen;
(3) die pädagogische Information verständlich darlegen.

Erläuterungen

Es gibt viele Menschen, die ein Auto fahren und auch besitzen, aber vom 'Innen- und Außenleben' des Autos nichts verstehen. Für Pannen sind die Fachleute da. Nun kann es jedoch manchmal nicht nur hilfreich, sondern auch von Interesse sein, einiges über das Auto zu wissen, um die Zusammenhänge (etwas) besser zu verstehen. Ein Wagen, der ausreichend betankt und dessen Batterie in Ordnung ist, bei dem der Anlasser funktioniert und die Benzinpumpe arbeitet, springt dennoch nicht an. Der Fachmann hat alles dieses überprüft, stellt dann aber doch fest, daß die Benzinzufuhr (durch eine Verstopfung) gestoppt wird. Mittels Saugen wird die Leitung freigelegt, und der Motor springt an. Auf die übliche Frage: 'Woran lag es denn?' kann der Fachmann unterschiedlich reagieren. Er kann auch - und das ist der Sinn dieses Beispiels - den konkreten Fall zum Anlaß nehmen (wir unterstellen hier den Wunsch des Geplagten), anhand dieses Beispiels den Zusammenhang von Anlasser, Benzinpumpe, Ansaugstutzen usw. zu erklären, weil er damit über den konkreten Einzelfall hinaus dem Betroffenen einen allgemeinen Einblick in den Zusammenhang von der Wirk- und Arbeitsweise des Motors vermittelt. Der Kunde wird nun ein anderes Verständnis entwickeln, er wird seinen Fall mit anderen und ähnlichen Fällen prinzipiell vergleichen können; er wird auch schnell verstehen, daß Eigenarten und Besonderheiten zwar vorhanden sind, das grundlegende Prinzip aber gewahrt bleibt. Der Kunde hat eine technische Information erhalten, die er versteht, ohne gleich selbst Fachmann zu sein (oder sein zu wollen).

Pädagogen (und Psychologen) unterscheiden sich von Nicht-Pädagogen (und Nicht-Psychologen) dadurch, daß sie über (wissenschaftliche) Informationen verfügen, die andere eben nicht besitzen. Die Informationen versetzen sie in die Lage, ihren Beruf überhaupt auszuüben. Bei der Ausübung wird das vorhandene Wissen handelnd umgesetzt.

Es gibt nun durchaus Situationen, in denen es sinnvoll und hilfreich ist, dem Betroffenen gegenüber die konkreten Handlungen zu erklären, sie in einen übergeordneten Zusammenhang zu stellen bzw. die Handlungen mit (wissenschaftlichen) Informationen zu versehen. Es müssen aber nicht immer nur die Handlungen selbst sein, die möglicherweise zu erklären sinnvoll sein kann, es können ebenso die vorfindbaren Fakten (Resultate einer Diagnose, Kausalzusammenhänge) sein, die - *unabhängig vom konkreten Einzelfall*, aber diesen zum Anlaß nehmend - erklärt werden können. Zu welchem Zeitpunkt das geschehen und wieviel erklärt werden soll, ist nur im konkreten Einzelfall zu entscheiden. Aber es gehört eo ipso zur Berufsqualifikation eines Pädagogen, zu wissen oder abzuschätzen, *wann* und *welche* Informationen *wie* gegeben werden sollen.

Unter 'pädagogisch-psychologischer Information', die selbstverständlich soziologische oder anthropologische einschließt, verstehen wir eben die Möglichkeit, dem Klienten an geeigneter Stelle Informationen zukommen zu lassen, von denen angenommen werden kann, daß er sie, ausgehend von seiner Problematik, kognitiv positiv verarbeitet und selbst einen Blick für die Zusammenhänge gewinnt. Neutrale Informationen können dem Klienten die Möglichkeit eröffnen, eine neue Sichtweise seines Problems zu gewinnen, auf Informationsdefiziten beruhende Ängste abzubauen und ihm neue Anregungen und Denkanstöße zu geben.

Es bedarf jedoch besonderer didaktischer Feinfühligkeit, die Information situationsadäquat einzubringen. Es ist ungünstig, unvermittelt zu sagen: 'Bei Ihnen ist das so und so!' Vielmehr sollte zunächst im Gespräch eine Zäsur gemacht werden, an der deutlich wird, daß das Folgende innerhalb der Gesprächssituation einen anderen Stellenwert besitzt, etwa: ''Ich möchte an dieser Stelle einmal unser Gespräch unterbrechen. Ich möchte Ihnen über das, worüber wir gerade sprechen, einige Informationen geben, die Ihre Problematik betreffen, aber allgemein angenommen werden (allgemein gültig sind) ...''

Vorausgesetzt wird, das sei noch einmal wiederholt, der Klient zeigt Interesse an solchen Informationen, fragt möglicherweise selbst nach und versteht damit umzugehen (Einschätzung durch den Therapeuten). In diesem Zusammenhang muß beachtet werden, ob der Wunsch des Klienten in bezug auf konkrete Information 'echt' ist oder ob sich hinter diesem Bedürfnis nicht ein versteckter Hilferuf oder ein Ablenken von der Betroffenheit durch das Problem verbirgt. In diesem Fall können ihn Informationen sogar lähmen, wenn seine Befindlichkeit nicht berücksichtigt und nur starre Etikettierungen ohne Folgerungen für die Individualität des Klienten angeboten werden.

Hat sich durch das Gespräch das Bedürfnis nach Informationen herauskristallisiert, müssen diese ohne Wertung und so konkret wie möglich in Form eines Angebots an den Klienten weitergegeben und dabei hauptsächlich vier Fragen berücksichtigt werden:

1. Welche Informationen braucht der Klient?
2. Wie vermittle ich diese Informationen?
3. Reagiert der Klient gefühlsmäßig auf diese Informationen?
4. Kann der Klient die Informationen umsetzen?

Bei der Beantwortung dieser Fragen wird deutlich, daß es von besonderer Bedeutung ist, als Therapeut sensibel für die Reaktionen des Klienten zu sein. Das Gespräch über die individuellen Möglichkeiten und Grenzen der Umsetzbarkeit in den Alltag des Klienten sollte sich immer anschließen, um resignierende oder ablehnende Reaktionen des Klienten thematisieren zu können.

Beispiel

Therapeut: ''Sie sind über Ihre Art der Beschwerden sehr erstaunt! Da Sie ja schon das letzte Mal an Fragen dieser Art Interesse zeigten, könnte ich jetzt versuchen, Ihnen etwas darüber zu sagen, was man glaubt, ziemlich sicher annehmen zu können. Können Sie sich im Moment von unserem bisherigen Gespräch lösen? Ich meine, sollen wir mal darüber sprechen?''

Klient: ''Ja, das interessiert mich sehr. Ich habe zwar davon schon gehört ..., aber wenn es einen selbst nicht betrifft ..., nun ist das ja anders.''

Therapeut: ''Gut, dann unterbrechen wir hier mal für eine Weile. Man kann heute ziemlich sicher davon ausgehen, daß sich psychische Belastungen in irgendeiner Form körperlich niederschlagen. Unbestritten ist, daß sich nervöse Störungen im Magen niederschlagen. Ähnliches gilt für ...''

Übung

Pädagogisch-psychologische Informationen erklären

Die Teilnehmer erhalten bis zu einem festgesetzten Termin den Auftrag, sich in eine spezifische Thematik mit dem Ziel einzuarbeiten, die zusammengestellten Informationen in didaktisch durchdachter Form der Kleingruppe (dem Plenum) vorzutragen. Es ist darauf zu achten, daß keine Kurzreferate gehalten werden. Bewährt hat sich folgende Formulierung der Aufgabenstellung an die Teilnehmer:
'Sie lernen die Informationen ausschließlich für sich. Denken Sie beim Arbeiten nicht an die Gruppe, sondern nur daran, daß *Sie* Bescheid wissen sollen!'
Die Themen können von den Trainern vorgegeben oder von den Teilnehmern selbst ausgewählt werden.

Ziele:
(1) Dem Klienten die Möglichkeit schaffen, seine unterdrückten Gefühle laut zu artikulieren bzw. auszudrücken;
(2) mit dem Klienten über den 'Gefühlsausbruch' sprechen.

Erläuterungen

Jeder von uns hatte wohl schon einmal das Bedürfnis, seinen momentanen Ärger, seine Wut oder seine Freude lauthals hinauszuschreien. Meistens sind die äußeren Gegebenheiten nicht so beschaffen, dies ungestraft oder doch zumindest nicht ohne Mißverständnisse zu erzeugen zu tun. Die Gefühle werden unterdrückt und kanalisiert, sie werden abgeleitet.

In der therapeutischen Situation kommt es nun häufig vor, daß der Klient spürt, wie in ihm Gefühle aufsteigen, welche er gewöhnlich unterdrückt. Es würde ihm aber sehr guttun, diese Gefühle zu äußern, und zwar nicht in moderater, kontrollierter Form, sondern eher unkontrolliert, spontan und laut. Wenn der Therapeut den Eindruck gewinnt, dem Klienten würde das 'Herausschreien' der Gefühle guttun, dann sollte er dafür die Möglichkeit schaffen und ihn in seinem Wunsch unterstützen.

Dieser von uns so benannte Baustein *Gefühlsimplosion* erinnert sehr stark an die Implosionstheorie. Diese arbeitet nach dem (paradoxen) Prinzip, möglichst das so stark zu provozieren, was gerade verhindert bzw. abgebaut werden soll: Angst wird mit Ängsten, Beklemmung wird mit Beklemmungen und psychischer Druck wird mit psychischem Druck bearbeitet. Dieses Arbeitsprinzip wurde von der Verhaltenstherapie, vom Psychodrama und von anderen therapeutischen Schulen in jeweils modifizierter Fassung übernommen. Hier geht es nicht um Implosionstherapie!

Hier geht es lediglich darum, den unterdrückten Gefühlen einen Raum zu schaffen, sich zu befreien. Wenn diese Möglichkeit für die pädagogischen Gesprächssituationen besonders herausgestellt wird, dann deshalb, weil es in der Regel 'bei Gesprächen' (auch bei therapeutischen Gesprächen) 'gesittet' zuzugehen hat und ein Schreien oder Brüllen als nicht normal angesehen wird. Aber gerade in therapeutischen Gesprächen bietet sich die Chance, die öffentlichen Tabus zu ignorieren.

Theoretisch besteht die Gefahr, daß der Klient sich in das Herausbrüllen derart hineinsteigert, daß er mit sanfter Gewalt zur Besinnung gebracht werden muß. Auf diese Ausnahme sei hier nur hingewiesen.

Beispiel

Klient:	"Oh, habe ich eine Wut auf ihn!"
Therapeut:	"Die möchten Sie am liebsten loswerden."
Klient:	"Oh ja, einmal so richtig ..."
Therapeut:	"...brüllen!"
Klient:	"Genau ... genau."
Therapeut:	"Tun Sie's!"
Klient:	"Was? Jetzt? Hier?"
Therapeut:	"Ja! Jetzt! Hier! Brüllen Sie! Brüllen Sie alles, was Sie wollen!"
Klient:	"Sie sind verrückt!"
Therapeut:	"Mag sein, brüllen Sie! Hier können Sie es."

Übung

Für diesen Baustein ist eine Übung schlecht einzuplanen. Andererseits gibt es während des Trainingsseminars viele Gelegenheiten, in denen bei den Teilnehmern angestaute Gefühle nach Befreiung verlangen. Es liegt an der Feinfühligkeit der Trainer und am Gruppenklima insgesamt, solche 'echten' Gelegenheiten als 'echte' Situationen zu nutzen.

Ziele:
(1) Erkennen, wann psychische Strukturen (intrapsychische Spannungen) durch dramatische Darstellungen verdeutlicht werden können;
(2) dem Klienten Grundzüge der psychodramatischen Konkretisierung erläutern;
(3) durch Umgestaltung des Raumes die darzustellende Situation möglichst genau herstellen;
(4) durch methodische Elemente die intrapsychischen Spannungen und Abläufe verdeutlichen lassen;
(5) den Klienten Lösungsmöglichkeiten dramatisch konkretisieren lassen;
(6) dem Klienten durch die szenische Darstellung seine Wahrnehmungskanäle, Handlungskomponenten und -ursachen deutlich machen;
(7) durch die Übernahme der unterschiedlichen Rollen dem Klienten die jeweiligen Abhängigkeiten innerhalb eines Beziehungsgefüges verdeutlichen;
(8) dem Klienten durch szenische Darstellung die Möglichkeit einräumen, vorbewußte, unbewußte und bewußt unterdrückte Gefühle, Einstellungen, Empfindungen usw. auszuagieren.

Erläuterungen
Die psychodramatische Konkretisierung basiert auf den Grundgedanken des Psychodramas nach J.L. Moreno. Aus den Ideen des Stegreiftheaters entwickelte sich die Form dramatisierender Darstellung psychischer Zu- und Umstände. Damit sind sowohl intrapersonale als auch interpersonale Konflikte gemeint.
Die psychodramatische Konkretisierung ist dann angezeigt, wenn intrapsychische Zustände durch eine dramatische Darstellung deutlicher gemacht werden können. Durch diese Form der Darstellung werden Strukturen deutlicher sichtbar und leichter bearbeitbar. Der Klient stellt dabei die Personen entweder selbst dar oder läßt sie durch andere nach seinen Anweisungen spielen. Dabei ist die Sichtweise des Klienten von Bedeutung. Mit Hilfe verschiedener methodischer Vorgehensweisen (Hilfs-Ich, Doppeln, Selbstdarstellung, Soziogramm etc.) können einzelne Problemlagen deutlich gemacht werden.
Der Einsatz psychodramatischer Elemente bedarf allerdings weitreichender Erfahrungen und Einschätzungsfähigkeiten bezüglich der Belastbarkeit des Klienten. Da die Dramatisierung nicht immer der Kontrolle des Klienten unterliegt, denn durch Aktion dargestellte Beziehungen oder Emotionen sind nicht so leicht steuerbar wie verba-

le, werden durch diese Form der Aufarbeitung weitreichende psychische Momente deutlich.

Innerhalb des therapeutischen Gesprächs werden diese Elemente im Bereich der Problemsondierung und Verdeutlichung eingesetzt. Sie finden besonders dann Anwendung, wenn verbale Darstellungen der Problemlage durch Rationalisierung des Klienten auf der Ebene des 'Über-das-Problem-Redens' bleiben bzw. dann, wenn durch die verbale Darstellung die Beziehungen, Emotionen, Strukturen und Bedingungen nicht deutlich genug werden.

Der Therapeut muß dem Klienten dann die Grundzüge der dramatischen Darstellung erläutern. Dieses ist deshalb wichtig, da der Begriff 'dramatisch' im Umgangssprachlichen anders verstanden wird als es hier gemeint ist. Danach werden die für die Darstellung wichtigen Personen (sofern vorhanden) und Requisiten zusammengetragen. Die zu spielende Situation wird vom Klienten genau erzählt und dann von ihm mit Hilfe des Therapeuten nachgespielt. Dabei können, wenn keine anderen Personen zur Verfügung stehen, auch Gegenstände als fiktive andere Personen genommen werden.

Die Aufgabe des Therapeuten besteht bei der Konkretisierung immer darin, die neu auftretenden psychischen Situationen immer wieder durch Darstellungen verdeutlichen zu lassen. Die betroffenen, d.h. die 'mitspielenden' Personen oder Gegenstände werden hierbei nach Anweisung des Klienten bewegt, in Beziehung zueinander gesetzt oder durch Entfernen bzw. Näherbringen dazu genutzt, die inneren Strukturen beim Klienten zu verdeutlichen.

Sind möglichst alle für die Situationsbeschreibung wichtigen Umstände deutlich geworden, hat der Klient die Möglichkeit, innerhalb der Konkretisierung im angstfreien Raum Lösungsansätze durchzuspielen. Dabei werden die dann aufkommenden Gefühle, wenn nötig, erneut 'dramatisiert' verdeutlicht.

Beispiel

Die Klientin hat im Gespräch ihre unterschiedlichen Beziehungen zu ihren Geschwistern erwähnt. Diese Distanzen haben für sie eine besondere Bedeutung.

Therapeut: "Die Beziehungen zu Ihren Brüdern haben für Sie eine große Bedeutung. Ich schlage Ihnen deshalb eine andere Form der Darstellung vor. Wenn Sie bereit sind, sich darauf einzulassen, können wir diesen Aspekt durch eine psychodramatische Darstellung konkretisieren.''

Nachdem die Klientin ihre Einwilligung gegeben hat, erklärt der Therapeut die Vorgehensweise. Da keine anderen Personen zur Verfügung stehen, werden Gegenstände zur Darstellung der Brüder herangezogen. Um die Beziehungsstrukturen deutlicher werden zu lassen, wählt er die Form einer soziodramatischen Darstellung.

Therapeut: "Um die Beziehungen zu Ihrer Familie deutlich werden zu lassen, bitte ich Sie, für jede Person aus Ihrer Familie einen Stuhl auszuwählen und den so im Raum aufzustellen, wie Sie die jeweilige Person nahe oder entfernt empfinden. Dabei bitte ich Sie, auch die Stühle so um sich herum anzuordnen, wie Sie die jeweilige Person empfinden. Also wenn ein Bruder Ihnen sehr nahe ist, eher immer hinter Ihnen steht, dann stellen Sie den betreffenden Stuhl hinter sich, und zwar je nachdem, wie Sie ihn empfinden, mit dem Gesicht zu Ihnen oder abgewandt."

Die Klientin ordnet nun die betreffenden Stühle unter Mithilfe des Therapeuten an und beschreibt die jeweiligen Beziehungen.

Klientin: "Der Franz ist mir ganz schön fremd, ich empfinde ihn auch als sehr abgewandt, immer weg von mir. Mit ihm habe ich am wenigsten Kontakt." Stellt den Stuhl mit abgewandter Sitzfläche weit weg.

Nachdem sie alle Beziehungen mit Hilfe der Stühle dargestellt hat, werden nun die einzelnen Beziehungen und die damit verbundenen Gefühle erarbeitet und besprochen.

Therapeut: "Ihr Bruder Franz ist Ihnen sehr fremd. Den empfinden Sie als weit weg von sich."

Klientin: "Ja, der Franz ist ganz schön weit weg von mir. Ich bekomme von ihm meist nichts mit, auch wenn ich mich bemühe. Dabei würde ich gerne mehr von ihm mitbekommen. Aber der läßt mich nicht an sich ran."

Therapeut: "Sie hätten gerne mehr Nähe zu Franz. Stellen Sie doch bitte mal den Stuhl, der Franz darstellt, so hin, wie sie ihn gerne hätten."

Nachdem die Klientin den Stuhl direkt ihrem eigenen gegenübergestellt hat, wird besprochen, wie die Beziehung genau aussehen sollte und welche Bedingungen dafür da sein müßten. Die Schwierigkeiten bei der Herstellung dieses Zustandes werden im weiteren Verlauf des Gesprächs angesprochen. Hierbei werden jetzt zwei Ebenen deutlich, zum einen die Sichtweise der Klientin, wie sie die anderen Personen sieht; zum anderen die von der Klientin vermutete Sichtweise, wie die anderen Personen sie sehen. Um dies deutlicher werden zu lassen, übernimmt sie im Wechsel auch die Rollen der anderen Personen. Darüber werden die vermuteten Sichtweisen der anderen Personen deutlicher und ebenso das Selbstbild der Klientin.

Die über diese Konkretisierung deutlich gewordenen Strukturen und Wünsche werden dann im Gespräch weiterbearbeitet.

Übung
Stegreifspiele
Die Form des Stegreifsspiels dient dazu, über die Spontaneität des

152

Spiels an Lebenskonzepte oder Vorstellungen der Trainingsteilnehmer heranzukommen.

Der Spielleiter teilt den Raum in Bühne und Zuschauerraum. Er gibt der Gruppe, die jeweils spielen soll, ein Thema vor (Kneipenbesuch, Besuch eines Friedhofes, Familie am Samstagabend, etc.). Die Spieler spielen nun die Szene, ohne sich vorher abzusprechen.

Nach dem Spiel werden die Spieler im Sharing nach ihren Emotionen und dem Grund der jeweiligen Rollenübernahme gefragt. Danach geben die Zuschauer Rückmeldungen an die Spieler. Im nachfolgenden Gespräch werden die Entscheidungen und die Frage danach, ob die Entscheidungen und Verhaltensweisen typisch für den jeweiligen Spieler sind, besprochen.

Diese Übung dient einerseits dazu, den Teilnehmern Erfahrungen mit psychodramatischen Elementen zu vermitteln, und andererseits dazu, die Grundzüge psychodramatischer Konkretisierung zu erlernen.

Baustein: Entspannung I - Körperliche Entspannung	37

Ziele:
(1) Den Klienten in eine körperlich ruhige und bequeme Position bringen;
(2) im körperlich entspannten Zustand mit dem Klienten am Thema weiterarbeiten.

Erläuterungen

Unter 'Entspannung' kann man viel verstehen und wird auch viel verstanden. Lassen wir die sportlich orientierten Entspannungsmethoden beiseite, die für unseren Zusammenhang keine Bedeutung besitzen, so reicht die Bandbreite psycho-physischer Entspannungsformen von der reinen Muskelentspannung (z.B. 'Progressive Relaxation' nach Jacobsen) über das 'Rolfing' (eine körperorientierte Therapie nach I. Rolf), die Bioenergetik (vor allem in der Körpertherapie nach A. Lowen), das Autogene Training (z.B. in der Form von B. Hoffmann) bis hin zu meditativen Formen der Entspannung. Jede dieser Entspannungsformen, -techniken oder -methoden ist ein Programm für sich, jede hat ihre eigene 'Philosophie', und entsprechend unterschiedlich sind die angesprochenen Adressaten. So unterschiedlich die psycho-physischen Methoden auch im einzelnen sein mögen, in den wesentlichen Fragen und Zielen stimmen sie nahezu überein. In allen Entspannungsformen gibt es gemeinsame Basisübungen, die unabhängig von den einzelnen Ausrichtungen für das Individuum hilfreich und sinnvoll sind.

Für unseren thematischen Zusammenhang besitzen die Entspannungen eine helfende und unterstützende Funktion; sie sind nicht Selbstzweck. Die in therapeutischen Gesprächen eingesetzten Entspannungen dienen der Erleichterung in der Arbeit mit dem Klienten. Die Erleichterung erfährt sowohl der Klient in dem Sinne, daß er sich über die Entspannung bestimmten Problemen leichter nähern kann, als auch der Therapeut in seiner Arbeit, indem er über Entspannungsverfahren dem Problem des Klienten näherkommt. Dabei kann es durchaus vorkommen, daß die angebotenen Entspannungsformen dem Klienten so fremd und unbekannt sind, daß sie möglicherweise eher angstinduzierend wirken als förderlich sind. In einem solchen Fall sollte auf die Entspannungsangebote verzichtet werden. Bei den hier vorgeschlagenen Entspannungsangeboten wird das allerdings nur in den seltensten Fällen zutreffen. Eher kommt es vor, daß ein Klient aus der Entspannungsphase 'aussteigt', nämlich dann, wenn sich während der Entspannungsphase ein virulentes Gefühl oder Problem auftut, vor dem sich der Klient nur durch eine 'kontrollierbare Aktion' zu schützen weiß. 'Kontrollierbare Aktionen' sind jene Formen des alltäglichen Umgehens mit seinem Gefühl oder seinem Problem: Reden, irgendetwas zur Ablenkung tun, Verdrängen etc.

Die Entspannungsangebote dienen auch nicht dazu, *über* die körperliche Entspannung zu Problemlösungen zu gelangen, oder anders ausgedrückt: Ein seelisches Problem soll und kann nicht über diese Formen der Entspannung gelöst werden. Die Alexithymie (eine Art Muskelpanzer, der verhindert, Gefühle und Empfindungen zu erkennen oder auch nur wahrzunehmen), ist eine krankhafte Erscheinungsform, die man (auch) über Körperarbeit behandeln könnte. Darum kann es hier aber schon deshalb nicht gehen, weil Klienten mit solchen oder ähnlichen Leiden für den hier angesprochenen Adressatenkreis nicht in Frage kommen. Trotzdem erwähnen wir dieses Beispiel, weil auch schon annähernd vage Vermutungen im körperlichen Empfinden (bzw. Nichtempfinden) bei Klienten (besonders häufig bei Schulkindern mit verschleppten Symptomen) zu diagnostischen Hinweisen führen, die eine Weiterempfehlung rechtfertigen.

Die hier vorgestellten Entspannungsübungen gliedern sich nach Abstufungen:

Mit dem Baustein *Entspannung I* ist jene Entspannungsform gemeint, die lediglich den Körper zur Ruhe bringt. Sie ermöglicht es dem Klienten, sich besser zu konzentrieren, sich intensiver auf das Problem einzulassen oder sich körperlich zu entspannen.

Bei dem Baustein *Entspannung II* geht es zum einen um die körperliche Entspannung, zum anderen aber auch darum, bestimmte Körperempfindungen bewußt wahrzunehmen. Dieses bewußte Wahrnehmen kann autonom oder fremdgesteuert werden.

Durch den Baustein *Entspannung III*, der die rein körperliche Entspannung voraussetzt, wird eine bedeutende Erweiterung vollzogen.

154

Neben der körperlichen Entspannung und der Körperempfindung wird hier bewußt auf den Zusammenhang von Körper und Inhalt (Gefühl, Problem, Bild) geachtet, ja sogar darauf hingewiesen. In Verbindung mit dem Baustein *Körperempfindungen aufspüren*, auch Focusing genannt (eine bestimmte Methode der Selbsterfahrung), und dem Baustein *Innere Bilder erleben*, auch Katathymes Bilderleben genannt (ein imaginatives Verfahren), wird diese Art der Entspannung zu einer unerläßlichen Voraussetzung. Das heißt, die therapeutischen Interventionen, zum Beispiel das Anbieten imaginativer Bilder, lösen unter Umständen im Klienten körperliche Empfindungen aus, *über* die und/ oder *mit* denen er mit Hilfe des Therapeuten weiterarbeiten kann. Die Voraussetzung zum Empfinden spezifisch körperlicher oder seelischer Vorgänge ist eine körperlich ruhige Ausgangslage. Im Extremfall, der allerdings für bestimmte imaginative Verfahren besonders vorteilhaft ist, etwa beim Katathymen Bilderleben, kommt die körperliche Entspannung einem Wachtraum sehr nahe: Erhöhung der Suggestibilität, eingeschränkte Wahrnehmung des Zeitgefühls, Einengung des Bewußtseins, Schwächung der rationalen Anteile, Verminderung der Abwehrkräfte, relativ tiefe Versenkung und Vertiefung.

Als Hilfe zur Anleitung seien folgende Anweisungen beispielhaft aufgezeigt:

Grundposition: Setzen Sie sich so bequem wie möglich hin. Versuchen Sie, auf dem Stuhl die beste Position zu finden.

Kopf: Wenn Sie können, schließen Sie die Augen und halten Sie die Augen geschlossen. Wenn die Augenlider zucken, lassen Sie sie ruhig zucken. Das vergeht im Laufe der Zeit. Sie sollten aber auf keinen Fall die Augen verkrampft schließen, das strengt nur an und verschafft keine Entspannung.

Den Kopf locker, etwas leicht nach vorne gebeugt, sonst versteift sich Ihr Nacken bzw. Ihre Halsmuskeln werden zu straff, und das erschwert Ihnen das Atmen.

Arme und Hände: Die Arme legen Sie bequem auf die Lehne, so daß Sie die Hände wie eine Schale geformt vor Ihren Bauch legen können, die Hände sind ganz locker und leicht; die Hände können ruhig auf den Oberschenkeln liegen. Sie können die Hände auch in die Beuge legen; die Handflächen, als Schale geformt, zeigen nach oben. Ja, probieren Sie in aller Ruhe aus, wie es für Sie am besten ist.

Schultern: Achten Sie auf Ihre Schultern, lassen Sie sie locker und leicht hängen, ohne das Gefühl zu haben, Sie verkrümmen sich.

Gesäß: Das Gesäß etwas nach hinten, es kann ruhig die Rückenlehne des Stuhles berühren, und den Rücken auch ganz leicht an die Rücklehne, dann sitzen Sie etwas aufrechter, aber auf Dauer bequemer. Sie müssen das Gefühl haben, Ihr Körperschwerpunkt liegt im unteren Beckenraum. Versuchen Sie einmal, das zu spüren.

Beine und Füße: Die Beine stellen Sie bitte parallel zueinander, aber nicht zu eng zusammen, und die Füße sollten mit der ganzen Fußsohle den Boden berühren. Versuchen Sie, auch durch die Schuhsohle den Boden unter sich zu fühlen.

Ziehen Sie die Beine ruhig etwas an, damit die Knie fast rechtwinklig abgewinkelt sind, das erleichtert das Sitzen für eine längere Zeit.

Ja, probieren Sie ruhig die beste Position aus. Gut so?

Bauch: Überprüfen Sie die Schultern, den Oberkörper und das Becken, ob alles gelockert und entspannt ist.

Der Bauch muß frei sein; Sie müssen gut und leicht atmen können. Ja, Sie können den Gürtel ruhig aufmachen. Nehmen Sie jegliche Spannung weg.

Probieren Sie ruhig aus, wir haben Zeit.

Überprüfung: Überprüfen Sie nochmal die Arme und Beine, ob sie jetzt locker und entspannt liegen bzw. stehen.

Überprüfen Sie Ihren gesamten Körper, ob noch irgendwo Spannungen sind, sonst korrigieren Sie! Gut?

Atmen Sie ganz normal. Ganz ruhig! Entspannen Sie Ihr Gesicht! Entspannen Sie Ihre Hände!

Bleiben Sie so entspannt sitzen und genießen Sie den ruhigen Zustand.

Daß diese Form der körperlichen Entspannung erst dann durchgeführt werden sollte, wenn sich zwischen Klient und Therapeut ein verläßliches Vertrauensverhältnis aufgebaut hat, bedarf eigentlich keiner besonderen Erwähnung.

Beispiel

Therapeut:	''Sie haben jetzt mehrere Situationen erzählt, in denen es Ihnen offenbar immer ähnlich ergangen ist.''
Klient:	''Ja, die Situationen sind zwar sehr unterschiedlich, aber eigentlich tritt das immer wieder auf.''
Therapeut:	''Ich schlage Ihnen vor, daß wir uns eine Situation genauer anschauen. Ich meine damit, daß Sie mir eine konkrete Situation ganz genau erzählen. Wir wollen versuchen, dieses Erlebnis so genau wie möglich zu rekonstruieren.''
Klient:	''Und es ist egal, welche Situation es ist?''
Therapeut:	''Wenn es Ihnen möglich ist, sollten Sie eine wählen, in der aus Ihrer Sicht das Problem besonders deutlich wird.''
Klient:	''Ja gut, da muß ich aber einen Augenblick überlegen.'' Pause. ''Ja, ich glaube, ich habe eine besonders typische gefunden.''
Therapeut:	''Sehr gut. Bevor wir damit beginnen, schlage ich Ihnen vor, daß Sie sich besonders bequem hinsetzen, also körperlich entspannen, denn Sie sollen sich nur auf die Situation konzentrieren. Können Sie sich darauf einlas-

sen?" Der Klient nickt. "Ich gebe Ihnen jetzt einige Hilfestellungen."
Der Therapeut leitet den Klienten mit den in den Erläuterungen dieses Bausteins aufgeführten Anweisungen zum Erreichen körperlicher Entspannung an.

Therapeut: "Ich möchte Sie jetzt bitten, daß Sie in die Situation gehen, die für Sie besonders typisch ist! Sind Sie? Gut! Schauen Sie sich bitte alles genau an, ob alle Personen anwesend sind und ob auch sonst alles stimmt! Sie sind jetzt in der Situation? Ja? Gut! Nun erzählen Sie bitte, was sich jetzt abspielt."

Übungen

Die unten aufgeführten Übungen dienen der körperlichen Sensibilisierung. Es ist ein Unterschied, ob man beim Sprechen oder aktiven Zuhören bequem sitzt oder ob man beim 'In-Sich-Hineinhorchen' bequem sitzt. In normalen Gesprächssituationen sitzt man in der Regel ebenfalls bequem, aber nur deshalb, weil man sich ständig völlig unkontrolliert und unbewußt bewegt und die Position laufend ändert. Diese Art der Bequemlichkeit ist zu der konzentrativen Bequemlichkeit (Ruhe) sehr unterschiedlich.

(1) Einzelübung

Jeder Teilnehmer nimmt sich einen Stuhl und versucht, sich in eine körperlich bequeme Position zu bringen. Er soll in der jeweiligen Position so lange verharren, bis er bemerkt, die Position doch verändern zu müssen. Er soll dabei besonders darauf achten, welche Körperpartien beim längeren Sitzen immer wieder neu korrigiert werden müssen, bis eine bequeme und angenehme Position gefunden worden ist. In der letztendlich angenehmen, bequemen und entspannenden, in sich ruhenden Position soll der Teilnehmer mehrere Minuten verharren.

(2) Partnerübung

Einer der Partner gibt die Anweisungen, der andere führt diese aus. Der Anweisende soll lernen, auf die Körperlichkeit des Partners zu achten; er soll lernen, die Anweisungen den Ausführungen des Partners anzupassen; er soll Korrekturen vornehmen lernen, und er soll lernen, die nonverbalen Signale (z.B. Verspannungen der Augen) anzusprechen. Der ausführende Partner kann nach der Übung dem Partner Rückmeldung darüber geben, ob die Anweisungen klar und deutlich waren, ob sie zu schnell erfolgten und anderes mehr.

(3) Anleitung zur Entspannung

Siehe Übungsbogen 'Zum Erlernen von konkreten Anweisungen für Entspannungssituationen' (Methodeninventar, Kap. 5).

Ziele:
(1) Den Klienten in eine körperlich ruhige und bequeme Position bringen;
(2) im körperlich entspannten Zustand mit dem Klienten am Thema weiterarbeiten;
(3) den Klienten auffordern, körperliche Empfindungen bewußt wahrzunehmen;
(4) den Klienten auffordern, die körperlichen Empfindungen zu artikulieren.

Erläuterungen

Jeder von uns, der über ein Erlebnis erzählt, besonders wenn es sich um ein sehr emotionales handelt, agiert dabei unmerklich nonverbal, d.h. mit der Körpersprache. Der Inhalt des Erlebten wird von uns körperlich begleitet, er wird durch die Körperhaltung und durch Gestik und Mimik verstärkt. Hinzu kommen sogenannte 'paralinguistische Begleitreize'; das sind besondere Merkmale der individuellen Sprache wie Lautstärke, Klangfarbe oder Tonhöhe, aber auch die Sprachmelodie, die Art der Pausen und das Sprechtempo. Wir nehmen diese Art der kommunikativen Vermittlung bzw. diese Signale an uns selbst nicht mehr bewußt wahr; wir stellen sie allenfalls noch bei unserem Gegenüber fest. Unsere Gefühle werden über die Körpersprache ausgedrückt, obwohl wir den Körper selbst nicht mehr wahrnehmen. Nur in Extremsituationen 'schlägt es uns auf den Magen' oder 'die Hände werden vor Angst feucht'.

Die *Entspannung II* will auf der Grundlage der körperlichen Entspannung (siehe Baustein *Entspannung I*) die Voraussetzungen dafür schaffen, daß Gefühle, eigentlich auch Gedanken, wieder körperlich spürbar werden.

In der Entspannungsphase als Ausgangslage, in der der Klient sich selbst autonom oder mit Hilfe des Therapeuten fremdgesteuert mit seinem Problem oder Gefühl konfrontiert, soll er nun besonders auf seine Körperempfindungen achten und diese auch artikulieren. Der Therapeut unterstützt diese Art Körperarbeit, indem er dem Klienten durch Wiederholungen der Gefühle bzw. der Empfindungen die Möglichkeit bietet, sich diese Gefühle und die damit verbundenen Körperempfindungen 'genauer anzuschauen', sie überhaupt zuzulassen. Das Anschauen und das Zulassen der Empfindungen soll der Klient sprachlich ausdrücken. Die Angebote des Therapeuten erleichtern dem Klienten die Artikulation seiner Gefühle.

Bei der autonomen Methode versucht der Klient selbst, sich völlig dem Körper zu überlassen und darauf zu achten, welche Empfindungen er an welchen Körperpartien wahrnimmt. Da die Entspannung in der Regel immer an die Erarbeitung eines Problems oder Gefühls gebunden ist, läßt sich auch eine Verbindung zwischen Problem und Körperempfinden herstellen. Jedes Gefühl ist immer auch ein körperliches Gefühl, jede seelische Regung zieht körperliche Empfindungen nach sich; wir haben es nur im Laufe unserer Lebensgeschichte verlernt, die Verbindungen und Verknüpfungen wahrzunehmen. Der Klient muß (wieder) lernen, mehr auf seinen Körper zu achten, sensibler die körperlichen Signale oder Empfindungen zu registrieren und zu artikulieren. So kann nach einer therapeutischen Intervention der Therapeut den Klienten auffordern, ganz auf seinen Körper zu achten: Wo und was fühlt er körperlich? Sind die Gefühle angenehm oder unangenehm? Was verbindet er mit diesen körperlichen Empfindungen? Was verbindet er mit den aufkommenden Gefühlen? Welche Gedanken kommen ihm? Welche Assoziationen hat er?

Bei der fremdgesteuerten Methode wird der Klient von außen, in unserem Fall durch den Therapeuten, angeleitet, bestimmte Körperpartien zu spüren. Da sich auch hier die Entspannung mit der Erarbeitung oder Fokussierung eines bestimmten Problems verbindet, weiß der Therapeut, welche Körperpartien anzusprechen wären, etwa die Schultern, die eine schwere Last zu tragen haben, die Beine und Füße, die sich nicht mehr bewegen können, oder die hintere Beckenregion (die Verbindung von Becken und Wirbelsäule), die steif und unbeweglich ist und schmerzt. Darüber hinaus gibt die gezielte Beobachtung des - in der Regel unkontrolliert ablaufenden- körperlichen Verhaltens dem Therapeuten Hinweise, welche Körperpartien oder Körperregionen Hinweise aussenden. Unruhige Augenbewegungen, das Heben oder Senken der Schultern, der eingezogene Bauch oder die unruhigen Füße sind Hinweise, die körperliche Reaktion durch den Klienten artikulieren zu lassen.

Beispiel

Fortsetzung des Beispiels aus Baustein *Entspannung I.*

Klient: "Die Kollegen stehen alle im Raum. Sie auch!"

Therapeut: "Gut! Was geschieht jetzt?"

Klient: "Die Kollegin kommt auf mich zu. Ganz nah ist sie jetzt." Der Klient schüttelt sich leicht.

Therapeut: "Sie schütteln sich!"

Klient: "Oh, Gott, ist mir das unangenehm ... ihre Nähe." Bläst unmerklich die Luft durch die Lippen und schüttelt erneut den Kopf.

Therapeut: "Was ist? Ist Ihnen unbehaglich? Was geschieht nun?"

Klient: "Sie kommt noch näher auf mich zu." Drückt sich gegen die Rückenlehne seines Stuhles und kneift die Augen

	zusammen.
Therapeut:	"Was ist? Was geschieht?"
Klient:	"Sie kommt noch näher, sie erdrückt mich fast. Ich weiß nicht mehr, wo ich hingehen soll. Hinter mir steht ein Tisch. Ich kann nicht mehr weiter zurück."
Therapeut:	"Und?"
Klient:	"Mir wird fast schlecht. Ich kann ihren Atem, nein, es ist ihr Körpergeruch ... uuh!"
Therapeut:	"Sie empfinden einen unangenehmen Geruch! Riechen Sie weiter!"
Klient:	"Es ist fast ekelhaft."
Therapeut:	"Sie empfinden jetzt Ekel, ja?"
Klient:	"Ehrlich gesagt, ja. Ich kann nichts dafür, aber er ist plötzlich da."
Therapeut:	"Lassen Sie den Ekel ruhig hochkommen."

Übungen

Die beiden folgenden Übungen sollten als jeweilige Partnerübung durchgeführt werden. Die Rollen werden als Therapeut und Klient eingenommen, danach wird gewechselt.

(1) Körperempfindung spüren
Der Klient überlegt sich eine besonders emotional durchlebte (angenehme oder unangenehme) Situation, die er dem Therapeuten nur in groben Zügen erzählt. Der Therapeut versucht nun, über die Entspannungsübung (siehe Baustein *Entspannung I*) die Situation des Klienten ins 'Hier und Jetzt' zu holen. Beim Erzählen der Situation (des Erlebnisses) soll der Klient seine körperlichen Empfindungen, die er während der Übung verspürt, artikulieren, bzw. der Therapeut versucht, den Klienten an geeigneten Passagen auf körperliche Empfindungen anzusprechen. Ist die Übung beendet, tauschen beide ihre Erfahrungen aus.

(2) Körperpartien fokussieren
Die folgende Übung mutet sehr künstlich an, aber durch mehrmaliges Üben erfahren die Teilnehmer Erstaunliches an und über sich.
Nach der normalen Entspannungseinleitung (siehe Baustein *Entspannung I*) fordert nun der Therapeut den Klienten auf, sich nur auf bestimmte Körperpartien oder Körperteile zu konzentrieren. Der Klient soll ganz bewußt und sehr intensiv die angesprochenen Körperpartien oder Körperteile 'in sich aufnehmen', nur auf das 'Geschehen in ihnen achten', die Veränderung spüren und darüber sprechen.
Beispiel: 'Konzentrieren Sie sich bitte nur auf Ihre Fußsohlen! Spüren Sie Ihre Fußsohlen auf dem Boden! Achten Sie einmal darauf, wie Sie

den Boden oder die Fußsohlen wahrnehmen! Was fühlen Sie? Was geht in Ihnen jetzt vor? Welche Gedanken kommen Ihnen? Bemerken Sie Veränderungen?'

Als Übung können besonders fokussiert werden: die Augen, das Bekken, die Hände, der Bauch, die Schultern.

Baustein:	Entspannung III - Körperliche Entspannung und Körperempfinden in Verbindung mit emotionalen Bezügen	39

Ziele:
(1) Siehe die Ziele von Baustein *Entspannung II*;
(2) den Klienten zur tiefen Ruhe führen, die ihm eine Versenkung und Vertiefung ermöglicht;
(3) dem Klienten in tiefer Ruhe imaginative Bilder anbieten.

Erläuterungen

Wir alle kennen die sogenannten Tagträume. Sie entstehen beim 'Vor-Sich-Hindösen' oder im Halbschlaf. Wir schlafen eigentlich nicht richtig, sind dennoch nicht richtig wach; es ist so eine Art Zwischenstadium zwischen Wachsein und Schlafen. In diesem entspannten Zustand tauchen häufig Bilder, Wunschvorstellungen oder Ereignisse auf, die uns entweder momentan beschäftigen oder die schon eine längere Zeit zurückliegen. Im Quasi-Dämmerzustand verarbeiten wir diese Bilder. Nach dem Aufwachen fühlen wir uns sehr häufig nicht wohl, denn die Bilder und Geschehnisse ließen uns nicht richtig schlafen (tief entspannen), sie verfolgen uns teilweise noch eine Weile, und wir fühlen uns wie benommen. Mitunter sind diese Phasen mit leichten Schweißausbrüchen verbunden, die alles eher unangenehm als angenehm machen, und manchmal benötigt man eine gewisse Zeit, bis man wieder 'richtig da ist'.

Mit dieser alltäglichen Erscheinung haben wir annähernd das beschrieben, was wir hier unter Entspannung verstehen. Allerdings mit dem Unterschied, daß dieser Zustand künstlich herbeigeführt wird und daß die unangenehmen Erscheinungen nicht eingeplant werden, wenngleich sie auch nicht unterdrückt werden sollen.

In bestimmten therapeutischen Situationen bei spezifischen Problemkonstellationen ist es angebracht und sinnvoll, mit dem Klienten in eine tiefe Ruhepause zu gehen, um mit ihm an seiner Problematik weiterzuarbeiten. Daß in diesem Fall ein besonders verläßliches Vertrauensverhältnis zwischen dem Therapeuten und dem Klienten gewachsen sein muß, wurde schon betont. Der Klient muß das Vertrauen haben, daß der Therapeut tatsächlich nur das mit ihm 'macht', was vorher vereinbart worden ist. Wir nennen diese Vereinbarung das Arrangement: Der Therapeut erklärt dem Klienten, worauf er sich einlassen soll, wie er mit ihm arbeiten und daß nichts gegen den Willen des Klienten unternommen wird. Bei allem, was angeboten wird, bleibt es dem Klienten überlassen, ob er sich darauf einlassen will oder nicht.

Es gibt nun mehrere Möglichkeiten, in diese Arbeit methodisch einzusteigen. Diese Möglichkeiten sind abhängig von der jeweiligen Problemkonstellation, die gerade bearbeitet wird.

Wir setzen - beispielhaft - voraus, der Klient sehne sich nach Geborgenheit. Was er jedoch mit 'seiner Geborgenheit' verbindet, was er sich unter ihr vorstellt oder welche Assoziationen er dazu entwickelt, bleibt im Gespräch recht diffus und daher unklar. Wir setzen desweiteren voraus, der Klient befinde sich bereits in tiefer Ruhe, dann gibt es die beiden Möglichkeiten:

(1) Der Therapeut fordert den Klienten auf, in eine Landschaft eigener Wahl (Vorstellung, Imagination) zu gehen, in der sich der Klient sehr wohl, sehr geborgen fühlt. Er kann ihn auch ganz 'neutral' bitten, sich einen Platz oder Ort oder eine Umgebung auszusuchen, in der er sich sehr wohl und geborgen fühlt.

Der Therapeut gibt also nur die 'Initialidee' vor, der Klient 'sucht' sich dann selbst den intendierten 'Ort'. Die Vorgabe der 'Landschaft' engt die Wahl in gewisser Weise ein, während die 'neutrale' Vorgabe der Phantasie keine Grenzen setzt.

(2) Der Therapeut bietet dem Klienten einen Ort, eine Landschaft oder ein Bild an. Die Angebote sind dann natürlich auf das Gefühl der Geborgenheit abgestimmt, d.h. es kann vermutet werden, daß der Klient sich in diesem 'Bild' geborgen fühlt oder sich in diesem 'Bild' selbst Geborgenheit sucht.

Die Erfahrung zeigt, daß bestimmte Bilder bestimmte Gefühle provozieren (können): eine Wiesenlandschaft (Ausgewogenheit), eine Flußlandschaft (Aktivität), ein Bach (Bewegung/Ruhe), ein Berg (Erhabenheit/Schwierigkeit), eine Schlucht (Angst/Beklemmung), ein offenes Feld (Arbeit/Weite), eine Berglandschaft (Erdrückung/ Geborgenheit), ein Waldrand (Entscheidung/Abgrenzung), aber auch ein Haus, eine Höhle oder ein Brunnen.

Bei beiden Vorgehensweisen entwickelt der Klient imaginative Bilder, Vorstellungen oder Assoziationen, aus denen heraus bestimmte Motive (Motivstrukturen) deutlich werden können. Während beider Vorgehensweisen bleibt der Therapeut mit dem Klienten in verbalem Kontakt, wobei hier besonders die nonverbalen Reaktionen des Klienten von größter Bedeutung sein können. Die nonverbalen Signale können vom Therapeuten angesprochen werden, denn das körperliche Empfinden während der Imaginationen kann äußerst aufschlußreich sein.

Die Aufgabe des Therapeuten besteht darin, den Klienten (1) vorsichtig, behutsam und einfühlsam zu begleiten bzw. (2) ihn vorsichtig, behutsam und einfühlsam zu führen.

Während dieser Phase setzt der Therapeut die 'normale' gesprächstherapeutische Arbeit fort. Er spricht mit dem Klienten, fragt ihn nach Erlebnissen, Begegnungen, Empfindungen, spiegelt Gefühle wider, bittet ihn, sich besondere Bilder genauer anzuschauen, fordert ihn auf, länger an einem Platz zu verweilen, konfrontiert ihn mit bestimmten Ereignissen (Personen treten auf; der Himmel verdunkelt sich) und vor allem - und das ist wichtig bei besonders sensiblen Klienten - schützt ihn vor zu starken emotionalen Einbrüchen. Die Aufgabe des Therapeuten besteht also einerseits in einer engagierten Zurückhaltung, andererseits darin, den Klienten zu führen und ihn mit bestimmten Bildern zu konfrontieren.

Der Schutz des Klienten ist der Therapeut in seiner Person; der Klient muß das Gefühl und die Gewißheit haben, jederzeit aus einem bedrohlichen Zustand 'herausgeholt' zu werden. Bei negativen emotionalen Einbrüchen, d.h. der Klient hat sich so stark in die Imagination hineinbegeben, daß er vermutlich auch noch nach dem 'Erwachen' stark unter den erlebten Gefühlseindrücken stehen könnte, empfiehlt es sich, ja es ist mitunter sogar geboten, dem Klienten vor dem 'Erwachen' eine beruhigende Landschaft, eine beruhigende Szene oder ein beruhigendes Bild zur Entspannung anzubieten. Dafür sollten sich beide ausreichend Zeit nehmen. Nach dem unmittelbaren 'Erwachen' ('Öffnen Sie nun langsam die Augen! Recken und strecken Sie sich erstmal! Schauen Sie sich um, wo Sie wieder sind!') sollte man dem Klienten Zeit lassen, sich wieder ins 'Hier und Jetzt' einzufinden.

Nach dieser Phase der Arbeit können nun Therapeut und Klient darangehen, das Erlebte aufzuarbeiten. Beide versuchen, gemeinsam zu ergründen, welche Bedeutung die Bilder, die Ereignisse, die Geschehnisse, die Landschaften, die Gefühle, die Vorstellungen usw. haben. Sie bieten eine gute Grundlage, an der eigentlichen Problematik weiterzuarbeiten.

Siehe auch Baustein *Innere Bilder erleben*.

Beispiele

(1) Therapeut: Hat den Klienten bereits zu körperlicher Entspannung angeleitet. ''Achten Sie nun auf Ihren Atem! Atmen Sie ganz ruhig! Spüren Sie den Atem! Er wird ganz ruhig und gleichmäßig. Sie fühlen sich wohl und ganz entspannt! Genießen Sie die Ruhe und den Frieden in sich! Sie sind jetzt ganz bei sich!'' Lange Pause. Beobachtet den Klienten. ''Bitte gehen Sie jetzt in eine Landschaft, in der Sie sich sehr wohlfühlen, in der Sie sich sehr geborgen fühlen. Sie haben Zeit, sich eine Landschaft auszusuchen!'' Pause. ''Sind Sie angekommen?''

Klient:	"Ja."
Therapeut:	"Und Sie fühlen sich in dieser Landschaft sehr wohl und geborgen?"
Klient:	"Ja, sehr!"
Therapeut:	"Erzählen Sie, wo Sie sind und wie es dort aussieht!"
Klient:	"Ich bin in einer Art Tal, d.h. die Berge sind nicht steil, sondern nur halb nach oben geschwungen. Und ich sitze im Gras."
Therapeut:	"Und weiter! Was sehen Sie noch?"
Klient:	"Über mir ist der Himmel ganz blau ..., und es ist angenehm warm." Lange Pause. "Hier möchte ich bleiben!"
Therapeut:	"Es tut Ihnen gut, dort zu sitzen, ja?"
Klient:	"Ja, sehr gut. Am liebsten möchte ich hier immer bleiben."
Therapeut:	"Was ist da noch in der Landschaft?"
Klient:	"Das ist alles. Komisch, ich sehe kein Tier!"
Therapeut:	"Würden Sie gerne ein Tier sehen wollen oder um sich haben?"
Klient:	"Nein, das ist nicht nötig. Es fällt mir nur auf." Pause.
Therapeut:	"Drehen Sie sich doch mal um! Was sehen Sie nun?"

(2) Therapeut:	"Ich möchte Sie jetzt bitten, in Gedanken auf eine Wiese zu gehen, die Ihnen sehr angenehm ist. Versuchen Sie es mal!" Therapeut wartet einen Moment, dann: "Sind Sie auf einer Wiese?" Der Klient nickt. "Fühlen Sie sich auf dieser Wiese wohl?"
Klient:	Zögert. "Ja, schon."
Therapeut:	"So ganz wohl fühlen Sie sich aber noch nicht?"
Klient:	"Doch schon, aber ich habe noch keinen Platz zum Hinsetzen gefunden."
Therapeut:	"Möchten Sie sich hinsetzen?"
Klient:	"Ja, ich fühle mich im Moment so müde, ich würde mich gerne hinsetzen."
Therapeut:	"Suchen Sie sich einen Platz!" Pause. "Haben Sie einen Platz gefunden?"
Klient:	"Ja, sogar einen sehr schönen. Hier ist es richtig gut."
Therapeut:	"Erzählen Sie, wie der Platz aussieht."

Übungen

(1) Imaginative Landschaft

Diese Übung läßt sich als Partnerübung durchführen. Der eine Teilnehmer übernimmt die Rolle des Therapeuten, der andere die des Klienten, danach wird gewechselt.

Der Therapeut bringt den Klienten in die Entspannung (wie oben beschrieben) und bietet ihm nun ein 'Bild' an, das beim Klienten (möglichst positive) Assoziationen auslösen soll (Freude, Aktivität, Wärme, Geborgenheit, Spiel, Entspannung usw.). Nach der Übung geben sich beide über ihre Erfahrungen gegenseitiges Feedback.

(2) Spiegelbild

Diese Übung ist als Einzelübung gedacht, allerdings sollte nach der Übung mit anderen Teilnehmern, die diese Übung ebenfalls durchgeführt haben, ein Erfahrungsaustausch stattfinden. Die Übung klingt schwierig, sie ist es auch in gewisser Weise für Ungeübte, aber nach mehrmaligem Ausprobieren kann es sein, daß viele Teilnehmer diese Übung zu Hause für sich allein wiederholen. Vorteilhaft, aber nicht unbedingt notwendig ist es, einen Spiegel zu haben, der die halbe Körpergröße wiedergibt. Dieser Spiegel wird senkrecht an eine Wand gestellt, und der Übende setzt sich in bequemer Position vor sein - im wahrsten Sinne des Wortes - Spiegelbild. Die Übung kann auch ohne einen wirklichen Spiegel durchgeführt werden; der Übende sitzt dann vor der Wand und stellt sich sein Spiegelbild vor. Nachdem der Übende sich in ruhiger Position (möglichst unbeweglich) sitzend im Spiegel intensiv betrachtet hat (die Zeit muß jeder selbst für sich herausfinden), schließt er die Augen und konzentriert sich nur auf sein Bild. Es ist dabei wichtig, daß der Übende, wenn das Bild vor den Augen verschwindet, sich immer wieder bei geschlossenen Augen seinem Bild zuwendet. Alle Gedanken, Assoziationen, Bilder von und über sich, Vorstellungen, Erinnerungen sollen - ohne darüber nachzudenken - ungestört fließen können. Der sich 'innerlich Betrachtende' soll sein 'äußeres Selbst(bildnis)' nicht 'aus den Augen' verlieren; er soll zu sich selbst immer wieder zurückkehren.

Ziele:
(1) Dem Klienten ermöglichen, sich im Raum und in der Sitzposition wohlzufühlen und sich zu entspannen;
(2) den Klienten verbal unterstützend und aktiv zuhörend auf dem 'Weg nach Innen' begleiten;
(3) dem Klienten die Möglichkeit geben, sich einen Überblick über sein 'Gefühlschaos' zu verschaffen;
(4) dem Klienten ermöglichen, seine Probleme bildlich neben sich zu stellen und sich einen Freiraum zu schaffen ('Ich bin nicht das Problem, ich habe ein Problem');
(5) dem Klienten ermöglichen, seine Körperempfindungen bezogen auf ein 'Thema', durch Worte, Bilder, Farben, Töne, Temperaturen, Gerüche oder Bewegungen begreifbar (verständlich) zu machen;
(6) dem Klienten durch das schrittweise und begleitende Vorgehen eine körperliche Entlastung ermöglichen.

Anmerkungen zur Methode

Das *Focusing* (Körperempfindungen aufspüren) ist eine spezielle von E.T. Gendlin entwickelte Methode der Selbsterfahrung; es ist inzwischen zu einem eigenständigen therapeutischen Verfahren geworden, läßt sich aber mit vielen anderen therapeutischen Maßnahmen verbinden. Das Focusing ist aber auch - unabhängig von jeder Therapie - eine spezielle Methode der Selbsterfahrung, die jeder anwenden kann und auch in bestimmten Momenten (unbewußt) anwendet. Vereinfacht ausgedrückt besagt das Focusing, die körperliche Aufmerksamkeit dorthin zu lenken, wo im Körper etwas Neues entsteht. Dieses 'innere körperliche Spüren' wird von Künstlern, Schriftstellern, Geschäftsleuten oder spirituell veranlagten Menschen angewandt, und zwar nach dem 'Gefühl': 'Ich wußte das schon, aber irgendwie wußte ich nicht, daß ich es wußte'.

Erläuterungen

Jeder von uns hat schon einmal folgendes erlebt: Man fährt mit dem Auto von der Arbeit nach Hause, versucht abzuschalten und fühlt stattdessen eine innere Unruhe. In Gedanken beschäftigt einen die Frage: 'Was beunruhigt mich eigentlich - was war denn bloß los, daß ich mich nicht entspannen kann?' Es fällt einem nicht ein, was es sein könnte. Mehrere Möglichkeiten gehen einem durch den Kopf: 'Muß ich heute an irgendetwas Wichtiges denken? Steht mir heute noch etwas bevor? Was darf ich nicht vergessen?' Es läßt einem keine Ruhe. Das kann sich eine Weile fortsetzen. An einem ruhigen Ort (beispielsweise zu Hause) plagt einen der Gedanke immer noch. Man spürt in sich den Wunsch oder den inneren Drang, endlich die Frage zu lösen. Auch körperlich wird man unruhig, man kann sich nicht recht auf andere Dinge konzentrieren, weil einem immer dieser Gedanke in den Kopf (und in den Körper) kommt. Und nun beginnt quasi ein Suchspiel: 'Muß ich noch jemanden anrufen? Nein, aber irgendwie hat die Schule etwas damit zu tun. Sollte ich noch eine Arbeit korrigieren? Nein, aber es hängt mit meinem Mathematikkurs zusammen. Sollte noch etwas vorbereitet werden? Nein, mit dem Schreibtisch hat es nichts zu tun. Genau, ich muß heute noch mal weg. Ich habe noch ein Gespräch mit den Eltern eines Schülers aus dem Mathematikkurs. Darf ich nicht vergessen!' Endlich ist einem die Lösung eingefallen, und spürbar entkrampft sich der Körper. Man fühlt sich wie befreit und ist den augenblicklichen Ereignissen gegenüber wieder aufgeschlossen.

Mit dieser Umschreibung haben wir annähernd den Vorgang oder den Prozeß des Focusing, wie er sich im alltäglichen Leben abspielt, wiedergegeben. Dieser Prozeß wird nun durch den Therapeuten eingeleitet und begleitend mit dem Klienten 'künstlich' durchschritten. Künstlich deshalb, weil der Therapeut in oder an bestimmten Gesprächssituationen (Themen) erkennen kann, wann diese Methode dem Klienten eine Hilfe sein kann, sein Gefühlschaos, das ihm auch körperlich Unbehagen bereiten kann, zu entwirren.

Über den Prozeß des Körperempfindens ist es also möglich, seinen innersten Gefühlen und Wahrnehmungen oder seinem innersten Erleben auf die Spur zu kommen. Der Klient folgt, begleitet und unterstützt durch den Therapeuten, seiner emotionalen Befindlichkeit (genannt: 'felt sense'), bis schließlich eine körperliche Entlastung oder Entspannung (genannt: 'felt shift') einsetzt oder eintritt (siehe Beispiel).

Gelingt das Aufspüren der Körperempfindungen, also die Konzentration nach innen, dann verändern sich auch möglicherweise die verdeckten (impliziten) und verkrusteten Erlebnisinhalte; sie werden aus ihren starren einverleibten Strukturen (genannt: 'structure-bound') gelöst, sie werden quasi wieder 'flüssig' gemacht und können auf diese Weise neu bearbeitet werden.

Die Methode dieses Bausteins kann auf verschiedene Weise gehandhabt werden; wir stellen hier die sieben wesentlichsten Phasen (Schritte) vor:

(1)   Die Entspannung als Vorbereitung;
(2)   das Spüren der körperlichen Befindlichkeit;
(3)   die Lokalisierung des Körpergefühls;
(4)   das Symbolisieren, Anbieten von und 'Spielen' mit Bildern;
(5)   das Fokussieren auf den 'felt sense', bis eine körperliche Entspannung spürbar wird;
(6)   den Vergleich der Bilder mit dem Körpergefühl (Übereinstimmungen, Gegensätze, Veränderungen);

(7)   das Aufarbeiten des inneren Erlebens im Gespräch.

Die Ursachen psychischer Probleme sind häufig Gefühlsverdrängungen. Aus Angst vor dem eigenen Gefühlsleben werden Probleme häufig mit dem Kopf zu lösen versucht anstatt mit dem 'Bauch'. Der Mensch als ein sehr komplexes Wesen verarbeitet sowohl die symbolische Welt (graphische Darstellungen, Bilder, Sprache usw.) als auch die körperlichen Vorgänge zu einem 'Gesamten'. Die verarbeiteten Erlebnisse, Bilder und Gefühle formen unbewußt den 'felt sense' (die Befindlichkeit) des Menschen, sie sind aber nicht immer genau und detailliert wahrnehmbar. Das Unbewußte oder Implizite tritt aber ins Bewußtsein, "sobald der einzelne seine innere Aufmerksamkeit wie den Lichtkegel einer Taschenlampe auf das richtet, was er bereits spüren kann: auf den 'felt sense'" (WILTSCHKO/KÖHNE 1984, 25).

Das Spielen mit den aufkommenden Symbolen hat den Zweck, bei jedem Reiz die 'gespürte Bedeutung' wahrzunehmen, die dem klaren Gedanken vorausgeht. Unter den vielen aufkommenden Bildern könnte ein Schlüsselsymbol sein, das zu der erwünschten psychischen und körperlichen Entlastung einen Beitrag leistet (Aha-Erlebnis).

Das Focusing bietet dem Klienten die Möglichkeit, sich einen Freiraum zu schaffen und einmal nicht das Problem selbst zu sein, sondern eines zu haben; er kann sich von allen Seiten ansehen und abtasten, muß sich aber nicht in das Problem hineinbegeben. Wichtig ist nicht unbedingt, die aufkommenden Gefühle herauszulassen, sondern sie anzunehmen und bewußt zu fühlen und zu spüren. Das bedeutet nun andererseits nicht, aufkommende emotionale Reaktionen zu unterdrücken. Das Ziel dieser therapeutischen Intervention ist, das Gefühl als 'Echo' aus und in dem Körper wahrzunehmen und das Problem 'auf den Punkt' zu bringen.

Siehe auch Bausteine *Entspannung I-III*.

Beispiel

Ein dreißigjähriger Klient, der sich von seinem Elternhaus immer noch abhängig fühlt, erzählt von seinen drei Brüdern, die ihn zum Teil miterzogen haben, da er ein Nachkömmling ist.

Therapeut: "Setzen Sie sich bequem hin und entspannen Sie sich, so gut es geht." Der Klient schließt die Augen. "Richtig, schließen Sie die Augen und achten Sie auf Ihre Atmung. Atmen Sie tief und ruhig." (Entspannungsinduktion)

Der Klient sagt nichts mehr, hört nur auf die Worte des Therapeuten und achtet auf seinen Körper.

Therapeut: "Wenden Sie Ihren Blick nach innen und lassen Sie ihn ziellos durch den Körper schweifen." (Spüren der körperlichen Befindlichkeit) Der Klient entspannt sich so weit wie es ihm im Moment möglich ist. "Verschaffen Sie sich einen Überblick über den Zustand Ihres Bauches.

Nehmen Sie ihn wahr. Wie fühlt er sich an?"
Der Klient richtet jetzt seine Aufmerksamkeit gesammelt auf den
Bauch, um das Körpergefühl wahrzunehmen (Lokalisierung).

Therapeut: "Stellen Sie sich nacheinander Ihre Brüder vor, und
schauen Sie diese genau an." Pause. "Lassen Sie jeden
Bruder nahe an sich herantreten. Fühlen Sie dabei, was in
Ihrem Bauch vorgeht. Verweilen Sie bei jedem solange,
wie Sie wollen."

Der Therapeut verhält sich eine Zeitlang ruhig, dann macht er dem
Klienten Angebote, was an Bildern entstehen könnte, damit der Klient
weiß, daß er auch all diesen aufkommenden Symbolen Aufmerksamkeit schenken kann und soll (Symbolisieren, Spielen mit Bildern).

Therapeut: "Achten Sie darauf, bei welchem Bruder Sie Freude,
Wärme empfinden, ob gelächelt wird, wann es im Bauch
drückt, wo Sie Bewegungen sehen oder Worte hören"
(Vergleich der Bilder mit dem Körpergefühl).

Der Therapeut läßt den Klienten ca. zwei Minuten seinen Körper
empfinden. Dann fordert er ihn auf, seine Augen zu öffnen und den
Körper etwas zu lockern und zu bewegen.

Therapeut: "Sie haben viele Bilder gesehen, als Sie sich Ihre Brüder
vorgestellt haben."

Klient: "Ja, ganz verrückt. Also, als ich an Karl dachte, sah ich
ihn immer ganz riesig; viel größer als er wirklich ist. Und
ein ganz großes, hitziges Gesicht hatte er."

Therapeut: "Was fühlten Sie im Bauch?"

Klient: "Es war eher unangenehm, da hab' ich mir schnell Horst
vorgestellt. Da war es ganz weich und schön. Er war auch
kleiner, und ich hab' uns schaukeln gesehen."

Therapeut: "Mit Karl haben Sie nicht geschaukelt?"

Klient: "Nein, da hab' ich aber was anderes gesehen. Er hat seinen Finger erhoben, so mahnend."

Therapeut: "Das Gefühl war unangenehm dabei?"

Klient: "Ja, da mochte ich nicht länger bleiben."

Therapeut: "Mit Karl verbinden sich keine angenehmen Bilder."

Klient: "Nein, das ist toll, das habe ich noch nie so empfunden,
daß er mir fernbleiben soll. Mit Horst, das war echt schön.
Der hatte auch ein ganz liebes Gesicht."

Therapeut: "Zu ihm fühlten Sie sich hingezogen." ... und später:
"Und Friedrich?"

Klient: "Ja, da habe ich sofort Schlips und Kragen gesehen und
starkes Rasierwasser gerochen."

Therapeut: "Das war deutlich."

Klient: "Ja, ganz klar, als sei er hier im Raum."

Therapeut: "Und das erinnerte Sie an etwas."

Klient: "Oh ja, an vieles ..."

Übungen

(1) Selbst erfahren

Der Trainingsteilnehmer (Therapeut) kann sich dann am besten in die Lage des Klienten versetzen und ihn optimal beim Körperempfinden begleiten, wenn er selbst den Prozeß durchlaufen hat. Der Trainer der Übungsgruppe übernimmt unter der Voraussetzung, daß er selbst Erfahrungen in oder mit Focusing gemacht hat, die Begleiterrolle und läßt einzelne Teilnehmer oder die gesamte Gruppe das Verfahren erleben.

Thema: 'Zwei vertraute Personen'.

'Stellen Sie sich zwei vertraute Personen aus Ihrem Freundes- oder Bekanntenkreis vor, die in Ihrem jeweiligen Wesen unterschiedlich sind. Lassen Sie beide Personen abwechselnd vor Ihr inneres Auge treten, und versuchen Sie bei jeder Person, die jeweiligen Gefühle oder Empfindungen körperlich - vor allem in der Bauchgegend - aufzunehmen und zu spüren!'

Den Prozeß des wechselnden Auftretens der zwei Personen kann der Trainer auch durch seine Anweisungen dirigieren.

(2) Übung für den Begleiter

Ein Trainingsteilnehmer übernimmt die Rolle des Begleiters (Therapeuten). Er bittet einen anderen Teilnehmer, der die Klientenrolle übernimmt, in eine leichte Entspannung zu gehen. Im Zustand der Entspannung 'arbeitet' er mit ihm.

Thema: 'Die letzten Ferien - der letzte Urlaub'.

Der Übungsteilnehmer versetzt sich innerlich in die Tage der letzten Ferien, er durchlebt noch einmal einzelne Stationen oder Erlebnisse; er begibt sich auf eine 'Reise nach innen'. Der Therapeut begleitet ihn dabei, indem er die Empfindungen und Gefühle anspricht (auch die körperlichen), die beim Übungsteilnehmer hochkommen.

Nach der Übung sollen die Erfahrungen beider gemeinsam aufgearbeitet werden.

Ziele:

(1) Den Klienten anleiten, in einen möglichst hohen Zustand der Entspannung zu gelangen;

(2) dem Klienten ein 'imaginatives Bild' anbieten und ihn auffordern, Bilder aufsteigen zu lassen und diese zu beschreiben;

(3) dem Klienten ein einfühlsamer (Reise-)Begleiter sein und ihn unterstützend, bestätigend und sehr behutsam im Fluß des Geschehens halten;

(4) den Klienten anregen, sich im Bild fortzubewegen und Personen, Tiere oder Symbole hinzukommen zu lassen;

(5) während des Prozesses auf die nonverbalen Signale des Klienten achten;

(6) mit dem Klienten gemeinsam das 'Erlebte' durcharbeiten und dabei die emotionalen Wahrnehmungen ansprechen;

(7) mit dem Klienten gemeinsam die Bilder deuten;

(8) mit dem Klienten über die 'neue Erfahrung' (Tagtraum) sprechen.

Anmerkungen zur Methode

Das *Katathyme Bilderleben* (Innere Bilder erleben) ist eine der Tiefenpsychologie entlehnte Methode, die von H.-C. Leuner zu einem eigenständigen Verfahren weiterentwickelt wurde. Diese Methode, die auch manchmal als 'Symboldrama' bezeichnet wird, läßt sich mit anderen therapeutischen Interventionen verbinden. Sie ist ein 'imaginatives Verfahren'.

Das eigentliche 'Geschehen' beim Katathymen Bilderleben vollzieht sich unabhängig vom eigenen Willen, und es tritt bei allen Menschen auf, wenn sie sich Tagträumen, einer meditativen Versenkung oder einem Halbschlaf hingeben.

Erläuterungen

Das Katathyme Bilderleben (katathym = die Seele beeinflussend) ist, wie oben bereits gesagt, eine 'Erscheinung', die nicht außergewöhnlich ist. Wir allen kennen das Phänomen, im Halbschlaf oder im Zustand des Dösens in uns Bilder aufsteigen zu sehen, die so verworren und miteinander auf unerklärliche Weise verwoben sind, daß wir damit in aller Regel nichts anzufangen wissen. 'Also ich habe ein unmögliches Zeug zusammengeträumt!' ist häufig unsere Reaktion. Dabei wissen wir mitunter gar nicht, ob es schon ein Traum war oder ob es nur Bilder im Halbschlaf waren. Die Bilder verwirren uns umso mehr, da sie an keine konkreten Erinnerungen oder Erlebnisse gebunden sind. Es sind vielmehr in Bildern verdichtete, verarbeitete, un-, unter- oder vorbewußte symbolische Verdichtungen aus unserer Gefühls- und Erlebniswelt, die völlig unkontrolliert, das heißt dem Willen entzogen, aufsteigen und uns in ihren Darstellungen freuen (also angenehm berühren) oder beunruhigen (also unangenehm berühren).

Dieses 'alltägliche Geschehen' künstlich herbeizuführen, ist vereinfachend formuliert die Methode des Katathymen Bilderlebens (KB). Als eigenständige Kurztherapie hat sich dieses Verfahren inzwischen bei vielen Störungen bewährt. Es sind allerdings Störungen, die für die Klienten unseres Adressatenkreises nicht in Betracht kommen. Von daher ist es auch nicht erforderlich, das Katathyme Bilderleben in vollem Umfange zu praktizieren. Bei Angstzuständen, bei Anpassungsstörungen oder bei leichten neurotischen (zwangsneurotischen) Störungen läßt sich jedoch diese Methode in abgeschwächter Form einsetzen. Der Therapeut begleitet den Klienten in einen Entspannungszustand (tiefe Ruhe) und bietet ihm nun ein 'imaginatives Motiv' an. Der Klient soll sich dieses Angebot (Bild) anschauen (innerlich, mit geschlossenen Augen) und seine Erlebnisse erzählen. Der Therapeut, der mit dem Klienten 'mitgeht', ihn also quasi begleitet, fragt den Klienten, regt ihn zu weiteren Erkundungen an, macht ihm Vorschläge oder läßt sich einfach berichten, wie es dem Klienten geht.

Für den Einstieg in das Erleben haben sich inzwischen bestimmte Standardmotive als günstig erwiesen: Die Wiese (wird als angenehm empfunden, daher meistens als Einstiegsmotiv bevorzugt, von dem man dann leichter in andere Bilder gehen kann) - der Bach (auftretende Hindernisse) - der Berg (Leistungsanspruch, Autoritätsfrage) - das Haus (als Schlüssel zur eigenen Person) - der Waldrand (unbewußte Wünsche oder Befürchtungen).

Der Klient unternimmt also eine Phantasiereise, die weitgehend ungesteuert und ungeplant verläuft. Bei der Konfrontation oder Begegnung mit bestimmten Bildern ist es dabei nicht unbedingt erforderlich und auch gar nicht möglich, die Bedeutung der Bilder in der realen Welt des Klienten wiederzuerkennen; sie dienen ihm aber möglicherweise dazu, bestimmte Gefühlskonstellationen zu entschlüsseln. In vielen Fällen dienen sie einfach der Befreiung und der Erlösung.

Auch bei dieser Methode gilt das Prinzip für den Therapeuten, sehr einfühlsam mit dem Klienten umzugehen - ihn also nicht zu etwas zu zwingen, was er nicht möchte.

Beispiel

Therapeut: Hat den Klienten bereits zu tiefer Ruhe angeleitet. "Ich möchte Sie nun bitten, in eine Landschaft zu gehen, und zwar auf eine Wiese! Lassen Sie sich bitte Zeit!" Pause. "Sind Sie auf einer Wiese?" Der Klient nickt. "Erzählen Sie, was Sie sehen, wie die Wiese aussieht oder wer noch da ist."

Klient:	"Ja, ich sitze auf einer schönen Wiese. Sie ist herrlich weich, und das Gras steht ziemlich hoch. Ich kann kaum darübergucken. Es ist ganz still. Ich lege mich jetzt hin ... es ist sehr schön und ruhig." Pause.
Therapeut:	"Was ist noch auf der Wiese?"
Klient:	"Ich weiß es nicht, ich liege und kann nichts sehen."
Therapeut:	"Sie fühlen sich da sehr wohl."
Klient:	"Ja, sehr wohl."
Therapeut:	"Setzen Sie sich doch mal hin und schauen Sie herum." Pause.
Klient:	"Ja, ... ich sitze, aber ich sehe nichts Besonderes."
Therapeut:	"Drehen Sie sich auch mal um." Pause. "Und?"
Klient:	"Weit hinter mir sitzt auch jemand, aber ich kann die Person nicht erkennen ..."

Übungen
Siehe Übungen 'Imaginative Landschaft' und 'Spiegelbild' (Baustein *Entspannung III*).

Baustein: Lösungen formulieren	42

Ziele:
(1) Sensibel werden für Lösungsmöglichkeiten bzw. Lösungsansätze, die der Klient äußert oder indirekt andeutet;
(2) widerspiegeln und In-Worte-Fassen der vom Klienten - möglicherweise verdeckt - geäußerten Lösungswege;
(3) den Baustein *Lösungen anbieten* anwenden, wenn der Klient keine eigenen Lösungsansätze anbietet oder zu erkennen gibt.

Erläuterungen
In der Regel erwartet der Klient vom Therapeuten eine Lösung seines Problems. Dies ist ja auch der Grund, warum er sich auf ein therapeutisches Gespräch einläßt. Der Klient sucht Hilfe bei einem anderen, in diesem Fall bei einem Experten. Die Erwartungshaltung des Klienten ist also immer auf eine Lösung ausgerichtet, da er professionelle Hilfe nicht in Anspruch nehmen würde, wenn er seine Probleme selbst lösen könnte. Es hilft dem Klienten daher in seiner Situation wenig oder gar nicht, wenn der Therapeut ihm sagt, er müsse die Lösung selbst finden. Eine solche Haltung verunsichert den Klienten, oder er beginnt an der Kompetenz des Therapeuten zu zweifeln. Das kann letztlich zum Abbruch der Gespräche führen.
Der Ablauf der Therapie läßt sich grundsätzlich in drei Phasen unterteilen: Auf eine erste, rein *deskriptive Phase*, in der der Klient vorran-

gig sein Problem und seine Situation beschreibt und konkretisiert, folgt eine zweite, *diagnostisch-analytische Phase,* innerhalb derer er mit Hilfe des Therapeuten Hintergründe aufdeckt und klärt. Im Rahmen der dritten Phase erarbeiten Klient und Therapeut gemeinsam mögliche, in der Realität umsetzbare Lösungen. Da eine Therapie als angebracht erscheint, wenn der Klient sich nicht als funktionstüchtig in seiner Umwelt wahrnimmt oder ihn seine Umgebung nicht als funktionstüchtig einschätzt, können die therapeutischen Gespräche aufgrund einer Veränderung der Voraussetzungen auch schon nach der ersten oder zweiten Phase beendet werden. Dieser und die folgenden Bausteine beschäftigen sich mit der in der Praxis immer wieder mit Schwierigkeiten verbunden *Phase der Lösungsexploration.*

Das anhand der 'klassischen' Lösungsexploration orientierte Vorgehen geht davon aus, daß ein Klient die für ihn angemessenen Lösungen selbst erarbeiten kann und muß. Er soll selbständig Entscheidungen treffen und abwägen, Handlungsalternativen entwickeln und mögliche Konsequenzen vorhersehen. Der Therapeut hat demzufolge ausschließlich die Aufgabe, diesen Prozeß zu unterstützen und die Lösungsanstrengungen des Klienten kontinuierlich mit dem Ziel, dessen persönliche Kongruenz wiederherzustellen, zu begleiten. Er hilft ihm bei der Bewältigung möglicher auftretender Hindernisse und Schwierigkeiten. Die Praxis hingegen zeigt, daß es für viele Klienten hilfreich oder notwendig ist, gerade diese Phase zu strukturieren, um ihnen Halt und Unterstützung zu bieten. Sie suchen einen Therapeuten mit dem Wunsch nach konkreter Hilfe auf und verlangen geradezu nach den 'kompetenten' Ratschlägen des Experten. Der Therapeut befindet sich dann in einem Zwiespalt: Zum einen sollte er dem Klienten keine Lösungen anbieten (siehe Baustein *Gesprächsstörer vermeiden*), zum anderen darf der Klient nicht das Gefühl haben, der Therapeut möchte ihm beim Suchen von Lösungen nicht helfen oder nicht unterstützen. Hier kommt es also ganz entscheidend auf das Einfühlungsvermögen des Therapeuten an. Er muß aus den vorangegangenen Gesprächen herausgehört haben, was dem Klienten an Lösungsmöglichkeiten zuzumuten bzw. nicht zuzumuten ist. Immer von der Prämisse ausgehend, daß der Klient selbst am besten weiß, was für ihn richtig, gut, zumutbar, möglich, verantwortbar oder machbar ist, hat der Therapeut in dieser Phase die Aufgabe, ihn bei der Entwicklung möglicher Lösungswege zu unterstützen. Er hilft ihm, diese zu artikulieren, und bestärkt ihn in seinen Lösungsansätzen. Erst auf diesem Wege erkennt der Klient, daß er selbst viele Lösungsmöglichkeiten in sich trägt, daß er viele Ideen besitzt und daß er nur Lösungen ins Auge fassen kann, die aus ihm selbst kommen. Er bemerkt an sich selbst, daß er auf die Lösungen anderer nicht angewiesen ist und nur die in ihm vorhandenen Lösungsmöglichkeiten zulassen und artikulieren muß.

Bei diesem Prozeß hilft ihm der Therapeut, indem er sehr aufmerksam auf alles achtet, was der Klient schon an Lösungsmöglichkeiten anbietet, ohne daß dieser selbst seine Ideen als Lösungsansätze begreift bzw. versteht. Dies kann oft schon zu einem frühen Zeitpunkt des therapeutischen Gesprächs geschehen, obwohl der Klient zu dieser Zeit meist noch nicht bereit oder fähig ist, diese aufzugreifen und daran zu arbeiten. Hier gilt es für den Therapeuten, diese Lösungsmöglichkeiten zu speichern, um sie zu gegebener Zeit in den Prozeß einzubringen. Wiederholt der Therapeut die vom Klienten angedeutete Lösung mit dessen Worten, so erkennt sich der Klient wieder, findet sich bestätigt oder kann selbst an dieser Lösung Modifikationen vornehmen. In jedem Falle aber arbeitet der Klient an einem 'Stück' von sich selbst; er begreift, daß der Lösungsweg oder die Lösungsidee von ihm selbst stammen, und fühlt sich in seiner Persönlichkeit bestätigt.

Beispiel
Der Klient befindet sich in einer beruflich verantwortungsvollen Position, die ihm aber zunehmend unerträglich wird, weil er sich überfordert fühlt. Schon im ersten Gespräch deutet er eine Lösungsmöglichkeit an.

Klient:	"Und wenn ich alles überdenke, was mich da so kaputtmacht, dann möchte ich am liebsten die Verantwortung loswerden. Immer diese ewigen Auseinandersetzungen mit den Kollegen, und immer ..."
Therapeut:	Hört weiter geduldig zu und speichert: '... dann möchte ich am liebsten die Verantwortung loswerden'.

Der Klient bietet im Laufe des therapeutischen Prozesses keine andere Lösung an. Der Therapeut formuliert daraufhin die spontan und intuitiv geäußerte Lösungsidee als weitere Arbeitsgrundlage.

Therapeut:	"Sie sagten gleich zu Anfang einmal: 'Dann möchte ich am liebsten die Verantwortung loswerden'!"
Klient:	"Weiß ich nicht mehr. Habe ich das gesagt, ja?"
Therapeut:	"Ja! Ihnen ist also der Gedanke, keine Verantwortung mehr zu haben, schon einmal gekommen!"
Klient:	"Ich kann mich daran gar nicht erinnern. Aber wenn Sie das so sagen, gedacht habe ich das schon mal. Aber das geht doch überhaupt nicht."
Therapeut:	"Sie meinen, das wäre nicht möglich. Sie können sich nicht vorstellen, wie das konkret aussehen könnte."
Klient:	"Naja, ich kann doch nicht einfach alles hinschmeißen."
Therapeut:	"Aber der Gedanke, die Verantwortung abzugeben, befreit Sie von einem Druck."
Klient:	"Ja, die Vorstellung, keine Verantwortung mehr zu haben, erleichtert mich wirklich."
Therapeut:	"Sie atmen jetzt richtig auf!"
Klient:	"Ja, irgendwie hat der Gedanke etwas Befreiendes."

Therapeut: "Spielen wir ihn doch weiter durch."
Gemeinsam mit dem Therapeuten überlegt der Klient, was es für ihn bedeutet, wenn er die Verantwortung in seiner beruflichen Situation abgeben könnte. Er gewinnt immer mehr die Sichtweise, daß dieser Weg doch möglich ist, und Therapeut und Klient wenden sich der Frage zu, wie diese Lösungsanbahnung konkret vollzogen werden könnte (Siehe auch Baustein *Lösungsbrainstorming*).

Übung
Lösungen aus der Vergangenheit
Es ist durchaus vorstellbar, daß der Klient in bezug auf ein bestimmtes Problem keinerlei Lösungsideen oder -vorstellungen entwickelt. Dies kann möglicherweise daran liegen, daß er durch die momentane Problematik vollständig blockiert ist. Eine Möglichkeit, aus dieser Sackgasse herauszukommen, bestünde darin, ihn an frühere Probleme zu erinnern und ihn aufzufordern, zu erzählen, wie er damals seine Probleme gelöst hat. Man sollte allerdings nicht abstrakt-verallgemeinernd darüber sprechen, der Klient sollte sich vielmehr an eine konkrete Situation - sei sie auch noch so belanglos - erinnern und diese mit der damals praktizierten Lösung detailliert erzählen. Er sollte sie so erzählen, als würde er sie jetzt noch intensiv erleben.
Dieses Vorgehen kann als Übung für die Teilnehmer genutzt werden. In Dreiergruppen übernimmt einer die Rolle des Klienten, der zweite die Rolle des Therapeuten und der dritte Teilnehmer die Rolle des Beobachters. Geübt wird im Wechsel.
Ziel dieser Übung ist es, dem übenden Klienten zu zeigen, daß er früher selbst schon zu Lösungen gefunden hat, d.h. daß er selbst die Kraft und die Fähigkeit besitzt, eigene Lösungen zu finden, und daß er diese Kraft auch für die anstehende Problematik in sich trägt. Diese positive Kraft gilt es zu mobilisieren.

Baustein: Lösungen anbieten	43

Ziele
(1) Erkennen, wo bzw. welche Lösungsmöglichkeiten sich aus der Problematik ergeben könnten;
(2) diese dem Klienten anbieten;
(3) durch mehrere Angebote denkbare Lösungsansätze bei dem Klienten anregen.

Erläuterungen
In den meisten Fällen werden vom Klienten im Laufe des therapeutischen Prozesses Lösungsmöglichkeiten oder -ideen angeboten. Oft

sind die Lösungsvorstellungen des Klienten aber verschlüsselt in anderen Botschaften enthalten. Hier ist es die Aufgabe des Therapeuten, diese herauszuhören und sie dem Klienten 'wiederzugeben'. Nicht selten wird der Therapeut allerdings mit Klienten konfrontiert, die aufgrund ihrer Sozialisation (Lebensgeschichte) so disponiert sind, daß sie selbst immer auf die Lösungen anderer angewiesen waren, bzw. sie von anderen, z.B. von den Eltern, vorgegeben bekamen - sie haben also nie gelernt, für sich selbst Lösungen zu finden, und sprechen sich infolgedessen oft die Fähigkeit zur eigenen Lösungsfindung ab. Die Erwartungshaltung solcher Klienten ist eindeutig: Der Therapeut hat ihnen Lösungen oder Ratschläge anzubieten - er wird in der Rolle des Fachmannes gesehen, der weiß, was richtig bzw. falsch ist. Die Fähigkeit zur eigenen Lösungsfindung kann der Klient durch den therapeutischen Prozeß (wieder)erlernen; der Therapeut bietet ihm durch seine Strategie die nötige Hilfe an.

Wenn der Klient keine Lösungsidee angeboten bzw. der Therapeut keine Lösungsansätze aus dem Gesagten herausgehört hat, sollte dieser versuchen, Lösungsmöglichkeiten für den Klienten zu erkennen bzw. zu erschließen, die sich aus der geschilderten Problematik ergeben könnten oder sich für den Klienten als Denkmöglichkeit anbieten. Diese Lösungsmöglichkeiten bringt der Therapeut als Anregungen in das Gespräch ein. Es bedarf einer besonderen Fähigkeit bzw. Schulung des Therapeuten, diese Lösungen nicht als Ratschläge zu formulieren oder den Eindruck zu erwecken, daß er bestimmte Möglichkeiten favorisiert. Der Klient muß die Lösungsangebote als natürliche, d.h. logische bzw. zwingende Schlußfolgerungen aus seiner Problematik verstehen, die der Therapeut lediglich in Worte faßt. Sie müssen so formuliert sein, daß der Klient gedanklich sofort 'einsteigen' und damit weiterarbeiten kann. Das Angebot des Therapeuten hat in diesem Zusammenhang die Funktion, den Klienten zum 'lauten Mitdenken' anzuregen, so daß er sich die Lösungsangebote zu eigen machen, sie modifizieren oder verwerfen kann.

Auch wenn der Therapeut durch diesen Baustein aufgefordert wird, Lösungen anzubieten, muß das Ziel dieser Intervention, den Klienten aktiv am therapeutischen Prozeß zu beteiligen, oder anders ausgedrückt, ihn selbst arbeiten zu lassen, erhalten bleiben. Wenn diese Hinweise zum Vorgehen nicht berücksichtigt werden, kann das Anbieten von Lösungen auch in dieser Phase des therapeutischen Prozesses wieder zum 'Gesprächsstörer' werden (siehe auch Baustein *Gesprächsstörer vermeiden*).

Siehe auch Baustein *Lösungen formulieren*.

Beispiel

Eine Klientin, der die private und berufliche Situation so zusetzt, daß sie praktisch handlungsunfähig wird, schluckt nur noch Tabletten, um zu 'überleben'. Lösungsmöglichkeiten hat sie weder angeboten noch angedeutet; sie wirkt total erschöpft, fast apathisch.

Klientin: "Was soll ich machen?" Pause. "Wie komme ich da heraus?" Pause.

Therapeut: "Urlaub machen wäre eine Möglichkeit!"

Klientin: Zögert. "Das geht nicht. Urlaub hatte ich schon!"

Therapeut: "Ihren Urlaub für dieses Jahr haben Sie schon genommen." Die Klientin nickt. "Aber Urlaub wäre eine Möglichkeit, wenn es ginge, ja?"

Klientin: "Ja!"

Therapeut: "Und unbezahlter Urlaub?"

Klientin: Hebt den Kopf, schaut den Therapeuten an. "Den Gedanken hatte ich auch schon mal, aber ..." Bricht ab.

Therapeut: "Aber?" Pause.

Klientin: "Ich überlege gerade, ..."

Übung
Lösungsschimmer

Für diese Übung bietet sich das gleiche methodische Vorgehen wie bei der Übung 'Lösungen aus der Vergangenheit' (siehe Baustein *Lösungen formulieren*).

Diese Übung dient in der Ausbildung des Therapeuten dazu, sich mit vermeintlich nicht zu realisierenden Lösungsmöglichkeiten trotzdem gedanklich auseinanderzusetzen. Auch wenn ein Lösungsversuch verworfen wird, was meistens zu schnell geschieht, sollte man ihn noch einmal aufgreifen und für diesen Versuch abstrakte Handlungsentwürfe erstellen. Es stellt sich nämlich sehr häufig heraus, daß ein schon verworfener Lösungsansatz doch noch mehr Möglichkeiten enthält, als man gemeinhin anzunehmen geneigt ist. Im obigen Beispiel könnte sich für die Klientin sehr wohl erweisen, daß auch ein unbezahlter Urlaub für sie - nach Abwägung aller Belastungen - in Betracht kommt. Bei der Schulung von Therapeuten sollte man jedoch auf keine 'fremden' Beispiele zurückgreifen, sondern sich Beispiele und Situationen überlegen, die für den Übenden durchaus zutreffen könnten. Ein Student, der nie einen Auslandsstudienaufenthalt für sich erwogen hat, weil er von vornherein glaubt, daß so ein Aufenthalt für ihn nicht zu realisieren sei, müßte sich in einer solchen Übung mit dieser Frage erneut auseinandersetzen, indem er abstrakte Handlungsentwürfe für einen solchen Aufenthalt durchspielt.

Ziele:
(1) Gemeinsam mit dem Klienten alle denkbaren Lösungsmöglichkeiten aufzählen;
(2) die denkbaren Lösungsmöglichkeiten noch nicht auf ihre Realisierbarkeit abprüfen;
(3) an den denkbaren Lösungsmöglichkeiten persönlichkeitsspezifische Denk- und Verhaltensmuster des Klienten erkennen.

Erläuterungen

Da Klienten gerade zu einem frühen Zeitpunkt der Gespräche nicht in der Lage sind, eigenständig Lösungswege zu entwickeln und zu formulieren, soll mit diesem Baustein eine zusätzliche Möglichkeit für die Phase der Lösungsexploration zur Verfügung gestellt werden. Wir neigen alle dazu, mögliche Lösungen für irgendwelche Probleme sofort zu verdammen, weil wir zu schnell sagen oder denken: 'Das geht nicht!' Diese Vorgehensweise blockiert aber die Entwicklung von neuen, kreativen Lösungen. In besonderem Maße trifft dieses Verhalten auf Klienten zu, da sie keine Beratung oder Therapie in Anspruch nehmen würden, wenn sie für ihre Probleme Lösungen fänden.

Das 'Brainstorming' ist ein Verfahren der freien Assoziationen, in dem die unmöglichsten und 'verrücktesten' Gedanken und Ideen ihre Berechtigung finden. Im therapeutischen Prozeß liegt die Bedeutung im Finden und Nennen möglichst vieler für das Problem denkbarer Lösungsmöglichkeiten. Dabei geht es nicht darum, allein quantitativ möglichst viele Lösungen zu entwickeln, sondern auch auf die Qualität der Ansätze zu achten.

Im therapeutischen Prozeß muß dieses im Prinzip sinnvolle Verfahren aber vorsichtig eingesetzt werden, weil der Klient in der Regel durch das Verhaftetsein in seiner Problematik nur eingeschränkt kreativ sein kann. Dabei muß auf seine momentane Befindlichkeit Rücksicht genommen werden, die möglicherweise den kreativen Prozeß beeinträchtigt. Der Therapeut geht gemeinsam mit dem Klienten alle von diesem genannten oder angedeuteten Lösungsmöglichkeiten durch, um sie wie 'auf einem Tablett angeordnet' sichtbar und transparent zu machen. Auch Lösungsmöglichkeiten, die der Klient nur andeutet oder vage formuliert, sollte der Therapeut verbal widerspiegeln, damit der Klient sieht, auch die nur angedeutete Lösung wird ernstgenommen. Der Therapeut sollte den Klienten ermutigen, auch die Lösungsmöglichkeiten zu nennen, die in seinen Augen für eine reale Umsetzung nicht in Frage kommen. Dies ist aus mehreren Überlegungen wichtig. Zum einen wird der Gedankengang des Brainstorming nicht unterbrochen, d.h. die Konzentration bleibt bei der Suche nach Lösungen. Zum anderen bemerkt der Klient, wie viele mögliche Ansätze ihm einfallen, von denen er vorher nichts wußte. Das hebt sein Selbstbewußtsein und steigert die aktive Mitarbeit im therapeutischen Prozeß. Schließlich werden ihm durch die Lösungen möglicherweise andere Bezüge - seine Problematik betreffend - deutlich.

Bei der Produktion denkbarer Lösungsmöglichkeiten soll die Frage nach der konkreten Realisierbarkeit zunächst ausgeschlossen bleiben. Das erklärt sich zum Teil mit dem bereits oben Gesagten. Der kreative Prozeß soll nicht unterbrochen werden! Hier spielt jedoch noch eine andere therapeutische Variable eine große Rolle. Es ist die Angstfreiheit! Das Kennzeichen jeder therapeutischen Situation ist die Angstfreiheit. Der Klient muß das Gefühl haben, in der therapeutischen Situation völlig unbefangen agieren zu können. Erst diese angstfreie Atmosphäre erlaubt es ihm, sich völlig zu öffnen - und auch zu dürfen. Das Verhältnis zwischen Therapeut und Klient muß 'stimmen'. Wie eingangs bereits ausgeführt, gehört dies zu den Grundvoraussetzungen jeder therapeutischen Arbeit. Wenn an dieser Stelle die Variable der Angstfreiheit noch einmal besonders betont wird, dann aus der Überlegung heraus, daß sehr viele Klienten in ihrem Innersten durchaus schon Lösungen für ihr Problem parat haben, quasi schon heimlich gedacht, es aber nie gewagt haben, die Lösungsmöglichkeiten auszusprechen, geschweige denn, mit jemandem zu besprechen. Es können Ängste, Skrupel oder die möglichen Konsequenzen sein, die sie daran gehindert haben, diesen Möglichkeiten weiter nachzugehen. In der therapeutischen Situation sollen sie nun diese Möglichkeit der Artikulation erhalten. Denn erst die Verbalisierung ermöglicht es ihnen auch, darüber 'öffentlich' (mit dem Therapeuten) zu sprechen. Diese Artikulation mag vorübergehend eine Kataplexie (Schrecklähmung) auslösen, bewirkt letztlich jedoch einen kathartischen (läuternden, befreienden) Effekt. Allein die Tatsache, einen vermeintlich verbotenen, heimlichen oder angstbesetzten Gedanken auszusprechen, wirkt mitunter wie eine Erlösung.

Das Lösungsbrainstorming dient also nicht nur dazu, im kreativen Prozeß denkbare Lösungen aufzuspüren, es dient auch dazu, durch Assoziationen die Möglichkeiten zuzulassen, die heimlich gedacht, aber nie verbalisiert worden sind. Die vom Klienten genannten Lösungsmöglichkeiten können darüber hinaus dem Therapeuten Hinweise geben, welche persönlichkeitsspezifischen Denk- und Verhaltensmuster beim Klienten vorliegen. Aus den Ansätzen ließe sich beispielsweise die Tendenz ablesen, der Klient möchte bei seinen Lösungsvorstellungen unbedingt Schaden, sei er psychologischer oder materieller Art, vermeiden. Auch das Gegenteil wäre denkbar. Gewisse Klienten sinnen, bedingt durch ihre Lebensgeschichte, auf Rache, wenngleich sie diese so nicht immer (gleich) formulieren. Der Therapeut kann im Interesse des Klienten diesen impliziten Denk- und Wertmustern nachgehen, um ihm das Beziehungsgefüge noch stärker zu verdeutlichen.

Beispiel

Ein etwa dreißigjähriger Mann möchte unbedingt seine Ehe retten, zumal er sehr an seiner vierjährigen Tochter hängt. Es geht um die Auseinandersetzungen mit seiner Ehefrau.

Klient:	"Alles, was ich bisher gemacht habe, war falsch; brachte nichts!"
Therapeut:	"Sie haben also schon viel ausprobiert!"
Klient:	"Ja, habe ich! Alles umsonst!"
Therapeut:	"Sie haben versucht, mit ihr zu reden ...!"
Klient:	"Mit ihr zu reden, ja. Auf sie eingehen! Alles!"
Therapeut:	"Auf sie eingehen!" Pause. "Sie haben noch mehr gemacht!"
Klient:	"Ich habe mir viel überlegt, aber ..." Pause.
Therapeut:	"Sie haben noch mehr Möglichkeiten überlegt!"
Klient:	"Ja!"
Therapeut:	"Ja?"
Klient:	"Ja, zum Beispiel ... eine kurze Trennung, so eine Art Pause zwischen uns. Aber das geht nicht, weil ..."
Therapeut:	Unterbricht. "Gut, eine kurze Trennung haben Sie überlegt. Lassen Sie uns nachher darüber sprechen, warum es nicht geht. Sie haben noch mehr im Kopf!"
Klient:	"Blödsinnig, aber manchmal habe ich gedacht, ich sage mal überhaupt nichts, kein Sterbenswort. Da bricht die Welt zusammen, da ..."
Therapeut:	"Gut, wir merken uns die Idee. Da ist noch etwas in Ihrem Kopf!"
Klient:	"Wenn ich das sage, dann ..."
Therapeut:	"Sagen Sie!"
Klient:	"Ich wollte mal alles umgekehrt machen, wissen Sie?" Pause. "Ja, alles mal total umgekehrt machen. Statt als letzter aufzustehen, ich meine natürlich nach meiner Frau, mal als erster. Das Frühstück ... also mal den ganzen Tag anders machen!"

Übung

Brainstorming

Für diese Übung bietet sich das gleiche methodische Vorgehen wie bei der Übung 'Lösungen aus der Vergangenheit' (siehe Baustein *Lösungen formulieren*).

Das Brainstorming ist ein bekanntes Verfahren. Auf die Erklärung der Regeln, die unbedingt einzuhalten sind, braucht hier nur verwiesen zu werden: Freie Äußerung der Gedanken ermöglichen - möglichst unübliche Ideen produzieren - keine Unterbrechungen des Ideenflusses durch andere zulassen - keine wertenden Kommentare zulassen - Ideen schriftlich festhalten (oder gedanklich speichern) - Pausen zum Nachdenken geben - Ideen unabhängig von der Realisierbarkeit produzieren.

Im Rahmen der Schulung sollte der angehende Gesprächsexperte sich im Brainstorming üben. Dabei sollten Themen aus dem sozialen Bereich gewählt werden, und zwar solche Themen, die der Übende auf sich selbst beziehen kann.

Für einen Studenten könnte das Thema beispielsweise lauten: Lösungsbrainstorming für das Problem: 'Wie schaffe ich es, bei Hausarbeiten nicht immer unter Zeitdruck zu geraten'.

Baustein: Lösungen konkretisieren	45

Ziele:
(1) Die therapeutische Gesprächssituation so angstfrei gestalten, daß der Klient Lösungswege frei und unbefangen verbal konkretisieren kann;
(2) gemeinsam mit dem Klienten die vorstellbaren Lösungsmöglichkeiten 'laut durchdenken' und konkret ausmalen.

Erläuterungen
Die therapeutische Gesprächssituation muß für den Klienten absolut angstfrei sein. Dies ist eine unabdingbare Voraussetzung, um überhaupt Lösungswege verbal zu äußern.

Nun nützt es dem Klienten wenig, wenn er Lösungsmöglichkeiten sieht und sie sich auch vage vorstellen kann. Sie nützen ihm nur dann etwas, wenn er sie konkretisiert. Die Konkretisierung erfolgt zunächst verbal, d.h. der Klient sollte die erwogene Lösung in der therapeutischen Situation ausmalen. Dieses verbale Ausmalen verhilft ihm dazu, sich die möglichen Details und Schwierigkeiten besser vorstellen zu können. Der Therapeut hilft dem Klienten durch das Widerspiegeln der Lösungen. Diesem wird dadurch nochmal vor Augen geführt, ob er zu dem Gesagten stehen kann oder doch noch Modifikationen vornehmen möchte.

Siehe auch Baustein *Lösungsbrainstorming*.

Beispiel
Ein 45-jähriger Beamter möchte sich von seiner Familie trennen. Emotional hält ihn dort nichts mehr. Die Kinder sind fast erwachsen, so daß ihn diese Trennung nicht belastet. Schwierig ist die finanzielle Situation für ihn, vor allem drücken die monatlichen Raten für das noch

nicht abbezahlte Haus.

Therapeut:	"Das Haus drückt!"
Klient:	"Die Finanzen vor allem! Wenn ich es verkaufen könnte, wäre die Sache viel einfacher."
Therapeut:	"Sie wollen es nicht verkaufen!"
Klient:	"Ich will, aber ich kann nicht."
Therapeut:	"Sie können nicht!"
Klient:	"Ich kann nicht, denn das kauft keiner. Es ist zu teuer."
Therapeut:	"Sie sind sicher, daß es niemand kauft."
Klient:	"Also sicher nicht, aber das geht nicht!"
Therapeut:	"Also so ganz sicher sind Sie sich nicht!"
Klient:	"Mensch, das sind ... Moment ... fast 450000 DM."
Therapeut:	"Die Summe benötigen Sie unbedingt."
Klient:	"Also, ich kann das ja mal berechnen." Pause. Denkt angestrengt nach. "Also, wenn ich ..." Es erfolgt eine detaillierte Aufrechnung der Kosten.
Therapeut:	"Sie benötigen für sich also mindestens 1200 DM im Monat, um alleine leben zu können."
Klient:	"Mit den 1200 DM könnte ich ..." Es erfolgt erneut eine Aufrechnung.
Therapeut:	"Und damit können Sie alle Kosten bestreiten!"
Klient:	"Ich kann das ja nochmal durchrechnen ..."

Übung
Lösungen ausmalen

Um zu lernen, sich besser in eine Situation des Klienten hineindenken zu können, sollte der angehende Therapeut selbst 'Lösungen ausmalen' üben. Auch der Therapeut hat Wünsche, Erwartungen oder Hoffnungen. Aus diesen lebensnahen Bereichen wird für den Übenden ein Wunsch formuliert, für dessen Realisierung er nicht nur Lösungsmöglichkeiten aufzeigen soll, vielmehr soll er eine Lösung gedanklich 'konkret ausmalen'. Dazu können Hilfsmittel im Rahmen der Möglichkeiten benutzt werden, etwa Stühle, um Personen zu verdeutlichen, oder Papier und Stifte, um komplizierte Vernetzungen schriftlich zu entwirren.

Ziele:
(1) Eine oder mehrere Lösungsmöglichkeiten (gedanklich) in die reale Problemsituation des Klienten übertragen;
(2) gemeinsam mit dem Klienten die für ihn zumutbaren (machbaren) Handlungsmöglichkeiten (Problemlösungswege) durchspielen, die unzumutbaren (nicht machbaren) Handlungswege isolieren und Widerstände bewußt machen;
(3) für nicht zumutbare (nicht machbare) Lösungsmöglichkeiten Alternativen finden.

Erläuterungen
Nachdem der Klient in der angstfreien therapeutischen Situation mögliche Lösungswege aufgezeigt hat, die für ihn in Frage kommen, geht es nun darum, die Lösungsmöglichkeiten auf die konkrete Problemsituation zu übertragen.
In einem ersten Schritt muß der Klient für sich entscheiden, welche der aufgezeigten Lösungsmöglichkeiten für ihn in der realen Situation überhaupt zumutbar sind. Der Klient soll also zunächst die Lösungsmöglichkeiten ins Auge fassen, von denen er glaubt, er könnte diese in seiner realen Problemwelt anwenden. Die vom Klienten benannte Lösungsmöglichkeit wird nun im Rahmen des therapeutischen Gespräches fiktiv auf die Problemsituation übertragen. Bei dieser gedanklichen Übertragung auf die reale Lebenssituation werden dem Klienten möglicherweise Schwierigkeiten und Probleme deutlich, an die er noch nicht gedacht hat, die aber nun im therapeutischen Gespräch aufgearbeitet werden können. An den Lösungswegen, die der Klient zwar als Möglichkeiten erwogen hat, aber letztlich ablehnt, können Widerstände zutage treten, die der Therapeut dem Klienten deutlich machen kann. Es geht dann nicht mehr darum, diese Widerstände unbedingt aufzulösen, sondern vielmehr darum, dem Klienten seine Grenzen aufzuzeigen.
Es gibt nun Fälle, in denen der Klient zwar Lösungsmöglichkeiten aufzeigt, sich aber nicht zutraut, diese auch in der realen Lebenswelt umzusetzen. Gemeinsam mit dem Klienten sollte der Therapeut dann versuchen, alternative Wege zu finden.
Siehe auch Bausteine *Lösungen konkretisieren* und *Lösungsbrainstorming.*

Beispiel
Die Klientin ist 31 Jahre alt. Sie wohnt immer noch im elterlichen Haus. Das Zusammenleben mit den Eltern gestaltet sich für sie zunehmend

problematisch. Sie hat zwar ein positives Verhältnis zu ihrer Familie, verspürt aber einen starken Wunsch nach Eigenständigkeit.

Therapeut: "Sie sagten in der letzten Sitzung 'Am liebsten würde ich in eine andere Stadt ziehen'."

Klientin: "Ja, das wäre das beste." Pause.

Therapeut: "Und?"

Klient: "Das geht nicht, das ist unmöglich. Das würden meine Eltern nicht verkraften." Pause. "Mir ist dabei auch nicht ganz wohl. Irgendwie sträubt sich da was in mir."

Therapeut: "Das geht Ihnen gegen das Gefühl!"

Klientin: "Genau, das kann ich gefühlsmäßig nicht."

Therapeut: "Sie fühlen Verantwortung für Ihre Eltern!"

Klientin: "Verantwortung nicht, nein, das nicht. Dankbarkeit ist es. Ich käme mir undankbar vor."

Therapeut: "Sie meinen, Sie wären Ihren Eltern gegenüber undankbar, wenn Sie so weit wegzögen."

Klientin: "Ja, das ist es!"

Therapeut: "Aber Ausziehen kommt für Sie trotzdem in Frage."

Klientin: "Ja", zögert eine Weile, dann: "Ich könnte mir vorstellen, hier in derselben Stadt eine Wohnung zu suchen."

Therapeut: Wartet. "Sie können sich das vorstellen!"

Klientin: "Ja, ich kann es mir vorstellen." Schweigen.

Therapeut: "Und machen?"

Klientin: Seufzt "Ich müßte das mal durchspielen."

Therapeut: "Spielen Sie!"

Klientin: "Ich weiß gar nicht, wie ich an eine Wohnung kommen kann. Ich habe das ja noch nie gemacht. Ich müßte dann ja ..., ich müßte dann ja in der Zeitung suchen."

Therapeut: "Das ist eine gute Möglichkeit."

Klientin: "Ja, aber meine Eltern."

Therapeut: "Ihre Eltern?"

Klientin: "Soll ich die vorher ..., ich meine, mache ich es allein oder mit meinen Eltern? Oh Gott, daran habe ich ja noch gar nicht gedacht."

Therapeut: "Sie wissen nicht, wie Sie sie einbeziehen sollen?"

Klientin: "Ja, genau. Das muß ich genau überlegen." Pause. "Also mir wäre es schon lieber, wenn ich es ihnen vorher sagen würde, daß ich eine Wohnung suche. Ich müßte mit ihnen vorher sprechen. Oh, das wird schwer!"

Therapeut: "Sie möchten das lieber vorher mit Ihren Eltern klären!"

Klientin: "Ja, doch! Aber was, ich meine, wie sage ich es ihnen?"

Therapeut: "Sie spüren doch in sich den Wunsch, alleine zu leben, weil das gut für Sie ist. Ist das so?"

Klientin: "Ja, so ist das. Ja, ja, ich ziehe ja nicht aus, weil ich etwas gegen meine Eltern habe, sondern weil ich für mich mal

alleine sein möchte." Überlegt. "So müßte ich es meinen Eltern sagen, das wäre eine Möglichkeit."

Therapeut: "Möchten Sie das mal durchspielen? Ich setze mich hier
herüber und bin jetzt Ihr Vater."

Der Therapeut nimmt auf einem anderen Stuhl Platz, die Klientin steht
auf und versucht nun, dem 'Vater' zu erklären, warum sie ausziehen
möchte. Das therapeutische Gespräch wird nun wechselweise als Rollenspiel durchgeführt.

Übung
Drehbuch

In der Übung geht es um das imaginative Durchspielen denkbarer
Lösungen. Der Übende soll eine ausgedachte Lösung als Drehbuch
entwerfen und sie Schritt für Schritt auf seine Lebenssituation übertragen. Das 'Drehbuch' kann sowohl 'gedanklich' als auch als Rollenspiel
durchgespielt werden. Als Unterstützung können schriftliche Notizen
angefertigt werden, indem beispielsweise die einzelen Schritte (mit
den Zielen) festgehalten werden.

Baustein: Vorschläge machen	47

Ziele:
(1) Dem Klienten für seine Lebensgestaltung Vorschläge machen;
(2) die Vorschläge so formulieren, daß der Klient in ihnen mögliche Alternativen des Handelns sieht;
(3) die Vorschläge mit dem Klienten durchsprechen.

Erläuterungen

In der klassisch ausgerichteten Gesprächspsychotherapie wird dem
Therapeuten beigebracht, während der Therapie dem Klienten keine
Vorschläge für die Lösung seiner Probleme zu unterbreiten. Der Klient
wisse selbst, was er zu tun habe und was für ihn richtig und sinnvoll sei.
Gegen diese grundsätzliche Auffassung ist auch nichts einzuwenden,
sie trifft den Kern therapeutischer Arbeit (siehe auch Baustein *Gesprächsstörer vermeiden*). Wenn dieses Quasiverbot dennoch sehr
häufig von - auch klassisch orientiert arbeitenden - Therapeuten unterlaufen wird, dann begründet sich dieses Unterlaufen oder Umgehen aus
der konkreten Praxiserfahrung, die Ausnahmen zulassen muß. Es gibt
Klienten, die so stark in eine Problematik verstrickt sind, daß sie für
sich selbst keine Möglichkeiten des Handelns sehen, oder es einfach im
Laufe der Zeit verlernt haben, für sich selbst Alternativen zu formulieren. Dieses 'Verlernthaben' kann dabei in engem Zusammenhang mit
der Problematik stehen, die sie so erdrückt, daß sich der Blick für andere

Möglichkeiten immer mehr verengt und schließlich völlig verschlossen wird. In solchen Problemfällen kann es für den Klienten hilfreich sein, wenn der Therapeut - aus dem Lebenszusammenhang des Klienten heraus - Vorschläge formuliert, die diesem wieder Mut machen.
An dieser Stelle mag es hilfreich sein, zwischen Ratschlägen und Vorschlägen zu unterscheiden. Pädagogen neigen dazu, ihrer Klientel immer, oder doch meistens, mit Ratschlägen zu helfen. Nun sind diese zwar wohlgemeint und für spezifische Situationen auch angebracht und wirkungsvoll. Sie haben aber immer einen Hauch von Besserwisserei an sich, denn sie dividieren die Partner in Überlegene und Unterlegene. Wenn wir hier also von 'Vorschlägen' sprechen, so möchten wir die Belehrung dem Klienten gegenüber erst gar nicht aufkommen lassen. Bei gegenseitiger Wertschätzung von Therapeuten und Klienten wird es auch nicht zu diesem Überlegenheitsgefühl auf seiten des Therapeuten kommen, dennoch können sich auf der sprachlichen Ebene gutgemeinte Vorschläge als Ratschläge anhören, und sie werden dann auch möglicherweise vom Klienten so aufgefaßt. Die Vorschläge sollen also dem Klienten alternative Möglichkeiten aufzeigen; sie sollen ihm darüber hinaus wieder die Energie geben, sich durch die vorgetragenen Möglichkeiten 'anstacheln' zu lassen, selbst wieder kreativ zu denken und zu handeln.
Die bereits oben angesprochene 'offizielle' Gesprächspsychotherapie hat diese Notwendigkeiten des Umdenkens erkannt. Sie wendet sich mehr der 'Person' im Klienten zu, was sich darin ausdrückt, daß man neuerdings weniger den Terminus 'klientenzentriert', hingegen verstärkt den Begriff 'personenzentriert' benutzt.

Beispiel
Die Klientin, die schon älter ist, leidet unter Kontaktmangel. Über die Bedeutung von Kontakten wurde bereits ausführlich gesprochen.

Klientin: "Ich weiß nicht, wie ich es anstellen kann."
Therapeut: "Und Sie haben keine Idee."
Klientin: Schweigt. "Ich weiß nicht." Pause.
Therapeut: "Es gibt die Möglichkeit, in ein Seniorencafé zu gehen." Pause. "Es gibt die Möglichkeit, sich in einen Kursus der Volkshochschule einzuschreiben." Pause. "Es gibt die Möglichkeit, sich einer Gruppenreise anzuschließen."
Klientin: "Sie meinen im Urlaub?"
Therapeut: "Ja, zum Beispiel im Urlaub."
Klientin: "Das hätte zumindest den Vorteil, daß ..."

Übung
Vorschläge machen
In Kleingruppen tauschen die Teilnehmer Informationen aus ihrem Privatleben aus. In den Gesprächen wird deutlich werden, daß sich

(fast) alle im Alltag mit bestimmten Tätigkeiten, Handlungen oder Gewohnheiten schwertun. Vieles daran möchten sie gern ändern, aber immer schleicht sich der alte Trott ein. Aus diesen alltäglichen Abläufen sollen die Teilnehmer spontan Vorschläge zusammentragen, wie die einzelnen ihren Alltagstrott verändern könnten. Dabei spielt es keine Rolle, ob die Vorschläge für jeden einzelnen realisierbar wären oder nicht.

Baustein: Hausaufgaben	48

Ziele:
(1) Dem Klienten in Zusammenhang mit seiner Problematik eine Aufgabe stellen;
(2) die Aufgabe aus dem alltäglichen Lebenszusammenhang des Klienten entwickeln.

Erläuterungen

Die von uns so genannte *Hausaufgabe* hat mit den Hausaufgaben, die wir aus der Schule kennen, nichts zu tun. Als interner Arbeitsbegriff ist er uns jedoch insofern nützlich, als es darum geht, dem Klienten eine Aufgabe mitzugeben, die er außerhalb der therapeutischen Situation, also in seiner normalen Alltagswelt und zwar zwischen zwei Sitzungen, zu erfüllen hat.

Nun mag es verwundern, dem Klienten Aufgaben mitzugeben. Diese Art therapeutischer Arbeit ist ungewöhnlich; sie bedarf einer Erklärung. In aller Regel wissen die Klienten nichts über die Methode und Indikationen der Therapie bzw. über die therapeutischen Interventionen, es sei denn, der Therapeut hat dem Klienten vor den Gesprächen über die Art und Weise der therapeutischen Arbeit Auskunft gegeben, was übrigens prinzipiell zu befürworten ist, da sich die Klienten dem Therapeuten unbefangen anvertrauen können. Viele Klienten entwickeln nun während der therapeutischen Arbeit das Gefühl, daß sie 'nur reden', ohne daß für sie dabei etwas 'Konkretes' herauskommt oder ohne daß sie selbst etwas tun können. Die Wirkung (erst oft später verständlich werdender) gesprächstherapeutischer Interventionen wird von vielen Klienten zum Zeitpunkt der Gespräche selbst noch nicht erkannt. Das Gefühl des Selbst-Aktiv-Werden-Wollens läßt sich nun häufig mit der therapeutischen Arbeit sinnvoll verbinden. Der Klient stellt sich eine Aufgabe, die er in seinem Problemfeld auszuführen versucht. Es geht nicht unbedingt darum, daß der Therapeut dem Klienten die Aufgabe zuweist, vielmehr sollte sie sich aus den Gesprächen ergeben. Der Klient wird selbst am besten wissen und abschätzen, was er 'konkret' machen kann. Gemeinsam mit dem Therapeuten muß über den Sinn und Zweck der Aufgabe gesprochen werden. In der darauffolgenden Sitzung wird dann über Erfolg oder Mißerfolg der Aufgabenerfüllung gesprochen werden; oft bietet die 'konkrete Arbeit vor Ort' (das heißt das Ausführen der Aufgabe) sowohl dem Klienten selbst als auch dem Therapeuten wertvolle Hinweise für die weiteren Gespräche.

Sinnvoll und verwertbar sind im allgemeinen immer Selbst- und Fremdbeobachtungsaufgaben, aber ebenso alltägliche Routinehandlungen (z.B. das Begrüßungsritual) durch eingeschobene Zwischenhandlungen zu durchbrechen; mal das Gegenteil von dem zu probieren, was schematisch abläuft (beispielsweise nicht immer sofort zu antworten, sondern zu schweigen), oder dem Tag eine Besonderheit hinzuzufügen (sich beispielsweise fest eingeplante fünf Minuten Zeit nehmen, um über sich selbst nachzudenken).

Beispiel

Klient: Gegen Ende des Gesprächs. ''Ich müßte vielleicht in Zukunft mehr darauf achten.''

Therapeut: ''Ihnen ist das so genau noch nicht aufgefallen.''

Klient: ''Nein, erst jetzt, wo wir darüber sprechen, fällt mir das eigentlich auf.''

Therapeut: ''Das wäre ja eine Aufgabe bis zum nächsten Mal für Sie, darauf noch mal gezielter zu achten.''

Klient: ''Ja, das stimmt, das wäre eine Möglichkeit, mir darüber genauer Rechenschaft ablegen zu können. Aber wie kann ich das feststellen, wenn sie mich einfach ignoriert?''

Therapeut: ''Vielleicht sollten wir uns erst darüber einig werden, was Sie darunter verstehen, wenn Sie sagen, Ihre Frau ignoriert Sie.''

Klient: ''Ja, das kann ich am besten an einem Beispiel erklären.''

Therapeut: ''Ja, das ist gut.''

Klient: ''Ich komme beispielsweise nach Hause, und sie beachtet mich gar nicht. Von sich aus begrüßt sie mich nie. Wenn ich nicht 'Hallo' oder irgendetwas anderes sage, kommt von ihr keine Reaktion.''

Therapeut: ''Und von solchen Situationen gibt es viele?''

Klient: ''Ja, ...'' Zählt noch einige auf.

Therapeut: ''Gut, dann versuchen Sie, alle Situationen aufzuschreiben, in denen Sie sich von Ihrer Frau ignoriert fühlen. Notieren Sie die Situation, die Zeit und die äußeren Umstände stichwortartig. Schreiben Sie, wenn möglich, auch noch auf, was Sie sich von Ihrer Frau in der jeweiligen Situation gewünscht hätten. Ist das für Sie eine mögliche Aufgabe bis zum nächsten Mal?''

Klient: ''Ja, das versuche ich mal. Ich werde dann berichten.''

Übung
Eine Hausaufgabe stellen
Siehe Übung 'Vorschläge machen' (Baustein *Vorschläge machen*).
Anstelle von Vorschlägen sollen bei dieser Übung 'Aufgaben' entwickelt werden, die bis zur nächsten Sitzung ausprobiert werden sollen.

Baustein: Erlebte Realisation aufarbeiten	49

Ziele:
(1) Den Klienten auffordern, über seine Erfahrungen mit den Lösungsmöglichkeiten zu sprechen;
(2) Probleme des Klienten bei der Umsetzung der Lösungsmöglichkeiten heraushören;
(3) die vermutete Hauptschwierigkeit dem Klienten widerspiegeln;
(4) die vermutete Hauptschwierigkeit mit dem Klienten durcharbeiten;
(5) die einzelnen Schwierigkeiten gemeinsam mit dem Klienten zueinander in Beziehung setzen.

Erläuterungen
Es muß noch einmal an die Tatsache erinnert werden, daß der Klient ja deshalb in der Therapie ist, weil er mit seinen Problemen allein 'in der Außenwelt' nicht zurechtkommt. Die Therapie soll ihm dazu verhelfen, für seine Probleme eine Lösung zu finden.
Nun sind bei dem Lösungsversuch zwei wichtige Schritte aus der Sicht therapeutischer Arbeit voneinander zu trennen:
Erster Schritt: Der Klient soll in der angstfreien therapeutischen Situation in die Lage versetzt werden, überhaupt erst einmal Lösungsmöglichkeiten ins Auge zu fassen. Das therapeutische Arrangement bietet ihm die Möglichkeit, sich an 'Lösungsgedanken' heranzuwagen, sich Lösungen zuzugestehen oder sich mit Lösungsmöglichkeiten überhaupt erst vertrautzumachen. Solche vom Klienten in der angstfreien Atmosphäre geäußerten Lösungsmöglichkeiten haben in vielen Fällen noch wenig mit dem zu tun, was er dann tatsächlich in der konkreten Realsituation unternimmt. Aber das Ausformulieren, das Aussprechen, das Sich-Vertrautmachen mit oder das Ausmalen von Lösungen in der angstfreien Situation bedeutet einen ersten Schritt in Richtung Lösungsumsetzung. Der Klient kann ja erst dann Lösungen in der Realsituation versuchen, wenn er sich darüber im klaren ist, was er eigentlich will und wie er es machen will.
Zweiter Schritt: Die Umsetzung einer Lösung in die Realsituation wird

in der Regel immer auf Schwierigkeiten stoßen. Der Unterschied zwischen der in der therapeutischen Situation geäußerten Lösung und der praktischen Umsetzung wird deutlich; er wird vom Klienten oft schmerzlich empfunden. Der Klient deutet die aufgetretenen Schwierigkeiten möglicherweise als Versagen oder als Niederlage. Auch Therapeuten, die ja zuvor die Lösung mit dem Klienten durchgearbeitet haben, sind häufig enttäuscht und reagieren dem Klienten gegenüber nicht angemessen. Aber weder der Therapeut noch der Klient haben Grund zur Resignation. Sollte die angestrebte Lösung in der Realsituation überhaupt keine Chance zur Verwirklichung haben, dann wissen beide, daß neue Lösungsmöglichkeiten gesucht werden müssen. Der Erfolg oder der Fortschritt bestehen darin, festzustellen, daß diese Lösung als Möglichkeit ausscheidet. Dies ist jedoch nur in Ausnahmefällen zutreffend. Meistens sind die Lösungswege im Prinzip angemessen, nur bei der konkreten Umsetzung treten Schwierigkeiten und Probleme auf.

Für den Klienten ist es deshalb sehr wichtig, das Erlebte bei der Umsetzung der Lösung aufzuarbeiten. Der Therapeut muß in dieser Phase des therapeutischen Prozesses heraushören, wo und warum es Probleme gab, um diese mit dem Klienten erneut zu bearbeiten. Das Drehbuch (siehe Baustein *Lösungen übertragen*) wird Schritt für Schritt durchgegangen, die Hauptschwierigkeiten werden thematisiert und analysiert und das Drehbuch wird schließlich an entscheidenden Stellen verändert oder neu geschrieben.

Es kann durchaus geboten sein, die Schwierigkeiten bei der Umsetzung von Lösungen zum 'Hauptthema' weiterer therapeutischer Arbeit zu machen, wenn sie ursächlich mit den Problemen zusammenhängen, deretwegen der Klient gekommen ist.

Beispiel
Dieses Beispiel ist die Fortsetzung (die anschließende Sitzung) des Beispiels zum Baustein *Lösungen übertragen*. Die Klientin hatte ihre Schwierigkeiten, eine eigene Wohnung zu suchen, geschildert. Das Gespräch mit dem Vater wurde von ihr als besonders angstbesetzt beschrieben.

Therapeut: "Nun, wie ist es Ihnen ergangen?"
Klientin: "Teils ganz gut, teils nicht gut."
Therapeut: "Also ein Teilerfolg?"
Klientin: "Na ja, so ungefähr. Aber ich habe es noch nicht gesagt, noch nicht so richtig gesagt."
Therapeut: "Sie haben gesagt, daß Sie ausziehen wollen!"
Klientin: "Eben das nicht. Ich habe es einfach nicht fertiggebracht. Ich habe es nur angedeutet." Pause. "Irgendwie konnte ich es nicht übers Herz bringen. Die Situation war nicht gut dafür."

Therapeut: "Es war also eine unglückliche Situation, Sie haben einen unglücklichen Zeitpunkt erwischt!"

Klientin: "Wenn ich ehrlich bin, wollte ich das so nebenbei beim Essen sagen. Aber das klappte irgendwie nicht richtig."

Therapeut: "Sie sagten aber eben, teils war es gut!"

Klientin: "Ja, ich habe ihnen gesagt, daß es für mich mal sehr gut wäre, eine Zeitlang alleine zu sein." Schweigt.

Therapeut: "Und?"

Klientin: "Mein Vater sagte, er könne das verstehen, meine Mutter auch. Sie denken aber wohl an Urlaub oder so."

Therapeut: "Sie haben Ihren Urlaub immer mit Ihren Eltern gemeinsam verbracht!"

Klientin: "Nicht alle, aber die meisten."

Therapeut: "Ihre Eltern scheinen doch aber Verständnis für Ihren Wunsch zu zeigen."

Klientin: "Ja, wohl. Ich müßte das nur deutlicher machen."

Therapeut: "Sie möchten Ihre Eltern auf keinen Fall verletzen!"

Klientin: "Das ist es! Ich möchte sie nicht verletzen, weil ich ihnen sehr dankbar bin. Und sie sollen nicht das Gefühl haben, ich sei nicht mehr für sie da."

Therapeut: "Also ausziehen, ihnen aber trotzdem das Gefühl des Daseins geben."

Klientin: "Ja, genau das fehlt mir! Wenn ich wüßte, wie ich das anstellen kann, dann fällt es mir leichter."

Therapeut: "Und das ist Ihnen jetzt klar geworden?"

Klientin: "Nach unserem letzten Gespräch und dann zu Hause. Das ist der Punkt."

Therapeut: "Gut! Sie möchten von Zuhause weg, aber trotzdem für Ihre Eltern immer da sein, so?"

Klientin: "Wenn ich das zusammenbringe, dann wird's leichter."

Übung
Hausaufgabe

Diese Übung bietet eine (allerdings eingeschränkte) Möglichkeit, sich als angehender Therapeut in eine außergewöhnliche Situation zu begeben, um diese in ihrer Wirkung zu erleben. Die erlebte Wirkung soll dann in der nächsten Übungsstunde erzählt werden. Zum Üben sollten Aufgaben gestellt werden, die der Übende normalerweise nicht macht oder kennt; sie sollten aus dem gewöhnlichen Alltagsrahmen herausfallen.

Beispiel:
Der Übende erhält die Aufgabe, eine fremde Person - auf der Straße angesprochen - zu einem Kaffee in ein Restaurant einzuladen oder sich bei einem Hausbewohner für einen Tag zum Putzen anzusagen.

Bei dieser Übung kommt es weniger darauf an, ob die Aufgabe genau erfüllt wird, sondern vielmehr darauf, was der Übende erlebt hat und wie er damit jetzt umgeht.

Baustein: Alter Ego	50

Ziele:
(1) Die mögliche Abhängigkeit des Klienten vom Therapeuten (Berater, Helfer) erkennen;
(2) die Abhängigkeit des Klienten für sich als Therapeut klären und gegebenenfalls ansprechen.

Erläuterungen

Viele Ratsuchende oder Klienten gehen zu einem Experten, um sich helfen zu lassen. Der Therapeut, und hier beziehen wir bewußt den Berater oder den Helfer mit ein, soll aber nur für eine begrenzte Zeit tätig sein. Das Problem des Klienten liegt ja 'außerhalb' der Therapiesituation, nicht in der Therapie. Nun kommt es nicht selten vor, daß der Klient in dem Therapeuten (Berater, Helfer) eine Dauereinrichtung sieht. Der Klient, unterstellen wir diesen Fall einmal, hat sein Problem 'in der Außenwelt' gelöst oder bewältigt und bedarf eigentlich keiner weiteren Therapie (Beratung, Hilfe) mehr, dennoch meldet er sich immer wieder zu weiteren Gesprächen an, auch um über seine bisherigen Erfahrungen bzw. Erfolge zu sprechen. Die Arbeit des Therapeuten mit dem Klienten hat letzteren von ihm abhängig gemacht. Das ist nicht die Absicht des Therapeuten und auch nicht die Absicht des Klienten. Aber die vertrauensvolle und angstfreie Atmosphäre tut dem Klienten so gut, daß er immer wiederkommt.

Diese stützende, vertrauensvolle und quasi 'verantwortungsübernehmende' Funktion ist aus der allgemeinen und der Fachliteratur als *Alter Ego* bekannt. Das Alter Ego (wörtlich: 'das andere Ich') übernimmt eine Art Überfunktion, eine Art Vaterrolle oder ist eine Art 'Ersatzgott'. Im Grunde genommen besitzt jeder Mensch ein Alter Ego, nur die Konkretionen sind sehr (z.B. kulturspezifisch) unterschiedlich.

Bei den Klienten, deren Problem es ohnehin ist, keinen (Lebens-)Partner zu haben, oder deren mitmenschliche Beziehungen zu anderen so gestört sind, daß sie sich nach einem vertrauensvollen Menschen sehnen, dem sie sich bedingungslos anvertrauen können, besteht besonders die Gefahr, im Therapeuten (Berater, Helfer) einen Ersatzpartner zu finden oder gefunden zu haben. Die Lösung des Problems läge dann darin, mit der Person des Therapeuten selbst das Problem gelöst zu haben. Dem Klienten sind die Prozesse nicht bewußt (oder doch nur sehr selten), deshalb ist es die Pflicht des Therapeuten, diesen möglichen Prozeß (diese mögliche Anbahnung) zu erkennen und anzusprechen. Besonders Therapeuten (Berater, Helfer) mit geringer Praxiserfahrung unterliegen oft ihrem eigenen Erfolgsgefühl. Es ist nämlich sehr angenehm zu hören, daß der Klient immer wieder das vertraute Gespräch sucht und sich immer wieder meldet. Um solchen Abhängigkeiten rechtzeitig zu begegnen, empfiehlt es sich, vor jeder Therapie ein 'Setting' zu vereinbaren. In diesem Setting kann auch ungefähr festgelegt werden, wie viele Sitzungen man gemeinsam erarbeiten will; das Setting kann zwar immer wieder verändert werden, aber dennoch hilft es, den Prozeß zu überdenken und reflektierend zu überprüfen.

Beispiel und **Übung**
entfallen.

5 Lern- und Arbeitsinventar

Die im folgenden zusammengestellten Arbeits- und Übungsunterlagen verstehen sich als Unterstützung für die Vermittlung und Durchführung des *Pädagogischen Gesprächstrainings*. Das Inventar soll das im vierten Kapitel dargestellte *Lern- und Trainingsprogramm* auf theoretischer bzw. methodischer Ebene ergänzen. Der Zeitpunkt und die Form des Einsatzes innerhalb des Programms sind variabel - die Entscheidung wird bewußt in die Hände des potentiellen Anwenders gelegt. Die Materialien sind in den meisten Fällen schwerpunktmäßig bestimmten Bausteinen zugeordnet, können aber auch in einem anderen Zusammenhang verwendet werden. Die meisten Unterlagen bedürfen einer intensiven Erarbeitung, Auseinandersetzung bzw. Nachbesprechung innerhalb des Trainingsablaufes.

Die *theoretischen Exkurse* des Theorieinventars dienen der Vermittlung und Auseinandersetzung mit den dem Lern- und Trainingsprogramm zugrundeliegenden theoretischen Überlegungen und Ansätzen. Sie greifen die wichtigsten Inhalte der *theoretischen Orientierung* (Kap. 2) zusammenfassend auf und können als Diskussionsgrundlage, als Lesetext zum Verstehen der Bausteine oder als Hausaufgabe eingesetzt werden. Sie können aber nur in stark verkürzter und komprimierter Form eine theoretische Einführung in das betreffende Thema darstellen. Zur intensiven Auseinandersetzung muß in jedem Fall zusätzlich auf andere Quellen zurückgegriffen werden. Die Exkurse sollten nur von Trainern mit weitgehenden theoretischen Kenntnissen verwendet werden, die die sich ergebenden Fragen der Teilnehmer beantworten und übergeordnete Zusammenhänge aufzeigen und erklären können.

Die *Übungsbögen* des Methodeninventars sind als Unterstützung zum Üben einzelner Bausteine oder des pädagogisch-therapeutischen Gesprächsverhaltens insgesamt gedacht. Sie liefern in den meisten Fällen konkrete Beispiele aus der Praxis, die zur vertiefenden Auseinandersetzung anregen sollen. Das praktische Üben des eigenen Gesprächsverhaltens in den Übungsgesprächen wird so durch die schriftliche *Pencil-Paper-Arbeit* unterstützt. Einige Übungsbögen sind zur Einschätzung der eigenen Gesprächs- und Beratungskompetenz bzw. deren schriftlicher Fixierung konzipiert worden.

5.1 Theorieinventar

Übersicht

Theoretischer Exkurs (1):
Grundlagen der Gesprächspsychotherapie I:
Das Menschenbild
Zu den Bausteinen: 3, 4, 5, 6, 7

Theoretischer Exkurs (2):
Grundlagen der Gesprächspsychotherapie II:
Der therapeutische Prozeß
Zu den Bausteinen: 1, 2, 9

Theoretischer Exkurs (3):
Grundlagen der Gesprächspsychotherapie III:
Die therapeutischen Grundhaltungen
Zu den Bausteinen: 1, 2, 8, 9, 10, 13, 26, 29

Theoretischer Exkurs (4):
Kritische Positionen zur Gesprächspsychotherapie
Zu den Bausteinen: (übergreifend)

Theoretischer Exkurs (5):
Grundprinzipien pädagogisch-therapeutischen Handelns
Zu den Bausteinen: 8, 11, 12, 14, 17, 18, 19, 21, 24

Theoretischer Exkurs (6):
Beeinflussungsfaktoren in Gesprächssituationen
Zu den Bausteinen: 6, 10, 11, 26, 27, 29

Theoretischer Exkurs (7):
Gefühle:
Merkmale und Bedeutungen in Gesprächssituationen
Zu den Bausteinen: 8, 9, 10, 20, 23, 35, 40

Zu den Bausteinen: 3, 4, 5, 6, 7

Das Menschenbild der Gesprächspsychotherapie geht davon aus, daß jedem Menschen ein Streben nach Unabhängigkeit, Eigenverantwortlichkeit, persönlicher Entfaltung und ganzheitlichem Wachstum innewohnt - er 'von Grund auf gut' ist. Jeder Mensch weiß selbst, was für ihn am besten ist, er bedarf keiner Manipulation von außen. Diese positive Sichtweise des Individuums vertraut darauf, daß jeder Mensch die Fähigkeiten und die Kraft besitzt, sein Leben nach seinen Vorstellungen zu gestalten und die auftretenden Probleme und Schwierigkeiten konstruktiv zu bewältigen. Die menschliche Natur beschreibt Rogers anhand zweier Grundkonzepte, mit deren Hilfe er die Wahrnehmung und Verarbeitung von Erlebnissen und Erfahrungen erklärt:

1. Die *Selbstaktualisierungstendenz* ist das angeborene Streben jedes Individuums, sich in der Auseinandersetzung mit der eigenen Person und seiner Umwelt konstruktiv in Richtung auf Selbstverwirklichung und Unabhängigkeit zu entwickeln.

2. Das *Selbstkonzept* ist das durch Erfahrungen und übernommene Werte geprägte Bild, das ein Mensch von sich hat. Es ist der ständige Bezugspunkt, an dem das Individuum sein Handeln ausrichtet, und bestimmt die Wahrnehmung und Einschätzung der eigenen Person und der Umwelt und damit den 'inneren Bezugsrahmen', durch den seine *'subjektive Realität'* entsteht. Das Selbstkonzept ist veränderlich, aber in jedem Augenblick als Einheit vorhanden, nicht unbedingt bewußt, aber dem Bewußtsein prinzipiell zugänglich.

Neben dem Streben nach *Autonomie* und *Selbstverwirklichung* wird grundlegend angenommen, daß jeder Mensch sich selbst Ziele setzt und seinem Leben Sinn gibt. Diese individuellen Orientierungen kann kein Außenstehender vollständig erschließen, sie müssen vom Individuum selbst erkannt und benannt werden.

Es ergeben sich wichtige Grundsätze für das Therapeutenverhalten:

* Der Klient bietet während des Gesprächs *kommunikative Äußerungen* auf verbaler und nonverbaler Ebene an, die das Produkt der Auseinandersetzung von innerem Erleben und bewußtem Selbstkonzept sind, und zeigt direkt oder indirekt *Gefühle* als Ausdruck der subjektiven Bedeutung von Erfahrungen und Erlebnissen. Der Therapeut muß für die Wahrnehmung dieser vielfältigen Angebote sensibel sein.

* Während jeder Phase des Gesprächs muß die *Selbstverantwortung* als Ausdruck des Strebens nach persönlicher Weiterentwicklung berücksichtigt werden, so daß das therapeutische Vorgehen sich immer

an der Person des Klienten ausrichten muß und nicht problem- oder methodenorientiert sein darf.
* Es wird davon ausgegangen, daß jeder Mensch ständig individuelle *Lösungsversuche* unternimmt und passende Lösungen entwickeln kann, um seine Probleme zu bewältigen. Die Hilfe in einer therapeutischen Gesprächssituation kann deshalb nur im Schaffen und Bereitstellen von günstigen, die subjektive Einsicht des Klienten fördernden Bedingungen und situativen Voraussetzungen bestehen, um die selbständige Bearbeitung der Probleme und Schwierigkeiten zu ermöglichen.

| Theoretischer Exkurs: Grundlagen der Gesprächspsychotherapie II: Der therapeutische Prozeß | 2 |

| Zu den Bausteinen: 1, 2, 9 |

Wenn das geschilderte positive Menschenbild für jeden Menschen uneingeschränkt in jeder Lebenssituation Gültigkeit haben würde, könnte es eigentlich nicht zu persönlichen Problemen kommen, da jeder individuell für sich nur das umsetzen würde, was er für richtig und angemessen hält. Die gesellschaftliche Realität sieht anders aus: In der Auseinandersetzung mit der jeweiligen Umwelt kommt es immer wieder zu Situationen, in denen das Gefühl aufkommt, nicht weiterzuwissen und sich mit seinen Gedanken im Kreis zu drehen. Es entstehen Probleme, wenn dieser Zustand über längere Zeit anhält und sich entstandene Blockaden verfestigen.

Der Mensch entwickelt sich weiter, indem er sich mit den wahrgenommenen Eindrücken auseinandersetzt und sie verarbeitet. Solange sich diese Erfahrungen und Erlebnisse problemlos in das Selbstkonzept integrieren lassen und damit inneres Erleben ('was ich fühle, was sich in mir regt') und Bewußtsein ('was ich davon bewußt mitbekomme') des Individuums miteinander übereinstimmen, befindet sich das Individuum in einem seelischen Gleichgewicht (Zustand der *Kongruenz*). Die Kommunikation des Individuums ('was ich mitteile, nach außen sichtbar werden lasse') ist in diesem Fall in sich widerspruchsfrei und kongruent.

Da der Mensch aber eher die Tendenz hat, das Vorhandene (und damit auch das Selbstkonzept) nicht infragezustellen und starr aufrechtzuerhalten, als sich auf einen unter Umständen schmerzlichen Verände-

rungsprozeß einzulassen, kann eine Diskrepanz zwischen Erleben und Bewußtsein entstehen, die zu einem seelischen Ungleichgewicht führt (Zustand der *Inkongruenz*). Indem Erfahrungen nicht aufgearbeitet (z.B. kognitiv verdrängt) werden, lösen sie defensive Prozesse im Individuum aus und können u.a. Angst- und Spannungszustände zur Folge haben. Die Blockade zwischen innerem Erleben und Bewußtsein, die darin besteht, daß Teile des gefühlsmäßigen Erlebens durch gelernte Verhaltensweisen verdrängt oder mit dem Kopf verarbeitet werden, führt in der Folge auch zu einer in sich widersprüchlichen Kommunikation. Ein Beispiel soll dies verdeutlichen:
Ein Mann hat durch seine Erziehung vermittelt bekommen, daß Männer hart, selbständig und unabhängig sein müssen. Als seine Frau ihn unverhofft wegen eines anderen Mannes verläßt, fühlt er sich wie vor den Kopf geschlagen. In seinem Innern empfindet er Trauer, Verzweiflung und Wut, und ihm ist oft zum Weinen zumute. Diese Gefühle verdrängt er aber, um seiner Rolle als Mann zu entsprechen. Er empfindet seine Situation als ausweglos, da er sich einerseits niedergeschlagen und schwach fühlt, andererseits nach außen aber den starken Mann spielen muß und nur in diesem Verhalten von seinen Freunden akzeptiert wird. Das bewußte Erleben von Schwäche und Trauer ist blockiert. Es ist ihm nur bewußt, daß alles, was er unternimmt, um aus seiner mißlichen Lage herauszukommen, schiefgeht...
Setzt das Individuum sich hingegen mit der von ihm wahrgenommenen Diskrepanz aktiv auseinander (z.B. kognitive Aufarbeitung), können sein seelisches Gleichgewicht wiederhergestellt und die vorhandenen Blockaden aufgelöst werden.
Ziel des therapeutischen Prozesses ist es, den Klienten zu befähigen, blockierte Erfahrungen und Gefühle wahrzunehmen und sich zunehmend mit den Inkongruenzen zwischen seinem inneren Erleben und Bewußtsein auseinanderzusetzen. Indem sich das Selbstkonzept im Verlauf der Therapie verändert, kann der Klient in der Folge bewußter und offener mit seiner Umwelt in Beziehung treten. Dies bedeutet übertragen auf das Beispiel:
Der Mann kann in der angstfreien, einfühlsamen Atmosphäre des therapeutischen Gesprächs zu seiner Traurigkeit und Verzweiflung stehen und seine schwache Seite erleben lernen. Er kann erfahren, wie wichtig es ist, sagen zu können: 'Ich darf auch schwach sein, ich brauche Geborgenheit und Nähe.'

Zu den Bausteinen: 1, 2, 8, 9, 10, 13, 26, 29

Da die direkte personale Beziehung zwischen Therapeut und Klient grundlegend für den therapeutischen Prozeß ist, kommt den Grundhaltungen des Therapeuten eine besondere Bedeutung zu. Werden diese Einstellungen dem Klienten wirksam vermittelt und von ihm wahrgenommen, ermöglichen sie die für den Erfolg der Therapie wichtigen, konstruktiven Veränderungen innerhalb seiner Persönlichkeit. Psychotherapie wird nur als ein Sonderfall konstruktiver zwischenmenschlicher Beziehungen angesehen. Dabei stehen nicht besondere Gesprächstechniken, sondern die Persönlichkeit des Therapeuten und die Verwirklichung konkreter Grundhaltungen im Vordergrund. Das konkrete Gesprächsverhalten des Therapeuten wird durch seine Fähigkeit zu Kongruenz, Akzeptanz und Empathie geprägt. Diese Grundhaltungen sind nur begrenzt erlernbar und können von daher nicht als bloße seelenlose Techniken eingesetzt werden.
Die im folgenden gewählte Reihenfolge zeigt zugleich den Grad ihrer Bedeutsamkeit an. Die Kongruenz stellt die grundlegende Bedingung erfolgreichen therapeutischen Handelns dar, auf deren Basis die beiden anderen, leichter zu erlernenden Grundhaltungen aufbauen.

Kongruenz (Echtheit)
Das Gesprächsverhalten des Therapeuten muß echt, transparent und darf nicht künstlich aufgesetzt sein. Der Therapeut soll sich seiner Gefühle und Gedanken in bezug auf das Problem des Klienten bewußt sein und dabei eigene Möglichkeiten, Bedürfnisse, Grenzen und Vorurteile akzeptieren (Selbstexploration). Dabei ist es wichtig, eigene Blockaden (Vorurteile, Unwohlsein, Probleme) wahrzunehmen und sie gegenüber dem Klienten anzusprechen. Weiterhin müssen die Beziehung zum Klienten und die Rahmenbedingungen des therapeutischen Gesprächs geklärt sein. Der Therapeut muß eine Einheit in seiner Persönlichkeit und seinem professionellen Rollenverhalten bilden.

Akzeptanz (Bedingungsfreie Wertschätzung)
Der Therapeut bemüht sich, den Klienten als Person zu achten und ihn vorurteilsfrei und vorbehaltlos in dessen individueller Erlebniswelt wahrzunehmen und zu respektieren. Indem er dem Klienten tiefe und echte Zuwendung entgegenbringt, akzeptiert er dessen Person in ihrem Problemzusammenhang. Dabei ist es wichtig, daß der Therapeut sich während des Gesprächs ganz auf die Person und die Inhalte des

Klienten konzentriert, dessen Gedanken, Gefühle und Verhaltensweisen nicht bewertet und ihm gegenüber eine 'leichtgläubige Haltung' einnimmt.

Empathie (Einfühlendes, nicht wertendes Verstehen)
Der Therapeut versucht, die Erlebnisse und Gefühle des Klienten und deren persönliche Bedeutung präzise und sensibel zu erfassen. Indem er 'in die Haut des Klienten schlüpft' und 'in dessen Welt zu Hause ist', vermittelt er diesem das Gefühl, verstanden und akzeptiert zu werden. Der Therapeut soll versuchen, die Sichtweisen und Bewertungszusammenhänge des Klienten nachzuvollziehen und die Mitteilungen über das Gesagte hinaus wahrzunehmen.

Theoretischer Exkurs: Kritische Positionen zur Gesprächspsychotherapie	4

Zu den Bausteinen: (übergreifend)

In der Literatur finden sich eine Reihe von Stellungnahmen zum Einsatz und zu den Wirkungen eines therapeutischen Gesprächsverhaltens. Die folgenden Zitate sollen zu einer Diskussion über dessen Möglichkeiten und Grenzen anregen:

"Ich werkle nicht wie der Empath, der letztens ein Ehepaar zu mir überwies. Die Frau liebte ihren Freund, der Mann kochte vor Wut und Groll. Und sie wußten nicht, wie sie damit umgehen sollten.
Zwölf Gespräche stellte der Empath Fragen. Er erklärte, er half beim Reden, er probierte, Standpunkte zu verdeutlichen, Kluften zu überbrücken. Immer war er bedingungslos da, bereit zu helfen bis in alle Ewigkeit. Amen.
Während er redete, ließ er völlig die Liebe außer acht, den gekränkten Stolz und das große Verlangen. Während er redete, ließ er das Bedürfnis nach Rache, die Wut, die Erniedrigung unangetastet.
Und er ließ sich erst recht nicht dazu verleiten, darüber nachzudenken, was nun getan werden mußte.
Er redete und fühlte mit. Er verstand und half. Er numerierte sich selbst einfach weg. Und Woche für Woche rührte er mit seinen sensiblen Fingern in derselben Wunde. Und hielt sie offen."
(Pieter VAN DE VEN: Freund als Feind, Dortmund 1982, 9)

"Wenn eine Psychotherapie nicht indiziert ist, ist dieses Handeln nicht nur nicht hilfreich, sondern verwirrend; es mag als Farce erlebt werden, wie das folgende (...) Beispiel verdeutlicht:
Stellen Sie sich vor, ein Passant fragt Sie auf der Straße nach dem Weg zum Bahnhof. Dieser Passant hat also ein Problem, und Sie sind aufgerufen, ihn zu beraten. Sie haben etwas von klientenzentrierter Gesprächsführung gehört und führen mit ihm deshalb ein Gespräch folgender Art:
Passant: Können Sie mir sagen, wo der Bahnhof ist?
Berater: Verstehe ich Sie da recht, Sie sind sich unsicher, wo in dieser Stadt der Bahnhof liegt?
Passant: Jaja, das habe ich ja gerade gesagt; aber können Sie mir den Weg dorthin beschreiben?
Berater: Ist es so, daß Sie da von mir eine konkrete Auskunft erwarten?
Passant: Meine Güte, wollen Sie mich auf den Arm nehmen? Ich frag Sie was, und Sie labern da rum!
Berater: Ich höre aus Ihrer Äußerung da so einigen Ärger, verstehe ich Sie da recht?
Es ist anzunehmen, daß der Passant bei dieser Art von Gesprächsführung seinen Zug verpaßt."
(Eva-Maria BIERMANN-RATJEN u.a.: Gesprächspsychotherapie, Stuttgart 1979, 147)

"Intellektuell schließlich ist der Stand der Dinge sehr ärgerlich. Da sind Hunderte von konkurrierenden Theorien, die ihre Erfolge als Beweis für ihre Richtigkeit im Schilde führen - und kein Erfolg beweist irgendetwas, denn in Wahrheit verdankt er sich wahrscheinlich allgemeinen Faktoren, möglicherweise dem bloßen Umstand, daß der Patient einen vertrauenswürdigen Gesprächspartner für seine Probleme gefunden hat. Ein böses amerikanisches Wort nennt Psychotherapie *Rent-a-friend*; ein noch böseres deutsches 'Freundschaftsprostitution'.
Intellektuell am ärgerlichsten ist es aber, daß alle Therapieschulen dem Patienten neue Einsichten in das Zustandekommen seiner Störungen und Probleme bringen, Aha-Erlebnisse zuhauf, daß sie (...) ohne die Vermittlung solcher Einsichten gar nicht auskommen - und daß alle diese Einsichten ebensogut falsch sein können, Pseudo-Erklärungen, ohne dadurch an Wirksamkeit zu verlieren."
(Dieter E. ZIMMER: Für alle ein Preis und ein Dämpfer, in: Die Zeit, 30 (22.7.88), 32)

Zu den Bausteinen: 8, 11, 12, 14, 17, 18, 19, 21, 24

Die Wirksamkeit des Handelns eines Therapeuten im Gespräch wird nicht nur durch die Verwirklichung der drei therapeutischen Grundhaltungen, sondern auch durch die Umsetzung dreier Grundprinzipien - *Verbalisierung, Konkretheit und Konfrontation* - bestimmt.
Auf der Basis eines echten, akzeptierenden und einfühlenden Gesprächsverhaltens und einer vertrauensvollen Beziehung zwischen Therapeut und Klient haben diese Prinzipien die Funktion, das Gespräch im Sinne des Klienten voranzubringen und ein 'Sich-im-Kreisdrehen' mit der angesprochenen Problematik zu verhindern.

Verbalisierung
Zur Unterstützung des therapeutischen Prozesses ist es wichtig, daß der Therapeut die wahrgenommenen und von ihm, mit der 'Brille' des Klienten betrachtet, als bedeutsam eingeschätzten Inhalte, Gefühle, nonverbalen Signale usw. im Gespräch wertfrei thematisiert, um dem Klienten eine offene Auseinandersetzung mit seiner eigenen Person in den individuellen Zusammenhängen zu ermöglichen. Diese Offenheit kann im Vergleich zu alltäglichen Gesprächssituationen zuerst ungewohnt erscheinen, setzt aber die heilende und unterstützende Wirkung des helfenden Gesprächs erst frei.

Konkretheit
Der Therapeut versucht, den Klienten bei den konkreten Erfahrungen, Erlebnissen und Gefühlen, die im Zusammenhang mit der angesprochenen Problematik stehen, zu halten, um ein Abschweifen in ein 'Über-das-Problem-reden' zu verhindern. Dabei ist es wichtig, die momentanen Empfindungen bzw. konkreten Erlebnisse und Situationen des Klienten in bezug auf dessen Probleme anzusprechen. Unter Berücksichtigung der individuellen Voraussetzungen und Möglichkeiten des Klienten ermöglicht diese Konkretheit im Gespräch eine direkte, faßbare Bearbeitung des Problems und hält den Klienten dazu an, nicht immer wieder vor seinem Problem 'wegzulaufen'.

Konfrontation
Es ist Aufgabe des Therapeuten, auf Widersprüchlichkeiten in den Aussagen und im nonverbalen Verhalten des Klienten zu achten und ihn mit diesen gegebenenfalls zu konfrontieren. Hinter diesen äußer-

lich erkennbaren Widersprüchen stehen nicht selten Vermeidungs-strategien (Ausweichverhalten), deren Thematisierung und Auflö-sung im Gespräch meist neue Ansatzpunkte zur Lösung seiner Proble-me aufzeigen. Gerade typische, immer wieder auftretende Verhaltens-weisen des Klienten in Problemsituationen bieten oft einen Schlüssel für die weitere Bearbeitung. Die Konfrontation muß dabei so vermit-telt werden, daß der Klient sie als Hilfe akzeptieren kann und nicht als Vorwurf empfindet.

Theoretischer Exkurs: **Beeinflussungsfaktoren in Gesprächssituationen**	**6**

Zu den Bausteinen: 6, 10, 11, 26, 27, 29

Die im folgenden aufgeführten vier Faktoren sind für das individuelle Handeln und das Verhalten in Gesprächssituationen, in denen das Gegenüber dem Therapeuten den Wunsch nach Hilfe und Unterstüt-zung ausdrückt, von besonderer Bedeutung. Dabei beeinflussen sie das Verhalten beider Gesprächspartner nicht direkt, sondern in den mei-sten Fällen unbewußt und hintergründig. Für ein an den Bedürfnissen und Problemen des Klienten orientiertes Handeln ist es wichtig, sich mit der persönlichen und situativen Bedeutung dieser Faktoren bewußt auseinanderzusetzen.

Persönliche Situation - subjektives Befinden
Die individuelle Lebensgeschichte, die persönlichen Lebensumstän-de sowie das momentane Befinden in der Gesprächssituation beein-flussen die Reaktionen gegenüber dem Gesprächspartner. Es kann zu Störungen im Gespräch kommen.
Beispiel: Ein Lehrer hat Streit mit seiner Frau. In der Schule ist er als ausgeglichener, gerechter Lehrer anerkannt und beliebt. Als sich je-doch morgens im Unterricht ein Schüler meldet und um Hilfe bei der Lösung einer Aufgabe bittet, sagt er barsch: ''Ich kann doch nicht zu jedem persönlich kommen und eine Privatstunde geben!''

Innerer Zwang zu helfen
Viele Menschen, die in sozialen Berufen tätig sind, verspüren inner-lich den Zwang, anderen Menschen helfen zu müssen. Die vermeintli-

che Schwäche ihrer Klienten ist eine 'Droge', um die eigene Unfähigkeit und Hilflosigkeit mit Gefühlen und Problemen zu umgehen, zu betäuben. Man nennt dieses Verhalten 'Helfersyndrom'.

Beispiel: Eine Erziehungsberaterin hat das Ziel, alle Personen, die zu ihr kommen, in ihrer Selbständigkeit zu unterstützen. Aber jedes Mal, wenn am Ende eines Gesprächs eine Problematik noch offengelassen werden muß, gibt sie den Eltern noch einen Rat mit auf den Weg, z.B.: "Versuchen Sie Ihr Kind doch einmal mit Bonbons zu belohnen, statt immer nur zu bestrafen!".

Nach Imperativen handeln

Gerade im erzieherischen Bereich Tätige wollen möglichst viele Ratschläge und Rezepte bekommen, um die Vielfältigkeit der Anforderungen, die an sie gerichtet werden, zu bewältigen. Sie stellen sich Ziele auf, die dann so tief verinnerlicht werden, daß sie zu Gesetzen des Handelns werden.

Beispiel: Eine junge Erzieherin, die im Kindergarten arbeitet, hat in ihrer Ausbildung viel über eine einfühlende und verstehende Haltung gegenüber Kindern gehört und gelernt. Sie versucht, allen Kindern immer gerecht zu werden, und sagt sich: "Ich muß auf alle Kinder in ihrer Individualität eingehen!". Der kleine Torsten ist ihr gegenüber aber sehr frech, und je mehr sie sich in Gesprächen um ihn bemüht, desto rücksichtsloser wird er.

Institutionelle Gebundenheit

Die beruflichen Tätigkeiten sind in einen institutionellen Rahmen eingebunden und dadurch in ihren Möglichkeiten beschränkt. Diese Einbindung wird in vielen Fällen als eine Einengung empfunden, die Machtverhältnisse sichert und eher bürokratische und kontrollierende Aufgaben in den Vordergrund stellt.

Beispiel: Ein engagierter Erzieher möchte in seinen Gesprächen mit suchtgefährdeten Jugendlichen offen auf ihre Probleme eingehen, muß aber regelmäßig viel Zeit damit verbringen, Gutachten und Beurteilungen zu schreiben. In einem anderen Fall muß er drei Jugendliche für einen späten und deshalb unerlaubten Besuch einer Discothek bestrafen, obwohl er Verständnis für dieses Verhalten hat und den Mut und die Eigeninitiative unterstützen möchte.

Theoretischer Exkurs: **7**
Gefühle:
Merkmale und Bedeutungen in Gesprächssituationen

Zu den Bausteinen: 8, 9, 10, 20, 23, 35, 40

Im Verlauf therapeutischer Gespräche wird immer wieder deutlich, daß die vom Klienten erlebten Gefühlszustände eine wichtige Schlüsselfunktion auf dem Weg zur Lösung seiner individuellen Probleme einnehmen und daß damit die Wahrnehmung und Verbalisierung dieser Gefühle ein zentrales therapeutisches Element darstellten. Viele Konflikte, Widersprüche und Probleme lassen sich sogar auf die jahrelange, mehr oder weniger unbewußte Verdrängung bestimmter Emotionen zurückführen. Durch eine bewußte Auseinandersetzung mit diesen in der Regel unangenehmen emotionalen Erfahrungen im therapeutischen Rahmen helfender Gespräche eröffnen sich erstmals neue Perspektiven für den Klienten und seine Problemlösung. Unter Berücksichtigung dieser zentralen Bedeutung stellen sich neue Fragen: 'Warum besitzen Gefühle in unserem Leben einen so hohen Stellenwert?' 'Wie geht die Gesellschaft mit Gefühlen um?' usw.

Emotionen im Alltag
Ausgehend von der Grundthese, daß *man nur dann einen Menschen ernst nimmt, wenn man auch seine Gefühle ernst nimmt,* und daß diese Tatsache unabdingbare Voraussetzung für den Aufbau einer vertrauensvollen Beziehung ist, läßt sich leicht verdeutlichen, daß unser alltägliches Miteinanderumgehen diese psychologischen Erkenntnisse in der Regel ausklammert. Dieter ULICH beschreibt unseren alltäglichen Umgang mit Gefühlen wie folgt: ''Wer erkennbar 'Gefühle' hat, wer 'zuviele' hat bzw. wer sie offen zeigt, der gilt leicht als kopflos und labil. Emotionalität wird in westlichen Industriegesellschaften häufig als Schwäche, als Unreife oder als Luxus angesehen, den man sich nur in besonderen, dafür vorgesehenen 'Freiräumen' wie z.B. der Familie erlauben sollte'' (1982, 12). Und selbst in diesen Freiräumen bekommen wir, wenn wir traurig oder wütend sind, gesagt: 'Beruhige Dich doch wieder, das ist schon nicht so schlimm!' bzw. wenn wir Freude empfinden: 'Bleib mal auf dem Teppich!'. In beiden Fällen werden die empfundenen Gefühle im Keim erstickt.
''Wir haben offenbar ziemlich genaue Vorstellungen davon, in welchen Situationen welche emotionalen Äußerungen 'erlaubt' oder 'normal' sind'' (ULICH 1982, 10), haben es aber niemals gelernt, andere Menschen mit ihren Gefühlen anzunehmen und ihnen die Möglichkeit zu geben, sich einmal 'zu Ende zu freuen' oder 'zu Ende zu weinen'. Im Gegenteil - die gesellschaftliche Öffentlichkeit ent-

wickelt immer neue Strategien, um Gefühle abzuwehren. So werden wir kontinuierlich dazu erzogen, Gefühle als mehr oder weniger lästige Anhängsel der Psyche anzusehen und geradezu gezwungen, diese in uns hineinzufressen und zu verdrängen. Damit ist der Grundstein für viele *Inkongruenzen* in unserer Persönlichkeit gelegt.

Eigenschaften und Merkmale von Emotionen

Ausgehend von der Annahme, daß Gefühle ein zentrales Merkmal für das Mensch-Sein sind, läßt sich herausstellen, daß diese mit allen anderen psychischen Prozessen (Wahrnehmung, Denken, Gedächtnis, Verhalten, ...) innerhalb des Erlebens und Handelns einer Person eng zusammenhängen. Der Mensch wird als Ganzheit der drei psychischen Bereiche 'Fühlen', 'Denken' und 'Wollen' gesehen. Im folgenden sollen typische Merkmale genannt werden, die für Emotionen kennzeichnend sind (vgl. ULICH 1982, 31 ff):

(1) Gefühle unterstehen keiner willentlichen Kontrolle, sie sind spontan und extrem.
(2) Gefühle haben immer einen direkten und persönlichen Bezug zur sie betreffenden Person.
(3) Im Erleben von Gefühlen erfährt sich der Mensch als passiv, ausgeliefert und erleidend.
(4) Gefühle sind einzigartig, einmalig und unverwechselbar.
(5) Gefühle organisieren das individuelle Bewußtsein. Im Fühlen erlebt die Person ihre individuelle Persönlichkeit.
(6) Die einzige Funktion von Gefühlen ist, daß sie erlebt werden. Gefühle sind selbstgenügsam, haben kein Ziel.
(7) Gefühle sind immer mit einer inneren (und äußeren) Erregung verbunden, die sich in der Regel körperlich ausdrückt. Das Ausdrücken und Verstehen von Gefühlen läuft bevorzugt auch über nonverbale Kommunikation.

Auf die therapeutische Gesprächssituation übertragen, läßt sich aus diesen Merkmalen ableiten, daß den im Gespräch vorhandenen Gefühlen besondere Aufmerksamkeit gewidmet werden muß. Emotionen gewährleisten durch ihre Unwillkürlichkeit und Ehrlichkeit einen direkten Zugang zur Person und zu den Problemzusammenhängen des Klienten. Durch ihre unverwechselbare Einzigartigkeit bieten sie den Schlüssel zu dessen individueller Persönlichkeit, die aber nur der Klient selbst erkennen und deuten kann. Dabei ist es wichtig, als Therapeut im Gesprächsverlauf sensibel und feinfühlig auf die vom Klienten geäußerten Gefühle einzugehen. Auf diese Weise begegnet er der im Klienten häufig vorhandenen Tendenz, Emotionen nicht wahrzunehmen und zu verdrängen.
Dabei wird davon ausgegangen, daß Gefühle keine vereinzelt auftre-

tenden, zeitlich und inhaltlich klar eingrenzbaren Erlebnisse sind, sondern daß sie einem Prozeß ähneln, der ständigem Wandel unterworfen ist. Es lassen sich nur einzelne Gefühlszustände als Momentaufnahmen herausstellen - das grundlegende Gefühl läßt sich für Beobachter und Gesprächspartner allenfalls erahnen.

Für das Verhalten des Therapeuten gilt es festzuhalten, daß er während des Gesprächs aufmerksam auf die vom Klienten erlebten Gefühle achtet und ihn im Erleben von Gefühlen sensibel und feinfühlig begleitet. Es ist ungünstig, das Ansprechen von Gefühlen im Gespräch aufzuschieben.

5.2 Methodeninventar

Übersicht

Gesprächsprotokollbogen (1)

Einstiegsthemen für Übungsgespräche (2)

Übungsbogen (3):
Direkte Fragen vermeiden

Übungsbogen (4):
Aspekte heraushören

Übungsbogen (5):
Adjektive finden

Übungsbogen (6):
Angebote formulieren

Übungsbogen (7):
Gründe für das Mißlingen von therapeutischen Gesprächen

Übungsbogen (8):
Einschätzung des eigenen Gesprächsverhaltens

Übungsbogen (9):
Therapeutische Reaktionen auf Klientenäußerungen

Übungsbogen (10):
Einschätzskalen

Übungsbogen (11):
Kontrolle des Gesprächsverhaltens in nicht-therapeutischen Situationen

Übungsbogen (12):
Zum Erlernen von konkreten Anweisungen für Entspannungssituationen

Gesprächsprotokollbogen

Beobachter/in:

Beginn: Ende:

Klientenäußerungen	Therapeutenäußerungen	eigene Bemerkungen

Folgende Themen können den Gesprächsteilnehmern den Einstieg in ein Gespräch erleichtern, wenn der Teilnehmer, der die Rolle des Klienten einnimmt, von sich aus keine Problematik anbietet bzw. wünscht.

- Wie sieht ein für mich typischer Tagesablauf aus? Was macht das für mich Typische daran aus?
- Wann und worüber habe ich mich das letzte Mal richtig geärgert / gefreut?
- In welcher Situation (in welchen Situationen) fühle ich mich am wohlsten / unwohlsten?
- Worauf bin ich stolz und warum?
- Was muß in meinem Leben noch passieren?
- Wer oder was hat mich in meinem Leben am stärksten geprägt?
- Welches Ereignis aus meiner Kindheit fällt mir häufiger ein?
- Was mache ich am liebsten, wenn ich ganz allein bin?
- Beschreiben Sie ein Bild, welches Sie in der Zukunft zeigt!
- Wenn Sie heute frei wählen könnten, welchen Beruf würden Sie dann wählen?
- Was würde ich aus meinem bisherigen Leben streichen, wenn ich könnte?
- Was wünsche ich mir von meiner Partnerin / meinem Partner?
- Was möchte ich auf jeden Fall nicht aus meinem bisherigen Leben streichen?
- Wie würde mich meine Mutter / mein Vater charakterisieren, wenn sie / er hier säße?
- Welche Beziehungen zu welchen Menschen sind mir in meinem Leben besonders wichtig?
- Was kann ich eigentlich gut und was kann ich gar nicht?
- Wovor drücke ich mich gern und warum?
- In welchen Situationen kann ich mich selbst nicht leiden?
- Warum habe ich heute gerade diese Kleidung gewählt?

Versuchen Sie bitte, folgende Fragen so umzuformulieren, daß sie wie Vermutungen klingen oder als Setzungen zu verstehen sind.

Direkte Fragen	Umformulierungen
1) Warum laufen Sie weg?	Sie laufen weg, weil Sie glauben, das nicht zu können.
2) Warum haben Sie das gemacht?	
3) Was glauben Sie, woran das liegt?	
4) Warum können Sie die Prüfung nicht machen?	
5) Wieso fragen Sie nicht öfter mal die Lehrerin, wie Ihre Tochter in der Schule ist?	
6) Woran liegt es, daß Sie so oft so müde sind?	
7) Wie erklären Sie sich, daß Ihr Mann so ärgerlich ist?	
8) Haben Sie schon mal probiert, mit ihr darüber zu sprechen?	
9) Geht es Ihnen jedesmal so dabei?	
10) Sind Sie sich über die Folgen im klaren?	
11) Und Sie sind sich sicher, daß Sie alles probiert haben?	
12) Haben Sie diese Probleme mit anderen Menschen auch schon gehabt?	
13) Warum haben Sie ihn nicht einfach stehengelassen?	
14) Fehlte Dir da der Mut, oder warum hast Du es nicht gemacht?	
15) Sind die Gefühle noch immer so stark?	
16) Hast Du mal daran gedacht, Dich von ihm zu trennen?	

Bitte versuchen Sie, die in den folgenden Klientenäußerungen enthaltenen Aspekte herauszufinden und aufzuschreiben.
Entscheiden Sie sich dann für den Ihrer Meinung nach wichtigsten Aspekt, und überlegen Sie sich für diesen Fall eine geeignete Therapeutenäußerung.

Klienten-äußerung	Wichtigster Aspekt	Therapeuten-äußerung
1) Am Anfang fällt's mir eigentlich immer bei jedem Menschen schwer, in Kontakt zu kommen, mit ihm frei zu reden.	Selbstoffenbarungs-aspekt	Auch jetzt fällt es Ihnen schwer, frei zu sprechen.
2) Irgendwie weiß ich nicht, soll ich jetzt zu ihm gehen oder nicht.	Appellaspekt	
3) Man weiß gar nicht, was nach dem Studium so auf einen zukommt.	Sachinhalts-aspekt	
4) Ach, was soll's; ich bin ja doch zu blöde dazu. Das schaff' ich ja doch nicht alles, was soll's also.	Appellaspekt o. Selbstoffenbarung	
5) Und meinen Freund kümmert das überhaupt nicht, wie ich darüber denke, der macht einfach und damit basta.	Sachaspekt	
6) Manchmal, da kann ich meine Familie nicht ab. Ist das nicht ganz schön gemein, so etwas zu denken und zu sagen?	Selbstoffen-barungsaspekt	
7) Die Prüfung schaffe ich sowieso nicht. Da bin ich ganz ehrlich.	Selbstoffen-barungsaspekt	
8) Ich bin zu Ihnen gekommen, weil ich Hilfe brauche. Aber was machen Sie denn nun eigentlich, um mir zu helfen?	Beziehungs-aspekt	Sie möchten, daß

Notieren Sie zu den folgenden Begriffen die *Ihnen* spontan einfallenden Adjektive, die die damit verbundenen, bei Ihnen aufkommenden Gefühle bzw. Assoziationen beschreiben sollen.
Bearbeiten Sie den Bogen nicht auf einmal, suchen Sie sich jeweils einige Begriffe aus.

Begriff	Adjektive
Partnerschaft	glücklich, gemeinsam, geborgen, eng, vertraut, liebevoll, freundschaftlich, kontrollierend, eifersüchtig, ...
Beruf	*erfolgreich, dressig, befriedigend*
Freizeit	
Glück	
Kindheit	
Krankheit	
Wut	
Urlaub	
Freundschaft	
Erfolg	
Liebe	
Mutter	
Vater	
Hoffnung	
Entspannung	
Angst	

Formulieren Sie für die im folgenden aufgeführten Klientenäußerungen mögliche Angebote, die Sie als Therapeut für sinnvoll halten bzw. die dem Klienten die Möglichkeit zur Präzisierung geben.

Klientenäußerung	Angebote des Therapeuten
1) Seitdem grüßen sie mich nicht mehr.	Das ärgert Sie.
2) In Gesellschaft kriege ich meist kein Wort 'raus.	
3) Bei Frauen kriege ich immer gleich einen roten Kopf.	
4) Ich bin nur das fünfte Rad am Wagen.	
5) Auf so einer Party kann ich so richtig aus mir herausgehen.	
6) Bei anderen geht das viel schneller als bei mir.	
7) Vor einer wichtigen Sache kann ich nicht schlafen.	
8) Diese ewigen Reibereien halte ich nicht länger aus.	
9) Immer muß ich den Anfang machen.	
10) Ich finde es ganz schön doof, eigentlich sollten Sie mir doch helfen!	
11) Ich bin nicht in der Lage, eine Sache konsequent zu Ende zu bringen.	
12) Meine Mutter kann mich einfach nicht verstehen.	
13) Wenn ich daran schon denke, kriege ich feuchte Hände.	
14) Ich bin trotzdem hingegangen.	
15) Keinen Tag kann ich ausschlafen.	
16) Immer diese Typen mit den langen Haaren. Die kenn' ich schon!	

Die Bedingungen, unter denen ein therapeutisches Gespräch stattfindet, beeinflussen den Klienten wie auch den Therapeuten direkt und bewußt oder auch auf indirektem Weg und unbewußt. In der folgenden Liste sind in zufälliger Reihenfolge Gründe für das Mißlingen eines therapeutischen Gespräches aufgeführt.
Gehen Sie die Aufstellung in Ruhe durch, und versuchen Sie, sich dabei in die Lage des *Klienten* hineinzudenken.
Entscheiden Sie sich anschließend für fünf Gründe, die, ihren persönlichen Erfahrungen entsprechend, besonders häufig zum Mißlingen eines therapeutischen Gespräches beitragen, und kreuzen Sie diese an.

○   1)   Kalter und ungemütlicher Raum.

○   2)   Sie haben noch nie mit einer anderen Person über das vorhandene Problem gesprochen.

○   3)   Der Therapeut verdreht Ihre Worte im Verlaufe des Gesprächs öfter.

○   4)   Sie fühlen sich körperlich nicht gut (Kopfschmerzen, Übelkeit).

○   5)   Sofortige oder erst im Laufe des Gesprächs auftretende Antipathie gegenüber dem Therapeuten.

○   6)   Schlechte und störende Lichtverhältnisse (Gegenlicht, zu dunkler oder zu heller Raum).

○   7)   Sie denken immer wieder an eine Begebenheit, die Ihnen vor dem Gespräch widerfahren ist (Beobachten eines Unfalls, Streit mit Kollegen oder in der Familie, Streß während der Arbeit).

○   8)   Störender Altersunterschied zum Therapeuten.

○   9)   Ungewohnte, unkomfortable Einrichtung und Möbel, die einer Entspannung im Wege stehen; unbequeme Sitzgelegenheiten.

○   10)   Der Therapeut akzeptiert Ihre persönlichen Eigenheiten nicht (Rotwerden, nervöses Wippen mit dem Fuß, Wortwahl).

○   11)   Sie haben eine vorgefaßte Meinung bzw. Vorurteile gegenüber dem Therapeuten oder 'Leuten seiner Art'.

○   12)   Verwirrung über den Gesprächsverlauf.

○   13)   Sie haben Schwierigkeiten, die genaue Stellung, Verantwortung und den Einfluß des Therapeuten zu erkennen.

○   14)   Das Gespräch steht unter Zeitdruck, der Therapeut ist in Eile und wirkt gehetzt, das Gespräch findet zu einem für Sie ungünstigen Zeitpunkt statt.

○   15)   Sie spüren, daß der Therapeut mit dem Gespräch überfordert ist, dieses aber zu überspielen versucht.

○   16)   Abstoßende äußere Erscheinung des Therapeuten.

○   17)   Bedrückender, zu kleiner oder im Gegenteil sehr großer, hallender und durch seine Atmosphäre ungemütlicher Raum.

○   18)   Der Therapeut beteuert, nicht zuständig zu sein, verschiebt auf später oder zieht sich in aller Höflichkeit zurück.

○   19)   Peinliches Gefühl, es bestehe beim Therapeuten ein Vorurteil gegen Sie oder 'Leute Ihrer Art'.

○   20)   Störender Einfluß des Geschlechts des Therapeuten.

○   21)   Störende Platzverteilung während des Gesprächs (Abstand Therapeut-Klient, trennender Schreibtisch, verschieden hohe und bequeme Sitzgelegenheiten, abgewandter Therapeut).

○   22)   Sie empfinden eine große Distanz zu der Autorität und dem sozialen Status des Therapeuten.

○   23)   Der Therapeut kritisiert Ihre Person und Ihr Verhalten.

Im folgenden finden Sie Äußerungen, die ein(e) Gesprächspartner(in) Ihnen gegenüber in einer Situation machen könnte, in der er/sie mit dem Wunsch nach Hilfe und Unterstützung an Sie herantritt.
Lesen Sie die Beispiele in Ruhe durch, und entscheiden Sie sich für eine der angegebenen Möglichkeiten, mit der Sie persönlich am ehesten antworten würden.

1) "Das war vielleicht wieder ein Ärger in der Firma! Andauernd gibt's Theater. Der Chef hatte eine Saulaune. Wenn das so weiter geht, gehe ich nicht mehr hin!"

- O a) Haben Sie über diesen Ärger mit Ihren Kollegen schon einmal gesprochen?
- O b) Solcher Alltagsärger vergeht meist schnell, so daß das gemeinsame Arbeiten dann auch wieder Spaß macht.
- O c) Diese Situationen in Ihrer Firma wiederholen sich immer wieder, und Sie wissen nicht, wie das weitergehen soll.
- O d) Ärgern Sie sich vor allen Dingen über das Verhalten Ihres Chefs?
- O e) Ärger habe ich bei der Arbeit auch öfter, das kann ich gut verstehen.
- O f) Da haben Sie sich heute wieder geärgert, das staut sich so richtig auf.

2) "Stellen Sie sich bloß vor, mein Mann betrügt mich! Ich bin fix und fertig. ... Sagen Sie, was würden Sie an meiner Stelle machen?"

- O a) Sie sind völlig überrascht und ratlos.
- O b) Am besten, Sie setzen sich gleich mit der anderen Frau in Verbindung, um Klarheit zu schaffen.
- O c) Hat es in der letzten Zeit in Ihrer Partnerschaft nicht so recht geklappt?
- O d) Solche Seitensprünge sind meist nur von kurzer Dauer und keine ernsthafte Gefahr für Ihre Ehe.
- O e) Sie möchten jetzt einen Rat von mir haben.
- O f) Wenn ich daran denke, würde mich das auch fertig machen.

3) "Ich weiß auch nicht, aber so richtig klappt's bei Beate, also meiner Freundin, und mir nicht mehr. Bisher habe ich ihr auch gar nichts gesagt. ... Manchmal könnte man darüber beinahe lachen - wenn es nicht so ernst wäre."

- O a) Ich kann mich da gut einfühlen und bin auch ein Stück betroffen.
- O b) Irgend etwas läuft schief in Ihrer Beziehung, aber Sie wissen nicht was.
- O c) Ich kann mir vorstellen, daß Sie ziemlich verzweifelt sind und Ihnen gar nicht zum Lachen zumute ist.
- O d) Gibt es typische Situationen, in denen es zum Streit kommt?
- O e) Es ist ganz normal, daß es in einer Partnerschaft mal Streit gibt.
- O f) Manchmal hilft es, solche Probleme offen anzusprechen, auch wenn es schwerfällt.

4) "Es ist eine verzwickte Lage. Einerseits könnten wir die Mutter meines Mannes im Altenheim unterbringen, andererseits könnte sie auch bei uns wohnen... Und mein Mann sagt nur: 'Entscheide Du das!', obwohl das seine Mutter ist."

- O a) Kann Ihre Schwiegermutter die Unterbringung im Altenheim bezahlen?
- O b) Sie fühlen sich von Ihrem Mann in dieser Entscheidung alleingelassen.
- O c) Ich finde es auch nicht leicht, gerade solche Entscheidungen zu fällen.
- O d) Sie könnten Ihre Schwiegermutter doch erstmal probeweise zu sich nehmen, um auszuprobieren, ob das mit dem Zusammenleben funktioniert.
- O e) Sie wissen nicht, wie Sie sich in dieser Situation verhalten sollen, und Ihr Mann schiebt die Entscheidung auf Sie.
- O f) Lassen Sie sich Zeit. Es findet sich dann meist eine akzeptable Lösung.

Im folgenden finden Sie vier Klientenäußerungen. Lesen Sie diese in Ruhe durch, und überlegen Sie sich anschließend, wie Sie in einem therapeutischen Gespräch auf diese Äußerungen reagieren würden. Notieren Sie Ihre Reaktion jeweils in den dafür vorgesehenen Freizeilen.

1. Eine Frau im mittleren Alter sitzt sehr unruhig auf ihrem Stuhl und zeigt eine hektische Gestik, während sie zu Ihnen sehr laut und aufgeregt sagt: ''Und die ganze Familie, abgesehen von meiner Tochter, macht mir auch noch Vorwürfe. ... Also, wenn ich da an gestern denke, ... das war wieder typisch Biggi! ... Die sagt immer: 'Du bist dem Kind gegenüber nicht hart genug!' obwohl sie mich kennt - ich versuche doch immer zu helfen.''

2. Eine junge Frau sagt mit gespannter und verhaltener Stimme: ''Wenn ich sie nur schon ansehe! ... Sie ist weder attraktiv, noch so intelligent wie ich; sie hat keinen Chic, und ich frage mich, wie sie es fertigbringt, so vielen Leuten etwas vorzumachen. Warum durchschaut man ihr Getue bloß nicht?'' Ihre Hände ballen sich zu Fäusten. ''Ich halte das nicht mehr aus! ... Das macht mich noch verrückt! ... Wenn bloß nicht diese Wut in mir wäre ... und wenn man sie zur Rede stellt, sagt sie bloß: 'Es tut mir leid.'... Ich könnte mich manchmal vergessen.''

3. Eine Frau sagt mit fester, entschlossener Stimme am Telefon zu Ihnen: ''Ich mach' Schluß! Ich kann nicht mehr. Ich finde nirgends Halt und Kraft ... die Kinder, der Beruf, all die Probleme mit meinem Mann ...'' Ihre Stimme wird leiser und sie fängt an zu weinen. ''... Ich schaff' das einfach nicht mehr!''

4. Ein junger Mann sagt mit lauter, abgehackter, aggressiver Stimme zu Ihnen: ''Ich habe mich entschlossen, endlich etwas zu tun! ... Ich habe auch keine Angst, Rückschläge einzustecken, wenn ich weiß, was ich will. So kann das nicht weitergehen ... ich darf doch nicht immer versagen, wenn es denn soweit ist und ich mit einer Frau im Bett bin!''

218

Achten Sie bei der Beobachtung eines therapeutischen Gesprächs schwerpunktmäßig auf das Zuhörvermögen und die Gesprächsführung eines Therapeuten. Entscheiden Sie sich nach dem Gespräch bei Skala I und II für eine Stufe und bei Skala III für einen Punkt zwischen den beiden Polen.
Sie können auch Ihr eigenes Gesprächsverhalten mit diesen Skalen einschätzen!

Skala I: Zuhören

Stufe 1: Der Th. unterbricht den Kl. häufig und läßt ihm kaum Zeit zum Nachdenken.
Stufe 2: Der Th. unterbricht den Kl. zwar noch in einigen Situationen, läßt ihn aber in der Regel aussprechen. Ihm ist die Anspannung, sich zurückzuhalten, anzumerken.
Stufe 3: Der Th. hört dem Kl. zu und hält eigene spontane Reaktionen zurück. Er wirkt angespannt, kontrolliert und in seinem Verhalten insgesamt noch recht künstlich.
Stufe 4: Der Th. hört dem Kl. ohne Unterbrechung zu, wirkt insgesamt zugewandt und offen.
Stufe 5: Der Th. hört dem Kl. ohne Unterbrechung zu und zeigt ihm durch sein Verhalten, daß er ihn versteht. Durch Kopfnicken und minimale verbale Zustimmung (z.B. 'hm', 'ja') ermutigt er den Kl. immer wieder zum Weiterreden.

Skala II: Gesprächsführung

Stufe 1: Der Th. bewertet häufig die Äußerungen des Kl. und bringt eigene Erfahrungen und Ratschläge ein. Er bestimmt im wesentlichen den Inhalt und Verlauf des Gespräches.
Stufe 2: Der Th. kann eigene Erfahrungen und Bewertungen noch nicht ganz aus dem Gespräch heraushalten, es gelingt ihm aber, teilweise bei den Gedanken des Kl. zu bleiben.
Stufe 3: Der Th. hält zwar eigene Bewertungen aus dem Gespräch heraus und gibt dem Kl. das Gesagte neutral zurück, er bestimmt das Gespräch aber, indem er häufig eingreift.
Stufe 4: Der Th. spiegelt dem Kl. die angesprochenen Inhalte neutral wider und folgt weitestgehend den Gedanken und inhaltlichen Schwerpunkten des Kl. im Gespräch.
Stufe 5: Der Th. überläßt dem Kl. in allen Gesprächssituationen den Freiraum, selbst zu entscheiden, was für die Lösung des Problems wichtig ist. Der Th. spiegelt das vom Kl. Gesagte in kurzen Impulsen in Aussageform wider.

Skala III: Sprachverhalten

Der Th. formuliert abstrakt und ist in seinen Äußerungen sprachlich inflexibel. Die Äußerungen wirken farblos, mechanisch wiederholend und schwer verständlich.	○ ○ ○ ○ ○	Der Th. formuliert konkret und ist in seinen Äußerungen sprachlich flexibel. Er vermeidet Wiederholungen, ist anschaulich und spricht Gefühle direkt aus.
Der Th. hält sich eng an das vom Kl. Gesagte. Die Äußerungen bringen gegenüber denen des Kl. keine neuen Aspekte.	○ ○ ○ ○ ○	Der Th. faßt das vom Kl. Geäußerte weiter, er reflektiert nicht allein, sondern setzt die Äußerungen des Kl. fort, formuliert seine Gedanken.
Die Äußerungen des Th. sind abschließend, klingen diagnostizierend. Die Stimme des Th. sinkt am Ende seiner Äußerungen ab.	○ ○ ○ ○ ○	Die Äußerungen des Th. sind offenlassend, klingen fragend. Der Th. gibt Impulse und hebt am Ende einer Äußerung fragend seine Stimme.

(Skala III in Anlehnung an Schwartz in: BOMMERT 1983, 92 ff)

Übungsbogen: Kontrolle des Gesprächsverhaltens in nicht-therapeutischen Situationen

Die im folgenden aufgeführten Einschätzskalen beschreiben die wichtigsten Grund-einstellungen und das Gesprächsverhalten in Form von zwei Polen.
Entscheiden Sie sich, wo Sie sich persönlich Ihrer Meinung nach zum heutigen Zeit-punkt auf der jeweiligen Skala einordnen würden, wenn Sie ein Gespräch führen, in dem Ihr Gesprächspartner seine Probleme bzw. Schwierigkeiten mitteilen will und das Bedürfnis nach Hilfe und Unterstützung ausdrückt (keine Therapiesituation)!
Seien Sie bei der Beantwortung ehrlich, notieren Sie nicht die Einschätzung, die Sie 'objektiv' für richtig halten, aber für sich nicht umsetzen können!

Echtheit des Verhaltens

Bei mir klingt das Gesprächs-verhalten aufgesetzt, und ich habe ständig den Wunsch, mich anders zu verhalten.　○○○○○○　Ich fühle mich mit dem Ge-sprächsverhalten sehr wohl. Ich fühle mich als Einheit mit dem erlernten Verhalten.

Echtheit der Person

Ich bringe meine eigenen Einstellungen und Gefühle während des Gesprächs ein. Ich nehme mir Zeit für mich.　○○○○○○　Ich lasse meinem Gesprächs-partner bedingungslose Wertschätzung zukommen, halte meine Person heraus.

Einfühlendes, akzeptierendes Verstehen

Ich denke oft an eigene Erfah-rungen und Probleme, kann mich nicht auf den Gesprächs-partner einlassen.　○○○○○○　Ich kann mich gut in die Pro-bleme des Gesprächspartners einfühlen und ihn mit seinen Meinungen akzeptieren.

Selbstverantwortung

Ich fühle mich gegenüber dem Gesprächspartner verantwort-lich und versuche, ihm meine Erfahrungen zu vermitteln.　○○○○○○　Ich kann dem Gesprächspart-ner die Verantwortung für sein Handeln und seine Ent-scheidungen überlassen.

Widerspiegeln

Ich spiegele die Inhalte im Ge-sagten meines Gegenübers wider; versuche, Schwer-punkte herauszustellen　○○○○○○　Ich spiegele die Gefühle wi-der, die ich bei meinem Ge-genüber wahrnehme. Ich spre-che nonverbale Signale an.

Einfühlendes Verstehen versus Konfrontation

Ich spiegele einfühlend und neutral wider und ermögliche meinem Gesprächspartner eine vorsichtige und angst-freie Auseinandersetzung mit der eigenen Person.　○○○○○○　Ich konfrontiere mein Gegen-über mit seinen Gefühlen, mit auftretenden Widersprüchen, Barrieren, unangenehmen Si-tuationen und Erlebnissen.

Informationen versus Individualität

Ich ermögliche meinem Ge-genüber durch das Zur-Ver-fügung-Stellen von Informa-tionen und anderen Sichtwei-sen einen Weg zu neuen Lö-sungsmöglichkeiten.　○○○○○○　Ich unterstütze die individu-elle Einmaligkeit und Subjek-tivität des Gesprächspartners in der Auseinandersetzung mit der eigenen Person und seinen Gefühlen.

Übungsbogen: Zum Erlernen von konkreten Anweisungen für Entspannungssituationen

Für die Durchführung der Entspannung lassen sich trotz individueller und situativer Unterschiede in der Praxis bewährte Schritte und Formulierungen nennen, die jedoch nicht formelhaft, sondern mit Rücksicht auf den jeweiligen Klienten und dessen 'Tempo' verwendet werden sollten.

* Ich möchte Ihnen vorschlagen, sich bequem hinzusetzen und sich körperlich zu entspannen. Hierbei werde ich Ihnen einige Hilfestellungen geben. Können Sie sich darauf einlassen?
* Setzen Sie sich so bequem wie möglich hin!
* Sitzt Ihre Kleidung bequem? Öffnen Sie gegebenenfalls Ihren Hosenbund!
* Wenn Sie soweit sind, schließen Sie die Augen und richten Sie Ihren Blick langsam von außen nach innen! Die Geräusche, die Sie hören, nehmen Sie zwar noch wahr, aber sie werden langsam unwichtiger!
* Gehen Sie mit Ihrer Aufmerksamkeit in Ihre *Beine* und weiter bis in die *Füße*! Fühlen Sie, ob Sie angespannt sind, und probieren Sie aus, ob eine andere Haltung bequemer ist! Lassen Sie sich dabei Zeit!
* Wenn Sie soweit sind, konzentrieren Sie sich nun auf Ihre *Arme* und *Hände*! Fühlen sie sich locker, leicht und entspannt an?
* Gehen Sie über Ihre *Schultern* in Ihren *Nacken* und spüren Sie nach, ob Sie dort Spannungen fühlen! Lassen Sie sich dabei Zeit!
* Gehen Sie dann über Ihren *Hinterkopf* zu Ihrer *Stirn* und Ihrem *Gesicht*! (Augenbrauen, Augen, Wangen, Mund)
* Lassen Sie sich Zeit dabei! Spüren Sie die eintretende Entspannung? Gehen Sie erst weiter, wenn Sie soweit sind!
* Gehen Sie nun weiter in Ihren *Brustkorb* und Ihren *Bauch*.! Fühlen Sie Ihren Atem, der ganz ruhig und normal geht! Spüren Sie, wie mit jedem Ausatmen ein Stück Spannung entweicht und wie langsam Ruhe einkehrt!
* Lassen Sie sich Zeit dabei! Spüren Sie, wie Ihr gesamter Körper entspannt ist!
  (...)
* Kommen Sie nun langsam zurück, ballen Sie Ihre Hände zu Fäusten, ziehen Sie die Beine an und öffnen Sie die Augen!

Nach der Übung ist es wichtig, dem Klienten die Gelegenheit zu geben, sich wieder in die Gesprächssituation einzufinden und über die erlebten Gefühle zu sprechen.

Literatur

ALTERHOFF, G.: Grundlagen klientenzentrierter Beratung. Stuttgart 1983

BACHMAIR, S. u.a.: Beraten will gelernt sein. Weinheim, Basel 1985, 3.Aufl. (Erstauflage 1983)

BENECKEN, J. u.a.: Kommunikation in der Kinderpsychotherapie. Kiel 1978 (Arbeitspapier des Instituts für Psychologie der Universität Kiel)

BIERMANN-RATJEN, E.-M. u.a.: Gesprächspsychotherapie - Verstehen durch Verändern. Stuttgart 1979

BODENHEIMER, A.R.: Fragen kann krank machen - sagen kann gesund machen. In: Psychologie heute. (13) 1986, H.2, 34-37

BÖHM, W.: Wörterbuch der Pädagogik. Stuttgart 1982, 12.Aufl.

BOMMERT, H.: Grundlagen der Gesprächspsychotherapie. Stuttgart 1982, 3.Aufl.

BRACK, R.: Instrumente für den Interaktionsprozeß zwischen Klienten und Sozialarbeitern / Sozialpädagogen. In: Der Sozialarbeiter. 1975, H.6, 1-6

BRINER, F.: Das Scheitern psychotherapeutischer Modelle in der Pädagogik. In: Schweizer Schule. (72) 1985, H.2, 19-25

BÜRGERMANN, S.; REINERT, G.-B.: Einführung in die pädagogische Therapie. Düsseldorf 1984

BUROW, O.-A.: Grundlagen der Gestaltpädagogik. Dortmund 1988

COHN, R.C.: Von der Psychoanalyse zur themenzentrierten Interaktion. Stuttgart 1980, 4.Aufl.

CORSINI, R. (Hrsg.): Handbuch der Psychotherapie. Weinheim, Basel 1983

CRISAND, E.: Psychologie der Gesprächsführung. Heidelberg 1982

DREITZEL, H.P.; JAEGGI, E.: Psychotherapie: Plädoyer für kreative Vielfalt. In: Psychologie heute. (14) 1987, H.2, 60-69

EGAN, G.: Helfen durch Gespräch. Reinbek 1984 (Orig. 1975)

FITTKAU, B. u.a.: Kommunizieren lernen (und umlernen), Braunschweig 1983, 3.Aufl. (Erstauflage 1977)

GEIßLER, K.A.; HEGE, M.: Konzepte sozialpädagogischen Handelns. München 1978

GENDLIN, E.T.: Focusing. Salzburg 1980

GENDLIN, E.T.: Focusing. Technik der Selbsthilfe bei der Lösung persönlicher Probleme. Salzburg 1981

GESELLSCHAFT FÜR WISSENSCHAFTLICHE GESPRÄCHSPSYCHO-THERAPIE (GwG) (Hrsg.): Die klientenzentrierte Gesprächspsychotherapie. München 1975

GESELLSCHAFT FÜR WISSENSCHAFTLICHE GESPRÄCHSPSYCHO-THERAPIE (GwG) (Hrsg.): Rogers und die Pädagogik. Theorieanspruch und Anwendungsmöglichkeiten des personenzentrierten Ansatzes in der Pädagogik. Weinheim, München 1987

GÖPPNER, H.-J.: Hilfe durch Kommunikation in Erziehung, Therapie, Beratung. Bad Heilbrunn/Obb. 1984

GORDON, T.: Familienkonferenz. Die Lösung von Konflikten zwischen Eltern und Kindern. Reinbek 1980 (Orig. 1970)

GORDON, T.: Lehrer-Schüler-Konferenz. Wie man Konflikte in der Schule löst. Reinbek 1981 (Orig. 1974)

GRODDECK, N.: Personen-zentrierte Konzepte im Bereich Schule und Lehrerbildung. In: Gesellschaft für wissenschaftliche Gesprächspsychotherapie (GwG) (Hrsg.): Rogers und die Pädagogik. Weinheim, München 1987, 79-140

GROEBEN, N.; SCHEELE, B.: Argumente für eine Psychologie des reflexiven Subjekts. Paradigmawechsel vom behavioralen zum epistemologischen Menschenbild. Darmstadt 1977

GROß-HARDT, M.: Erlebnisaktivierung in der Gesprächspsychotherapie. Frankfurt a.M. 1983

HARGENS, J.: Therapien: Nach vierzig Jahren in der Krise? In: Psychologie heute. (16) 1989, H.11, 15-16

HINTE, W.: Non-direkte Pädagogik. Opladen 1980

HÖCHSTETTER, K.W.: Erwachsenenbildung als therapeutische Bildung. In: Nuissl, E. (Hrsg.): Taschenbuch der Erwachsenenbildung. Baltmannsweiler 1982

HOFER, M.: Sozialpsychologie erzieherischen Handelns. Göttingen 1986

HOFFMANN, N. (Hrsg.): Therapeutische Methoden in der Sozialarbeit. Salzburg 1977

HOFFMANN, N.; GERBIS, K.E.: Gesprächsführung in psychologischer Therapie und Beratung. Band I + II. Salzburg 1981

HOFFMANN, N.; LINDEN, M.: Zum Problem therapeutischer Tätigkeit in der Sozialarbeit. In: Der Sozialarbeiter. 1975, H.6, 20-25

HOWE, J. (Hrsg.): Integratives Handeln in der Gesprächstherapie. Weinheim, Basel 1982

JAEGGI, E. u.a.: Andere verstehen. Ein Trainingskurs für psychosoziale Berufe. Weinheim, Basel 1983

KARMANN, G.: Humanistische Psychologie und Pädagogik. Psychotherapeutische und therapieverwandte Ansätze; Perspektiven für eine integrative Agogik. Bad Heilbrunn/Obb. 1987

KÖLLN, D.: Möglichkeiten einer pädagogisch-therapeutischen Gesprächsführung. Kiel 1987 (unveröff. Diplomarbeit)

KÖLLN, D.; MENTE, F.: Zuhören und Verstehen - Pädagogisches Gesprächstraining. Lübeck 1987 (unveröff. Manuskript)

KRAIKER, C.; PETER, B. (Hrsg.): Psychotherapieführer. Wege zur seelischen Gesundheit. München 1983

LASOGGA, F.: Gesprächstherapie: Zuviel Ideologie? In: Psycholgie heute. (13) 1986, H.8, 45-50

LEVETON, E.: Mut zum Psychodrama. Hamburg 1979

MANDL, H.; HUBER, G.L.: Subjektive Theorien von Lehrern. In: Psychologie und Erziehung im Unterricht. (30) 1983, 98-112

MANGOLD, J.: Gespräch, Beratung, Therapie. Zur gegenwärtigen Handlungsproblematik in der Sozialarbeit. In: Der Sozialarbeiter. (30) 1979, H.5, 7-14

MARTIN, D.G.: Counceling and Therapy Skills. Illinois 1989

MILLER, R.: Gespräche mit gewalttätigen Schülern. In: Bäuerle, S. (Hrsg.): Schülerfehlverhalten. Regensburg 1985, 135-150

MINSEL, W.-R.: Praxis der Gesprächspsychotherapie. Wien, Köln, Graz 1974

MUCCHIELLI, R.: Das nicht-direkte Beratungsgespräch. Band I + II. Salzburg 1972

MUTZECK, W.; PALLASCH, W. (Hrsg.): Handbuch zum Lehrertraining. Konzepte und Erfahrungen. Weinheim, Basel 1983

PALLASCH, W.: Lernziel Zuhören. In: betrifft: erziehung. 1982, H.1, 20-27

PALLASCH, W.: Lehrverhalten und Problemlösen. Lern- und Trainingsprogramme zur Schulung pädagogischer Fertigkeiten und Reflexion des Selbstkonzepts. Weinheim, München 1987

PALLASCH, W.; REIMERS, H.: Pädagogische Werkstattarbeit. Eine pädagogisch-didaktische Konzeption zur Belebung der traditionellen Lernkultur. Weinheim, München 1990

PETROSSIAN, H.-H.: Klientenzentrierte Beratung (Ausbildungskonzept im Rahmen der Fachhochschule für Sozialwesen Kiel). In: Info-Blätter der Gesellschaft für wissenschaftliche Gesprächspsychotherapie (GwG). Köln (62) 1986, 47-60

PILZ, D.: Für eine therapeutische Pädagogik. Theorie und Praxis im Projekt 'Kindertherapie und Schulversagen'. Berlin 1982

POLSTER, E.; POLSTER, M.: Gestalttherapie. München 1973

QUITMANN, H.: Humanistische Psychologie. Zentrale Konzepte und philosophischer Hintergrund. Göttingen 1985

RAHM, D.: Gestaltberatung. Grundlagen und Praxis integrativer Beratungsarbeit. Paderborn 1986, 4.Aufl.

REINERT, G.-B.; THIELE, J.: Nonverbale pädagogische Kommunikation. München 1972

ROGERS, C.R.: Die nicht-direktive Beratung. München 1972a (Orig. 1942)

ROGERS, C.R.: Die klientenzentrierte Gesprächspsychotherapie. München 1972b (Orig. 1951)

ROGERS, C.R.: Klientbezogene Gesprächstherapie. München 1973

ROGERS, C.R.: Lernen in Freiheit. München 1974 (Orig. 1969)

ROGERS, C.R.: Meine Beschreibung einer personenzentrierten Haltung. In: Zeitschrift für personenzentrierte Psychologie und Psychotherapie. 1982, H.1, 75-79

ROGERS, C.R.: Therapeut und Klient, Grundlagen der Gesprächspsychotherapie, Frankfurt a.M. 1983 (Orig. 1975)

SANDER, K.: Klientenzentrierte Beratung. In: Gruppendynamik. (13) 1982, H.2, 79-90

SATIR, V.: Selbstwert und Kommunikation. München 1975

SCHERER, K.R.; WALLBOTT, H.G.: Nonverbale Kommunikation. Weinheim, Basel 1984, 2.Aufl

SCHÖN, B.: Therapie statt Erziehung? Chancen und Probleme der Therapeutisierung pädagogischer und sozialer Arbeit. Frankfurt a.M. 1989

SCHULZ VON THUN, F.: Miteinander reden: Störungen und Klärungen. Psychologie der zwischenmenschlichen Kommunikation. Reinbek 1987

SCHWÄBISCH, L.; SIEMS, M.: Anleitung zum sozialen Lernen für Paare, Gruppen und Erzieher. Kommunikations- und Verhaltenstraining. Reinbek 1974

SCHWARZER, R. (Hrsg.): Beraterlexikon. München 1977

TAUSCH, R.: Gesprächspsychotherapie. Göttingen 1973, 5.Aufl.

TAUSCH, R.; TAUSCH, A.M.: Erziehungspsychologie. Göttingen 1973, 7.Aufl.

TEXTOR, M.R.: Beratung, Erziehung, Psychotherapie. Eine Begriffsbestimmung. In: Psychologie, Erziehung, Unterricht. (34) 1987, 1-13

ULICH, D.: Das Gefühl. Eine Einführung in die Emotionspsychologie. München, Wien, Baltimore 1982

VAN DE VEN, P.: Freud als Feind. Dortmund 1982

VÖLKER, U.: Grundlagen der Humanistischen Psychologie. In: ders. (Hrsg.): Humanistische Psychologie. Weinheim, Basel 1980, 13-37

WEBER, W.: Wege zum helfenden Gespräch. Gesprächspsychotherapie in der Praxis. München 1975, 3.Aufl. (Erstauflage 1974)

WEINBERGER, S.: Klientenzentrierte Gesprächsführung. Ein Lern- und Trainingsprogramm. Weinheim, Basel 1980

WEISBACH, C. u.a.: Zuhören und Verstehen. Eine praktische Anleitung mit Übungen. Reinbek 1984, 4.Aufl. (Erstauflage 1979)

WILTSCHKO, J.; KÖHNE, F.: Vom dumpfen Gefühl zur klaren Empfindung. In: Psychologie heute. (11) 1984, H.3, 22-27

ZIELKE, M.: Da staunt der Laie, und der Fachmann wundert sich. In: Psychologie heute. (7) 1980, H.1, 60-63

ZIMMER, D.E.: Für alle ein Preis und ein Dämpfer. In: Die Zeit. (30) 22.7.1988, 32